教 学 做 合 一 会 计 系 列 教 材

金蝶财务软件操作

李 丹 吴 静 黄玉锋 编著

上海财经大学出版社

图书在版编目(CIP)数据

金蝶财务软件操作/李丹,吴静,黄玉锋编著.—上海:上海财经大学出版社,2015.9
教学做合一会计系列教材
ISBN 978-7-5642-2236-9/F·2236

Ⅰ.①金… Ⅱ.①李… ②吴… ③黄… Ⅲ.①财务软件-教材 Ⅳ.①F232

中国版本图书馆 CIP 数据核字(2015)第 194614 号

□ 责任编辑 施春杰
□ 封面设计 钱宇辰

JINDIE CAIWU RUANJIAN CAOZUO
金 蝶 财 务 软 件 操 作

李 丹 吴 静 黄玉锋 编著

上海财经大学出版社出版发行
(上海市武东路 321 号乙 邮编 200434)
网 址:http://www.sufep.com
电子邮箱:webmaster @ sufep.com
全国新华书店经销
启东市人民印刷有限公司印刷装订
2015 年 9 月第 1 版 2015 年 9 月第 1 次印刷

787mm×1092mm 1/16 13 印张 332 千字
印数:0 000—4 000 定价:34.00 元

总 序

高职教育有两条路径可走：一条是知而行之的教育之路；另一条是行而知之的教育之路。在两条路径之中择一而行，是高职教育的必然选择。多年来的高职教育实践证明，知而行之的教育之路不利于培养高素质高技能人才，因而不是一条理想之路。行而知之的教育之路虽然是一条较为理想的教育之路，但却不是一条平坦之路，需要高职教育工作者在这条路上开拓创新，才能走出一条光明大道。

多年以来，我们一直在行而知之的教育之路上探索前行。在高职教育教学实践中，我们坚持行动导向，构建工学结合的人才培养模式，创新教学做合一的模式与方法，在课程设计、教材开发、教学组织等方面取得了一系列研究成果。在此基础上，我们组织骨干教师编写了"教学做合一会计系列教材"1 套 16 本，包括《基础会计》、《基础会计同步操作》、《财务会计》、《财务会计同步操作》、《成本会计》、《成本会计同步操作》、《企业涉税会计》、《企业涉税会计同步操作》、《金蝶财务软件操作》、《金蝶财务软件操作同步训练》、《用友财务软件操作》、《用友财务软件操作同步训练》、《财务管理》、《财务管理同步操作》、《会计仿真实训》、《会计分岗实操》。

"教学做合一会计系列教材"是体现陶行知先生生活教育思想和教学做合一理论的特色教材，它与传统教材有着根本的区别，它强调以做为中心，着重培养学生的生活能力、工作能力、创造能力。这套教材的特色具体表现在以下几个方面：

一是教材内容理论实践一体化。传统教材总的来讲是以知识为中心的，有的教材虽然也提到理论与实践相结合，但任何一种传统教材都没有做到两者的有机结合，教材中的相关举例只是论证其理论知识的。其所谓的实践只是理论的从属，不是教材的主体。有的教材为了加强实践性，采取双本配套的办法，即一本理论教材相应地配备一本实训教材，理论教材和实训教材在教学中分别使用。这种教材，不是理论与实践结合，而是理论与实践分离，并且实践是为理论服务的。"教学做合一会计系列教材"一改传统教材之弊，在以做为中心的前提下，将理论知识与实践操作有机地结合在一起，形成一个完整的统一体。在理论知识和实践操作两者关系的处理上，以实践操作为引领，理论知识不按其知识的逻辑联系排序，而是按工作（生活）过程逻辑联系进行排序，即按实践操作所需要的知识及其先后进行排序；理论知识的多少及其深度，以实践操作的需要为度。

二是教材体系工作任务过程化。传统教材按其理论知识的逻辑联系构建教材体系。一个专业按其知识的逻辑关系进行分工，形成若干种教材，并由这些在知识上具有逻辑关系的教材构成一个专业的教材体系。一种教材按其知识的逻辑关系进行分工，形成若干章节，并由这些在知识上具有逻辑关系的章节构成一种教材的体系。每一章节又按知识的逻辑关系进行组织和编排。传统教材体系强调知识的逻辑性和理论的完整性。"教学做合一会计系列教材"完全打破了传统教材按理论知识的逻辑联系构建教材体系的做法,而是按工作(生活)过程的逻辑关系构建教材体系。一个专业按其所对应的职业岗位的工作过程的逻辑关系进行分工,形成若干种教材,并由这些在工作过程上具有逻辑关系的教材构成一个专业的教材体系。一种教材按其工作过程的逻辑关系进行分工,形成若干部分,并由这些在工作过程上具有逻辑关系的部分构成一种教材的体系。一种教材中的每一个部分,仍要符合工作过程的逻辑关系,通常按照"要求做什么"、"根据什么做"、"应该怎样做"来组织与编排。教学做合一的教材体系强调做的逻辑性和全面性。

三是教材有利于教学做一体化。传统教材是教与学的材料,注重的是知识的传授,教材中缺乏做的材料。因此,传统教材只方便知识的传授,不利于能力的培养。同时,通过传统教材所获得的知识,其有用性较差、遗忘率较高。传统教材由于缺乏做的材料,运用这样的教材是不能实施教学做合一的。"教学做合一会计系列教材"以做为中心,教材中编排了丰富的做的材料。这套教材不是以学习知识为切入点,而是以做事为切入点。教材内容的编排是以工作过程为线索的,知识的学习是通过做事来实现的。所以,"教学做合一会计系列教材"有利于教师在做中教、学生在做中学,充分实现教学做合一;有利于让学生在做中学知识,在做中长智慧,在做中练技能,在做中悟道理,在做中升素质。

"教学做合一会计系列教材"是我们勇于探索、不断创新的结晶。为了研制这套教材,我们付出了大量的时间、精力和心血。为了出版这套教材,上海财经大学出版社给予了大力的支持。由于我们水平有限、研究不深,加之时间仓促,书中难免存在不足之处,敬请读者批评指正。

余　浩

2014 年 6 月 18 日于武昌

前　言

随着电子信息技术在会计领域的应用和发展，会计电算化的普及程度不断在提高，财务软件的应用也成为财务人员必备的专业技能之一。

本书以金蝶 KIS 专业版 10.0 为蓝本，主要以使用者常用和企业实际发生的业务作为背景，以典型案例贯穿全书，涵盖了中小企业全部管理业务，并做到财务、业务一体化整合。本书不仅内容丰富、章节清晰，更以文字加截图的方式分步骤讲解，使广大读者可一边学习演练一边熟悉企业管理，在快速通过会计从业资格无纸化考试的同时达到企业会计从业岗位的要求。

本书共分 7 个项目。项目 1 和项目 2 为账套管理及系统初始化。包括案例背景介绍、账套管理及系统初始化等内容。详细阐述了使用金蝶 KIS 专业版软件从新建账套、设置基础资料到初始化录入等各环节的实操过程。项目 3 为应收应付管理，属于业务操作。结合初始化的应收应付数据，完整地介绍了应收应付的业务操作流程，包括收付款流程、往来核销及与总账系统的连接等。项目 4 至项目 7 为财务操作，包括固定资产管理、工资核算、账务处理、报表管理。

本书排除了一贯的理论教学风格，非常适合作为参加会计电算化考试（金蝶 KIS 专业版）的广大考生的参考教材以及高等职业院校培养相关技能人才的教学用书。由于时间和水平有限，书中尚有不足之处，欢迎广大读者批评指正，以期再版时更趋完善。

李　丹

2015 年 5 月 10 日于武昌

目　录

账套管理

1.1 账套管理 · 工作任务

企业日常业务的处理都是从账套开始进行的，安装软件后必须建立一个账套来存放业务数据。通过账套管理中的新建账套功能，输入必要信息后即可快速建立一个账套。

本项目要求熟练运用金蝶 KIS 专业版 10.0 对工作任务中的两家公司进行新建账套的操作。

一、账套管理 · 工作任务 · 师生教学做

博大电子有限公司是一家电子制造销售企业，2013 年 6 月购买金蝶 KIS 财务软件系统，7 月份开始进行初始化并启用账套。

账套号：系统自动生成。账套名称：博大。账套存放路径：C:\Program Files\Microsoft SQL Server\。新建账套存放路径也可以自行选定。公司名称：博大电子有限公司。

操作步骤：

点击桌面左下角的【开始】按钮，逐步选择“所有程序”→“金蝶 KIS 专业版”→“工具”→“账套管理”命令，出现账套管理登录界面，如图 1－1 所示。

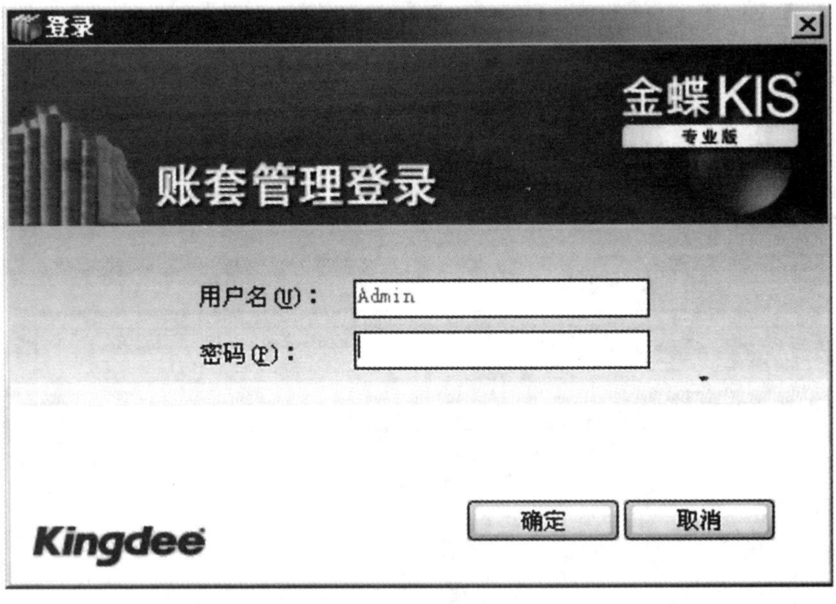

图 1－1　账套管理登录界面

初次登录账套管理系统时，系统默认用户名为 Admin，密码为空，直接单击【确定】，进入“账套管理”窗口。

单击工具栏中的【新建】按钮，或点击菜单栏中的“操作”→“新建账套”命令，如图 1－2、图 1－3 所示。

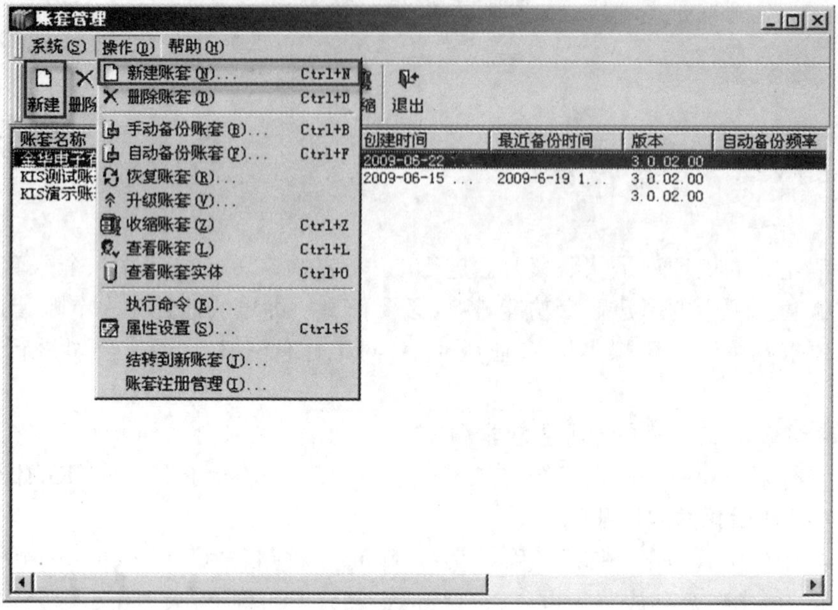

图 1－2　账套管理界面

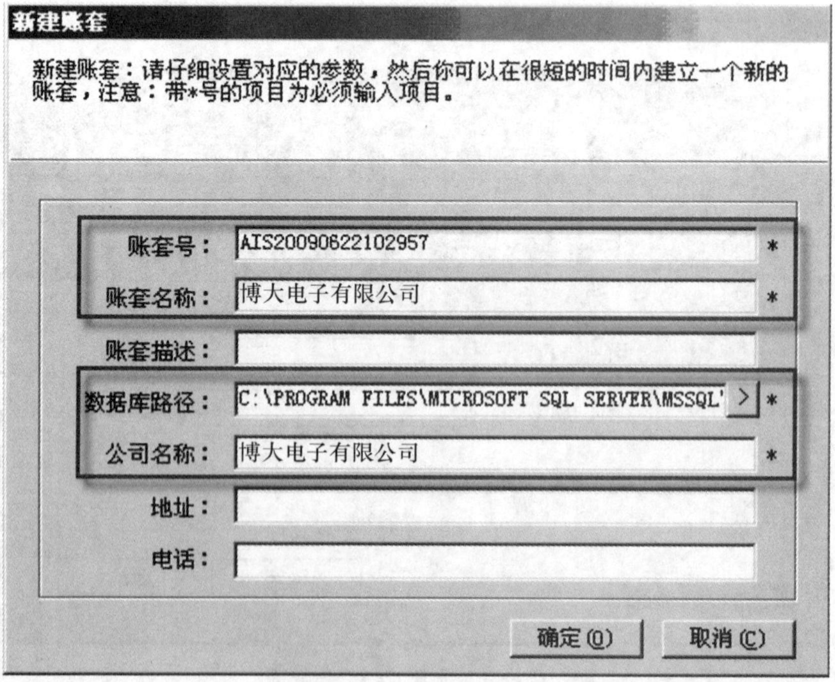

图 1－3　新建账套界面

上述参数设置完成后，单击【确定】，系统开始建立账套。这个过程大概需要几分钟的时间，账套建立好后，“账套管理”窗口中会出现账套列表，如图 1－4 所示。

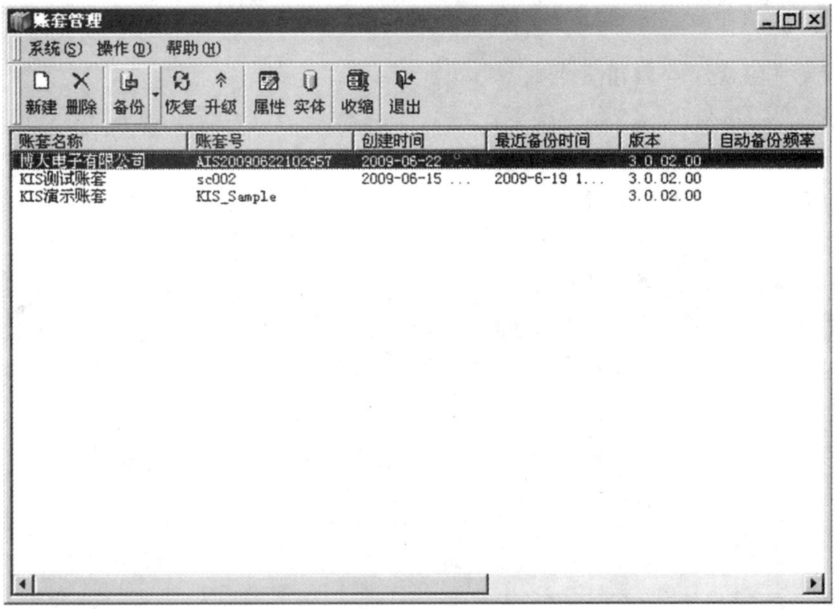

图 1－4　新建账套后账套管理界面

二、账套管理·工作任务·学生独立做

武汉华强科贸有限责任公司是一家批发企业，2014 年 12 月购买金蝶 KIS 财务软件系统，2015 年 1 月开始进行初始化并启用账套。

账套号：系统自动生成。账套名称：华强。账套存放路径：C:\Program Files\Microsoft SQL Server\。新建账套存放路径也可以自行选定。公司名称：武汉华强科贸有限责任公司。

1.2　账套管理·理论知识

所谓账套，就是企业进行日常业务操作的对象和场所，它是用于储存企业凭证、账簿、报表、工资、固定资产、往来款等各项业务数据的一个数据库实体。本节主要讲述了金蝶 KIS 专业版 10.0 的前期准备工作“新建账套”，也是 KIS 专业版系统使用的第一步，其设置尤为重要。

1.3　账套管理·操作指南

1. 单击屏幕左下角【开始】按钮，选择“程序”→“金蝶 KIS 专业版”，依次点击“工具”→“账套管理”，进入“账套管理登录”界面。

2. 初次登录账套管理时系统默认用户名为 Admin，密码为空，单击【确定】即可进入“账套管理”界面。

3. 选择"操作"菜单下的"新建账套"或直接点击菜单栏的【新建】按钮，进入"新建账套"界面，根据案例资料，输入相应的账套信息，单击【确定】即可。

4. 新建账套完成后，即可以看到刚刚新建的账套出现在账套列表中。

注意：

(1) 账套：一套软件可以建多个账套。

(2) 账套号：可以修改、必须唯一。

(3) 数据库路径：账套在计算机磁盘系统中的位置。

① 一般应在计算机硬盘上建立专门目录作为数据库路径，不可以将路径指定到U盘等移动储存介质。

② 切忌将数据库路径指定为磁盘的根目录。

(4) 在进入系统之后，建议用户立即修改账套管理员的密码，以确保系统的安全性。若要修改账套管理员 Admin 的密码，进入账套管理界面，选择"操作"菜单下的"修改密码"，即可修改 Admin 的密码。

系统初始化

本项目含 5 个子项目，分别为系统设置、用户管理、基础资料设置、应收应付初始数据录入、财务初始数据录入。

2.1 系统设置

2.1.1 系统设置·工作任务

根据师生教学做及学生独立做提供的相关系统参数资料对两家企业进行系统设置。

一、系统设置·工作任务·师生教学做

博大电子有限公司系统参数资料如表 2-1 所示。具体操作步骤见“2.1.3 系统设置·操作指南”。

表 2-1 系统参数资料

编号	名　称	内　容
1	一、基础部分	
2	公司名称	博大电子有限公司
3	记账本位币	RMB 人民币
4	金额小数位	2
5	会计期间	自然月 2013 年度
6	二、财务参数	
7	启用期间	2013 年 7 月
8	启用往来业务核销	启用
9	往来业务必须输入业务编号	启用
10	录入凭证时必须指定现金流量项目	不启用
11	录入凭证时必须指定现金流量附表项目	不启用
12	不允许修改/删除业务系统凭证	启用
13	三、出纳参数	
14	启用期间	2013 年 7 月
15	允许从总账引入日记账	启用
16	四、业务基础参数	
17	启用期间	2013 年 7 月

注：业务基础参数在此不作要求，其他参数在系统启用后仍可更改，由用户在后续的业务中根据需要自行设定。

操作步骤：

（1）点击【开始】按钮，执行“程序”→“金蝶 KIS 专业版”命令，出现系统登录界面，如图 2-1 所示。初次登录的用户名是 manager，无密码。可直接单击【确定】进入金蝶 KIS 财务软件系统主界面，如图 2-2 所示。

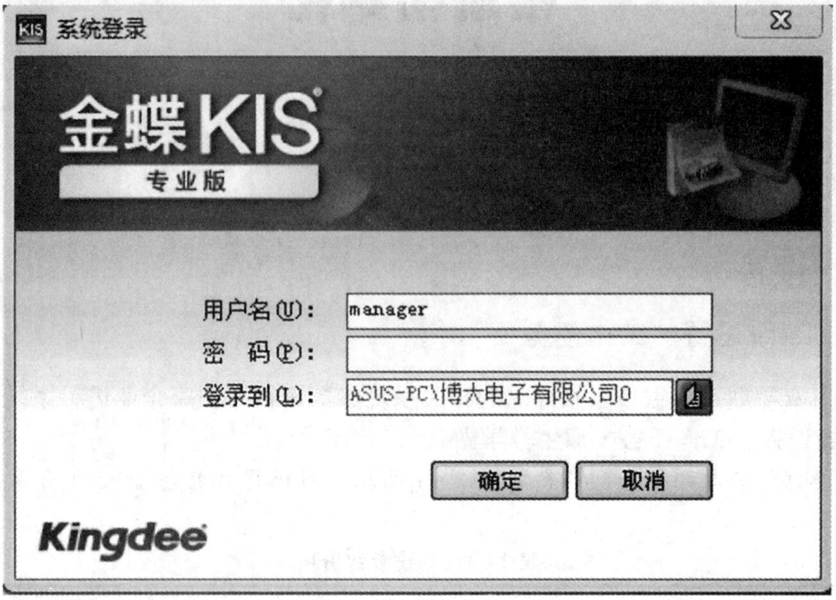

图 2-1　系统登录界面

图 2-2　金蝶 KIS 财务软件系统主界面

（2）在主功能选项中选择“基础设置”，在打开的子功能界面中点击“系统参数”，进入“系统参数”窗口，如图 2-3 所示。

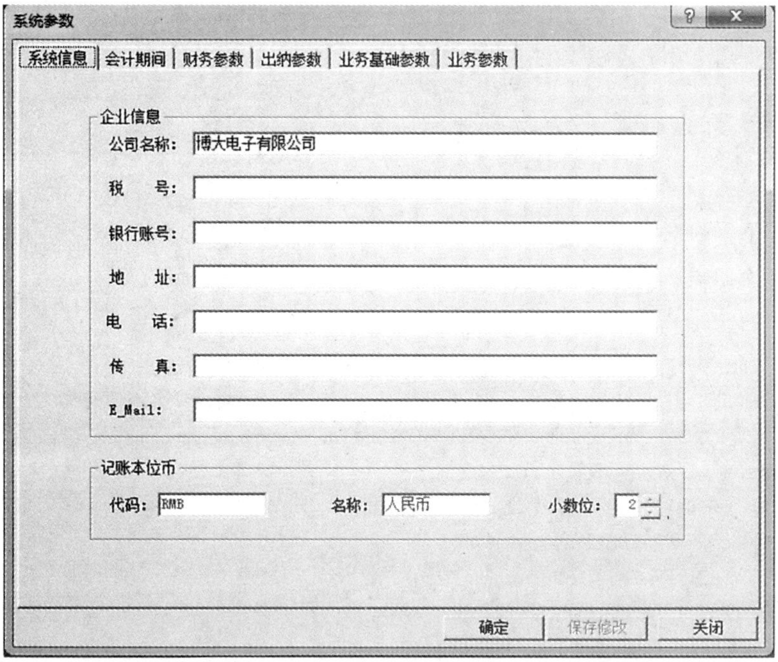

图 2-3　系统参数设置界面

（3）在“系统信息”页签中输入公司名称，并设定记账本位币的代码、名称及小数位，记账本位币的内容一旦确定即不允许修改。

（4）选择“会计期间”页签，在打开的窗口进行会计期间的设置。金蝶 KIS 财务软件系统支持两种会计期间的定义方式，即自然年度会计期间和自定义会计期间。本案例采用自然年度会计期间，启用期间为 2013 年 7 月，如图 2-4 所示。单击【确认】按钮，完成会计期间的设置。

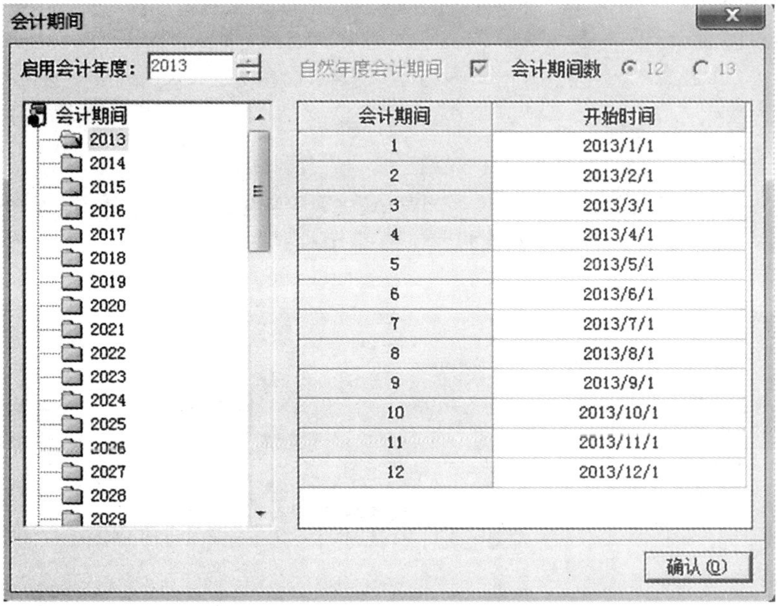

图 2-4　设置会计期间

（5）选择“财务参数”页签，填入启用会计年度及会计期间，并根据企业的实际业务进行财务参数、固定资产参数、工资参数的选择，如图 2-5 所示。

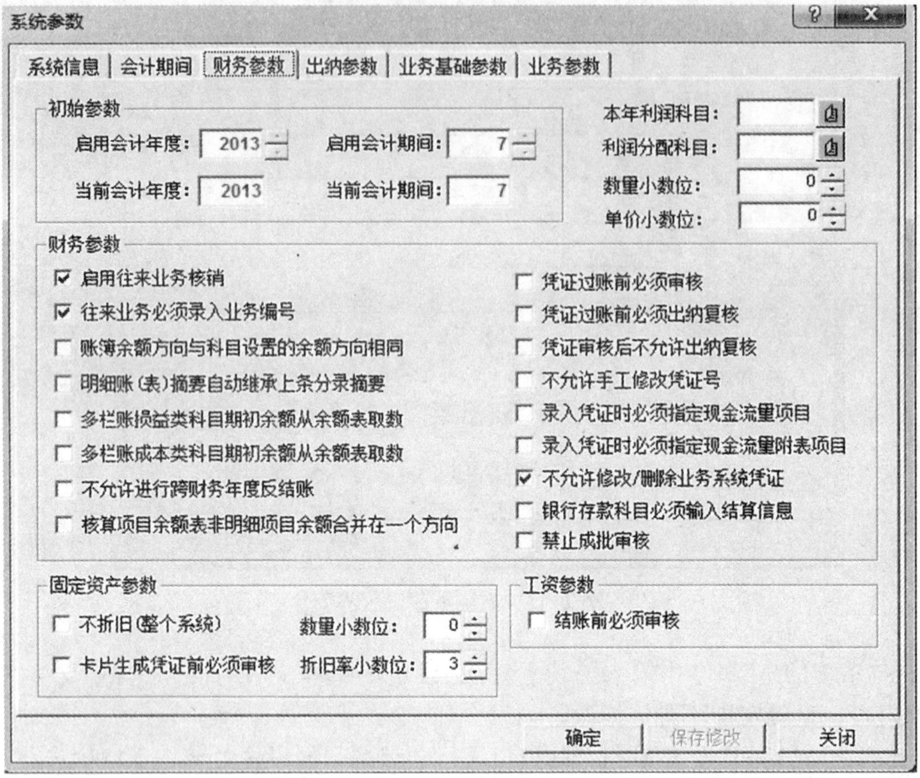

图 2-5　财务参数界面

单击【确定】按钮，系统参数设置完毕，系统会出现提示，如图 2-6 所示。单击【是】，即可完成财务参数的设置。出纳参数和业务基础参数设置与之相同（见图 2-7、图 2-8）。

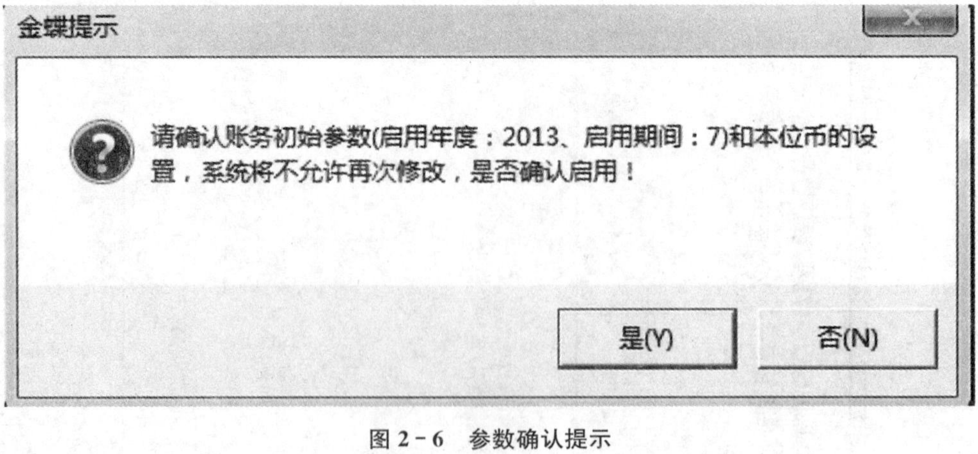

图 2-6　参数确认提示

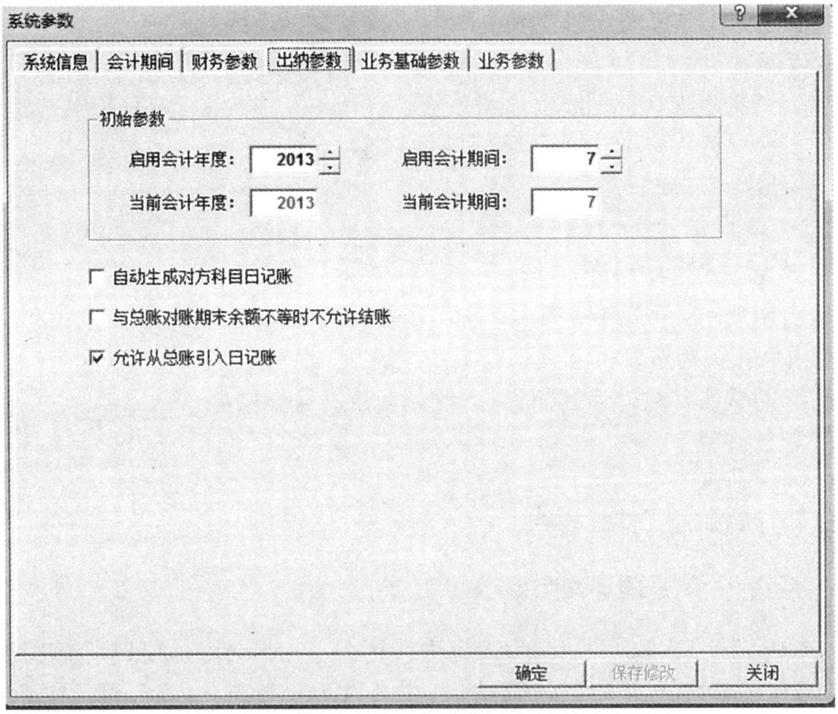

图 2－7　出纳参数界面

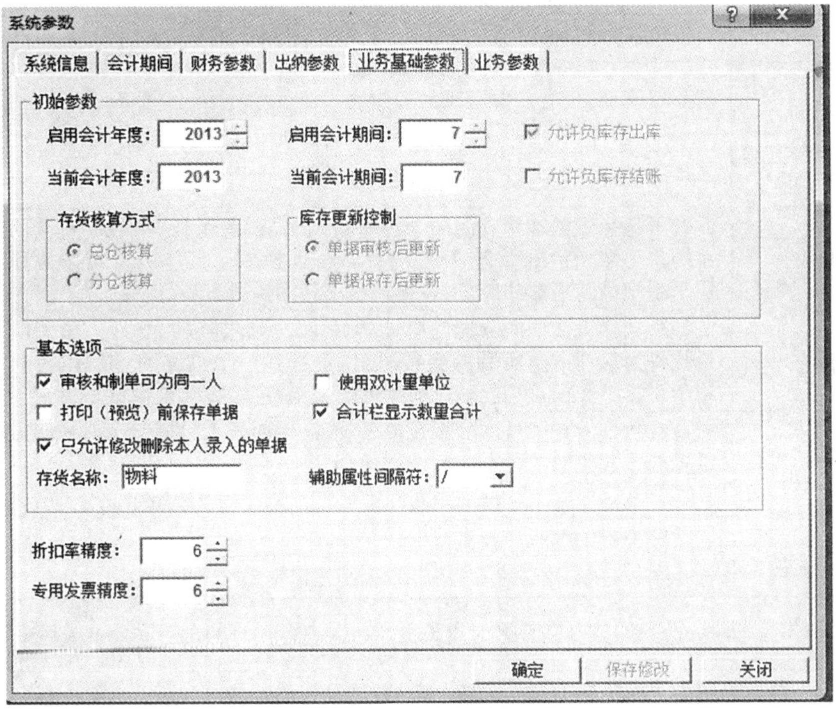

图 2－8　业务基础参数界面

二、系统设置·工作任务·学生独立做

(1) 基本情况。

武汉华强科贸有限责任公司是一个批发企业。

(2) 建账基本参数。

行业:新会计准则。

记账本位币:人民币。

会计期间界定方式:自然月份。

账套财务启用期间:2015 年 1 月。

(3) 账套属性相关参数。

除系统已有的默认参数外,还应对以下财务参数进行设置:

启用往来业务核销;

凭证过账前必须进行审核;

银行存款科目必须输入结算信息。

2.1.2 系统设置·理论知识

在建好账套后,第一次打开账套时,无论进行什么操作都会提示先到系统参数中设置会计期间、启用期间和记账本位币,所以我们先介绍一下如何设置这些内容,以及在哪里设置。

各项财务参数的说明如表 2-2 所示。

表 2-2 财务参数说明

参数	说明
启用会计年度/启用会计期间	新建账套后,首先需要定义此项内容,一旦设定,不允许修改。
当前会计年度/当前会计期间	显示账套的当前会计年度和当前会计期间,不可修改,只可查看。
本年利润科目	此处可选择设置本年利润的会计科目。单击"本年利润科目"右侧的×××按钮,系统将为您列示出所有的会计科目,可选择一个具体的科目作为利润分配科目。用于系统结转损益功能,损益类科目结转到该科目。
利润分配科目	此处可选择设置利润分配的会计科目。单击"本年利润科目"右侧的×××按钮,系统将为您列示出所有的会计科目,可选择一个具体的科目作为利润分配科目。用于系统结转损益功能,"以前年度损益调整"结转到该科目。
数量小数位	此处对数量设置了具体的小数位数后,在凭证录入时,数量在自动计算后将按照所设置的小数位数四舍五入后进行保存。
单价小数位	此处对单价设置了具体的小数位数后,在凭证录入时,单价在自动计算后将按照所设置的小数位数四舍五入后进行保存。
启用往来业务核销	选此参数,则启用往来业务核销,否则核销管理将不能使用。
往来业务必须录入业务编号	选此参数,则凭证录入时对设置了往来业务核算的科目必须录入往来业务标号。
账簿余额方向与科目设置的余额方向相同	用于账簿格式的显示。选此参数,则在显示账簿时,账簿的余额方向始终是同科目的方向一致,如果不同,则是以负数来进行显示。如应收账款的科目余额方向为借方,则直接显示为"借 100";如果科目余额方向为贷方余额时,以负数来显示,如"借-100"。不选此参数,当余额方向同科目本身的方向相反时,则是显示科目余额的方向,金额始终为正数。如上例,余额是贷方余额时,显示为"贷 100"。

（续表）

参　数	说　明
明细账(表)摘要自动继承上条分录摘要	选此参数，系统在生成明细分类账、数量金额明细账、核算项目明细账、核算项目明细表时，如果凭证中该条分录没有摘要，则明细账摘要自动继承上条有摘要分录的摘要。不选此参数，则自动继承凭证中第一条分录的摘要，而不是上条有摘要分录的摘要。核算项目明细表在不选择该选项的情况下，如果第一条分录科目下挂核算项目且有摘要，则自动继承第一条分录的摘要，如第一条分录科目下不挂核算项目，则不继承摘要，核算项目明细表的摘要栏为空。
多栏式明细账损益类科目期初余额从余额表取数	对于采用表结法的用户来说，不是每一期都会结转损益，当年中启用账套时，损益类科目如果有录入期初余额，选此参数，多栏式明细账损益类科目期初余额取自科目初始数据录入的期初余额，从而使多栏式明细账损益类科目期初余额在表结法下能够对应正确取数。
多栏式明细账成本类科目期初余额从余额表取数	如果成本类科目处于未结平的状态(余额不为零)，需要选此参数，那么多栏式明细账取数时，左边多栏式与具体明细栏目的期初余额取自科目初始数据录入的期初余额。如果成本类科目已结平(余额为零)时，不需要选此参数，左边多栏式余额为零，但具体明细栏目的期初余额取自科目初始数据录入的实际损益发生额。
不允许进行跨财务年度反结账	选此参数，不能进行跨年度的反结账。
核算项目余额表非明细项目的余额合并在一个方向	选此参数，核算项目余额表按照其明细级核算项目的余额汇总后，如果既有借方余额又有贷方余额，需要以借贷方的差额填列，填列方向选取差额的正数方向。如果选择了系统选项"账簿余额方向与科目设置的余额方向相同"，则此选项的作用就会失效。
凭证过账前必须出纳复核	对凭证过账作出限制，选此参数，则凭证必须审核后才可以进行过账处理；不选此参数，凭证不审核也可以过账。一般情况下都应选择该选项，使业务的流程处理更加严谨。
凭证审核后不允许出纳复核	选此参数，则系统控制了出纳复核在前、审核在后。不选此参数，即审核在前、出纳复核在后和审核在后、出纳复核在前可以同时存在，没有控制两者先后顺序。
不允许手工修改凭证号	选此参数，新增凭证时，系统自动给出一个凭证号，在凭证中该凭证号显示为灰色，不允许用户修改。修改凭证时也不允许修改凭证号。不选此参数，则凭证号可由用户自行修改并保存。
录入凭证时必须指定现金流量项目	在总账中，可以通过在凭证中对现金流量科目指定现金流量项目的方法编制现金流量表(对现金流量表的操作中有详细的说明)。如果在凭证中必须对现金流量科目输入现金流量项目，则需要选此参数；否则，现金流量项目为非必录项，凭证保存时不作检查。
录入凭证时必须指定现金流量表附表项目	选此参数，则在凭证录入时对于附表相关科目，必须输入现金流量表附表项目，凭证保存时检查该凭证是否合法，如未输入附表项目，则视同凭证不合法，不予保存。不选此参数，则在凭证录入时，不对附表相关科目是否录入现金流量表附表项目作检查。

（续表）

参　数	说　明
不允许修改/删除业务系统凭证	选此参数，对于非财务系统生成的凭证，凭证在总账中只能查看，不能进行修改或删除。
银行存款科目必须输入结算信息	选此参数，在凭证录入及保存的时候，对于银行科目（在科目属性设置中选中了“银行科目”这一选项的会计科目），系统会作强制性检查，如不通过，凭证无法保存。
禁止成批审核	选此参数，则必须一张张凭证单独审核，不能进行多张凭证的批量审核。

各项出纳参数的说明如表 2－3 所示。

表 2－3　出纳参数说明

参　数	说　明
自动生成对方科目日记账	不选此参数，在现金日记账中新增，对方科目有现金、银行存款科目时，不自动生成该现金、银行存款科目的日记账；同样，在银行存款日记账中新增，对方科目有现金或银行存款科目时，也不自动生成该现金或银行存款科目的日记账。选此参数，则自动生成对方科目有现金、银行存款科目的日记账。
允许从总账引入日记账	不选此参数，则双击“总账数据—引入日记账”将提示“没有选择‘允许从总账引入日记账’参数，禁止从总账引入日记账，不可操作”，同时现金日记账和银行存款日记账的【引入】按钮和“文件”菜单中“从总账引入日记账”都应为灰色。选此参数，则表示可以从总账引入现金日记账和银行存款日记账。
与总账对账期末余额不等时不允许结账	出纳管理系统在结账时，系统判断银行存款日记账与现金日记账所有科目以及科目的所有币别与总账的对应科目和币别的余额是否相等，只有相等的情况下才允许结账。

2.1.3　系统设置·操作指南

（1）在 KIS 专业版 10.0 主界面，选择“基础设置”→“系统参数”，选择“系统信息”，输入操作题 1 和 2 中的数据。该部分数据设置完成后不能修改。

（2）选择“会计期间”页签，点击设置“会计期间”，启用会计年度为 2013，会计期间数 12，单击【确认】。

（3）分别点击“财务参数”、“出纳参数”、“业务基础参数”页签，设置启用会计期间为 7 月。“财务参数”页签中设置“凭证过账前必须审核”。在“业务基础参数”中取消“审核和制单可同为一人”。注意：“财务参数”页签和“业务基础参数”页签设置好期间后将不能修改。

注意：

初次登录时系统默认登录到金蝶演示账套，可单击图 2－1 中的图标，打开服务器及账套选择界面进行其他账套的选择。

根据案例资料，需使用出纳与应收应付系统，因此，出纳与业务系统均需启用。出纳参数和业务基础参数的设置与财务参数的设置相似，需要注意的是，启用年度和启用期间一经设定是不允许修改的，如图 2－7、图 2－8 所示。出纳和业务基础参数不一定要与财务参数同步设置，用户可根据企业是否使用该系统或何时使用该系统来自行判定，需注意出纳和业务系统的启用期间是不能早于财务系统启用期间的。

由于金蝶 KIS 财务软件系统中应收应付属于业务系统，因此受业务系统参数控制。业务基础参数与业务参数涉及供应链系统的应用，在此不进行详细介绍。

因为之前填入了记账本位币、会计启用年度、会计启用期间这几项内容，一旦输入内容并单击【确定】退出，那么系统就按照设定的内容启用账套，而填入的内容就作为准确的信息不能修改了，所以填入内容时要慎重。

2.2　用户管理

2.2.1　用户管理·工作任务

根据师生教学做及学生独立做提供的用户授权资料对两家企业进行添加并授权。

一、用户管理·工作任务·师生教学做

用户授权资料如表 2-4 所示。具体操作步骤见“2.2.3 用户管理·操作指南”。

表 2-4　用户授权资料

姓名	密码	隶属于(组)	权　限	职员类别
李倩	111	系统管理员组财务部	拥有对整个系统的控制权限	管理人员
宋杰	222	财务部	拥有对财务业务、应收应付业务的处理与审核权限	管理人员

操作步骤：

(1) 在金蝶 KIS 财务软件系统主界面，在主功能选项中选择“基础设置”，再单击“用户管理”子功能，进入“用户管理”界面，如图 2-9 所示。单击【新建用户组】按钮，在打开的“用户组属性”窗口中进行各种设置。在“用户组名”中输入“财务部”，在“说明”中输入“财务部”，单击【确定】按钮，系统将保存刚刚新建的用户组信息，并显示在用户组列表中，结果如图 2-10 所示。

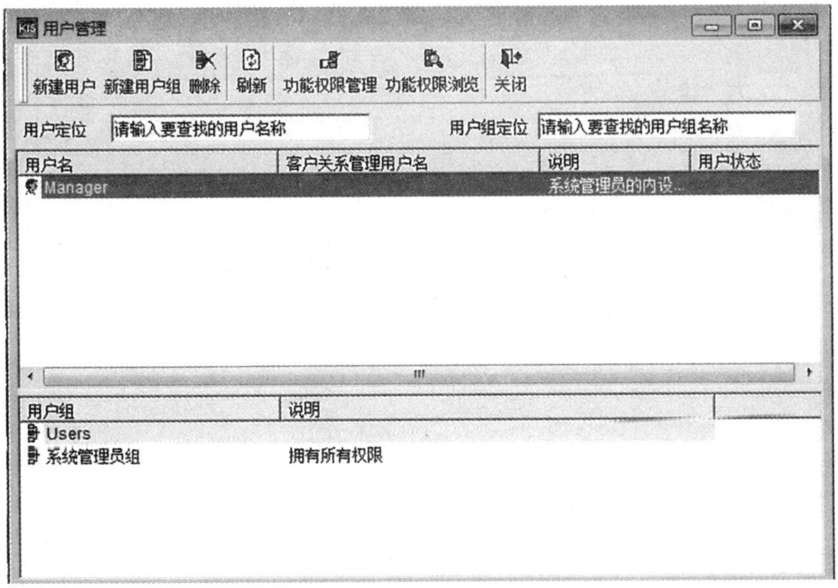

图 2-9　用户管理界面

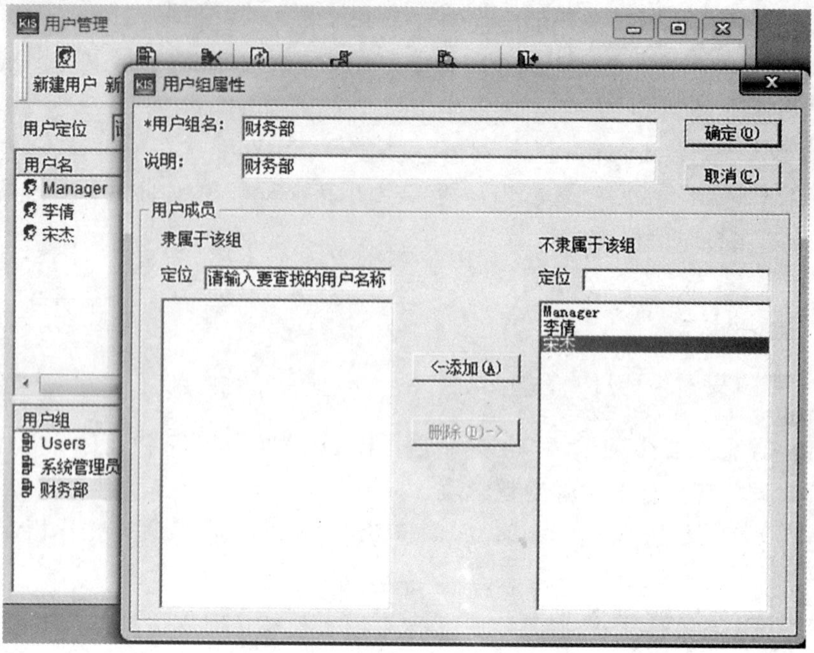

图 2-10 用户组设置界面

(2) 建立好用户组后,我们开始新建用户。单击【新建用户】按钮,在打开的“新增用户”窗口中选择“用户”页签。在“用户姓名”栏中输入“宋杰”,在“密码”栏及“确认密码”栏分别输入“222”,如图 2-11 所示。然后选择“用户组”页签,双击“系统管理员组”及“财务部”,使该用户隶属于这两个组,如图 2-12 所示。最后单击【确定】按钮,用户宋杰的权限设置就完成了。重复操作,依次添加表 2-4 中所列用户的资料。

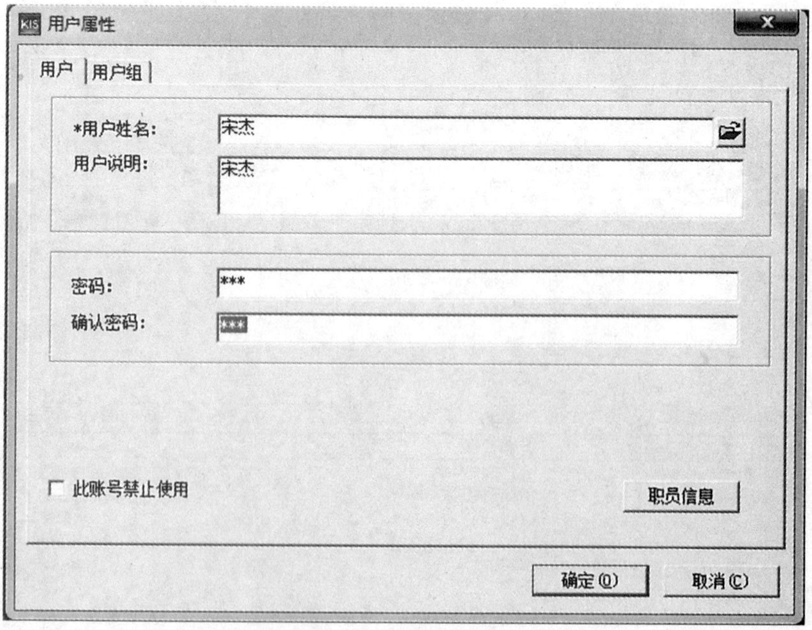

图 2-11 用户设置界面

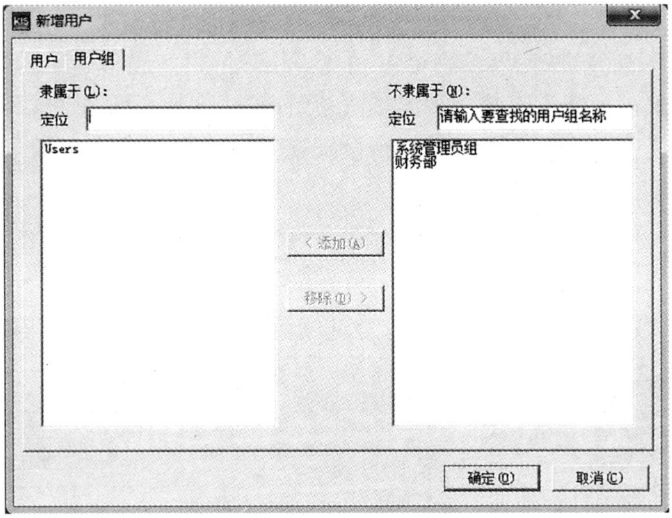

图 2－12　添加用户组界面

进行授权的操作方式相同，因此我们以用户授权(为财务部会计人员宋杰授权)为例，进行操作步骤的说明。

在“用户管理”窗口中，选择用户宋杰，光标将停留在此用户上，再单击工具栏中的【功能权限管理】按钮，系统弹出“用户管理_权限管理[宋杰]”窗口，如图 2－13 所示。选择权限组中基础资料与所有财务系统(包括应收应付)，宋杰即具备财务系统的查询权和管理权，然后单击【授权】按钮，即完成该用户的授权。最后单击【关闭】按钮，可重复进行其他用户的授权。如果用户隶属于系统管理员组，那么这个用户拥有所有系统的操作权限，不必对其进行授权。

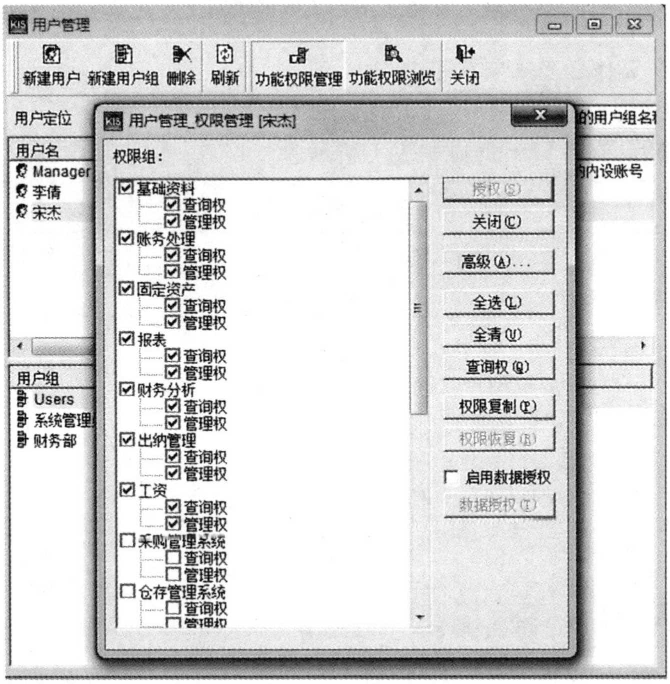

图 2－13　用户授权

上述操作对用户实现的是快速授权，即对系统的查询权或管理权。此外，还可以对用户进行详细授权，即根据明细功能进行授权，这可以在高级权限中进行设置。例如，在“用户管理_权限管理[宋杰]”窗口，单击【高级】，系统将弹出具体的用户权限列表，如图 2－14 所示。可以对每一具体业务功能的查询、新增、修改、删除等进行授权，选择其中需要授予的权限，单击【授权】即可。

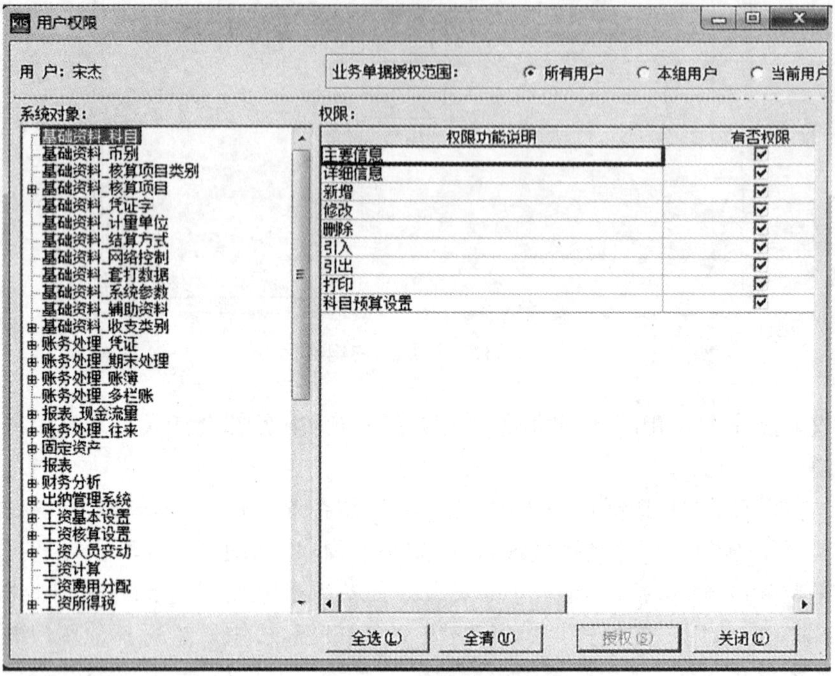

图 2－14　明细功能授权界面

二、用户管理·工作任务·学生独立做

根据资料对华强公司进行用户权限设置。

会计工作分工和各岗位权限资料如表 1 所示。

表 1　岗位分工

操作员姓名	主要操作权限	业务单据权限	操作员组
张红	全部功能		系统管理员组
自己姓名	基础资料；账务处理；工资；固定资产；报表；财务分析；存货核算；应收应付；购销存公用设置；出纳管理；采购管理；仓存管理；销售管理	所有用户	会计组
李杨	账务处理（查询权）；财务分析（查询权，管理权）；基础资料（查询权）；账务处理_凭证（审核、过账、反过账）	所有用户	
赵兵	基础资料（查询权） 出纳管理	本组用户	出纳组
孙力	基础资料（查询权）；采购管理；应收应付（查询权）	本组用户	采购组
刘威	基础资料（查询权）；销售管理；应收应付（查询权）	本组用户	销售组
杜小兵	基础资料（查询权）；仓存管理	本组用户	库房组

2.2.2　用户管理·理论知识

用户管理是对账套使用者的管理，系统设置了系统管理组，该组具有最大限度的操作权限，可以操作系统的所有功能以及查询所有的数据和报表。除系统管理员组外，其他各组的权限可以通过功能权限设置对其进行明细授权。

2.2.3　用户管理·操作指南

1. 新建用户组

操作步骤：打开 KIS 专业版 10.0 主界面，进入"用户管理"界面，选择"新建用户组"，在"用户组名"中输入"财务部"，单击【确定】。重复操作，依次建立列表中的用户组。

2. 在用户管理中新建用户并加入隶属组

操作步骤：在"用户管理"界面，选择"新建用户"或单击右键选择"新建用户"，弹出"新增用户"窗口。在"用户"页签中输入用户姓名，在密码栏中输入密码；在"用户组"页签中找到"系统管理员组"，在"系统管理员组"上双击，单击【确定】。重复操作，依次建立列表中的用户。

3. 将 * * 从"财务部"转为"系统管理员组"

操作步骤：双击 * *，在弹出的对话框中单击"用户组"页签，在左侧"隶属于"下方找到"财务部"，在"财务部"上双击；在右侧"不隶属于"下方找到"系统管理员组"，在"系统管理员组"上双击。

4. 给所有的用户添加权限

操作步骤：选中 * *，单击【功能权限管理】按钮，在弹出的对话框中，找到"出纳管理"，在复选框中单击，然后单击【授权】；单击【高级...】按钮，选择其中需要授予的权限，单击下方【授权】按钮，单击【关闭】。

选中 * *，单击【功能权限管理】按钮，在弹出的对话框中，单击【高级...】按钮，在右上方的"业务单据授权范围"右侧，选择"本组用户"，单击【授权】，单击【关闭】。

选中 * *，单击【功能权限管理】按钮，找到"购销存公用设置"，在"查询权"复选框中单击，然后单击【授权】；选中"启用数据授权"，单击【数据授权】，在"授权列表项目"中选择"供应商"，等将供应商档案加入后再操作。

5. 设置操作员/用户组权限

(1) 用户隶属于系统管理员组，则用户拥有所有系统的操作权限，不必对其进行授权。

(2) 设置用户组权限方法相同。对用户组的授权成为该组成员的基本授权，还可以在用户组授权的基础上对用户授予其他权限。

注意：

(1) 系统设置了系统管理员组，该组具有最大限度的操作权限，隶属于这个组的组员具有操作系统所有功能的权限设置，可以查询所有数据和报表。除系统管理员组外，其他各组的权限都同用户组一样，可以通过权限设置对其进行明细授权。对组进行授权，可以简化对用户的一一授权，简化授权的步骤。

(2) 系统预设的用户组和用户是不可以删除的，但是可以修改用户组和用户名。

(3) 如果需要来回在多个功能界面上进行业务操作，无须重复对各功能进行关闭、打开，系统自动在左下角呈多页签格式显示，如图 2－22 所示，单击左下角不同的页签即可进行界面的切换。

(4) 在“用户管理-权限管理”窗口,如果勾选了“启用数据授权”选项,则数据授权功能可用,即可对客户、供应商、仓库、会计科目的明细数据进行授权。在对应明细项目前勾选,表示用户具备该明细核算项目的查看权和使用权。

2.3 基础资料设置

2.3.1 基础资料设置·工作任务

根据师生教学做及学生独立做提供的基础资料参数对两家企业进行基础资料的设置。

一、基础资料设置·工作任务·师生教学做

博大电子有限公司基础资料参数如下(见表 2-5 至表 2-13):

1. 币别资料

币别资料如表 2-5 所示。

表 2-5 币别资料

代码	名称	汇率	小数位数	固定汇率
RMB	人民币	1	2	否
USD	美元	6.21	2	否

2. 科目资料

科目资料如表 2-6 所示。

表 2-6 科目资料

科目代码	科目名称	外币核算	期末调汇	往来业务核算	数量金额辅助核算	计量单位	项目辅助核算
1001	库存现金						
1001.01	人民币						
1001.02	美元	美元	是				
1002	银行存款						
1002.01	工行	所有币别	是				
1002.02	建行	所有币别	是				
1122	应收账款	所有币别	是	是			客户
1123	预付账款			是			供应商
1403	原材料				是	数量组一块	物料
1405	库存商品				是	数量组一块	物料
2202	应付账款			是			供应商
2203	预收账款			是			客户
5001	生产成本						
5001.01	基本生产成本						

（续表）

科目代码	科目名称	外币核算	期末调汇	往来业务核算	数量金额辅助核算	计量单位	项目辅助核算
5001.02	辅助生产成本						
5001.03	制造费用						
5101	制造费用						
5101.01	工资						
5101.02	水电费						
5101.03	折旧费						
5101.04	其他						
6601	销售费用						
6601.01	工资						
6601.02	折旧费						
6601.03	差旅费						
6601.04	其他						
6602	管理费用						
6602.01	工资						
6602.02	折旧费						
6602.03	办公费						
6602.04	业务招待费						
6602.05	其他						
6603	财务费用						
6603.01	利息支出						
6603.02	利息收入						
6603.03	汇兑损益						
6603.04	其他						

注：会计科目直接引入新会计准则模板，表中为修改部分资料，其他保持原系统默认属性。

3. 计量单位资料

计量单位资料如表 2－7 所示。

表 2－7　计量单位资料

单位组	代码	名称	换算率	类别	是否默认
数量组	001	块	1		是
数量组	002	箱	10		
设备组	101	台	1		是
房屋建筑	201	栋	1		是
运输设备	301	辆	1		是

4. 部门资料

部门资料如表 2 - 8 所示。

表 2 - 8　部门资料

代码	名称	全名
01	财务部	财务部
02	办公室	办公室
03	营销部	营销部
04	采购部	采购部
05	外贸部	外贸部
06	仓储部	仓储部
07	生产车间	生产车间
07.01	功放车间	生产车间_功放车间
07.02	音箱车间	生产车间_音箱车间
07.03	DVD 车间	生产车间_DVD 车间
08	信息部	信息部

5. 职员资料

职员资料如表 2 - 9 所示。

表 2 - 9　职员资料

代码	名称	全名	部门名称	银行账号
001	李倩	李倩	财务部	1234567890
002	宋杰	宋杰	财务部	1234567891
003	孙建	孙建	办公室	1234567892
004	赵明	赵明	采购部	1234567893
005	刘辉煌	刘辉煌	外贸部	1234567894
006	刘健	刘健	营销部	1234567895
007	张杰	张杰	营销部	1234567896
008	李斌	李斌	营销部	1234567897
009	彭宇一	彭宇一	仓储部	1234567898
010	王力	王力	功放车间	1234567899
011	钱唯	钱唯	音箱车间	1234567900
012	杜林	杜林	DVD 车间	1234567901
013	程彬	程彬	信息部	1234567902

6. 物料资料

物料资料如表 2 - 10 所示。

表 2-10　物料资料

代码	名称	计量单位组	计价方法	存货科目代码	销售收入科目代码	销售成本科目代码
001	电脑	台	加权平均法	1405 库存商品	6001 主营业务收入	6401 主营业务成本
002	硬盘	块	加权平均法	1403 原材料	6051 其他业务收入	6402 其他业务成本
003	主机	台	加权平均法	1403 原材料	6051 其他业务收入	6402 其他业务成本
004	CPU	块	加权平均法	1403 原材料	6051 其他业务收入	6402 其他业务成本
005	显示器	台	加权平均法	1403 原材料	6051 其他业务收入	6402 其他业务成本

注：由于物料在本案例财务系统的应用仅限于核算项目的作用，因此属性的设置在此不作要求。

7. 客户资料

客户资料如表 2-11 所示。

表 2-11　客户资料

代码	名　称	全　名
001	宏腾网络公司	宏腾网络公司
002	南极电脑公司	南极电脑公司
003	新科数码公司	新科数码公司
004	华威科技有限公司	华威科技有限公司
005	赛博公司	赛博公司
006	中通电子公司	中通电子公司
101	美国艾特电子有限公司	美国艾特电子有限公司
102	美国诺亚有限公司	美国诺亚有限公司

8. 供应商资料

供应商资料如表 2-12 所示。

表 2-12　供应商资料

代码	名　称	全　名
001	来福公司	来福公司
002	华宇有限公司	华宇有限公司
003	亚克公司	亚克公司
004	得力公司	得力公司

9. 收支类别

收支类别如表 2-13 所示。

表 2-13　收支类别

收支类别	代码	名　称	科　目
收入类别	001	废旧物资出售	其他业务收入
支出类别	101	支付广告费	销售费用——其他

操作步骤：

1. 币别

在金蝶 KIS 财务软件系统主界面，在主功能选项中选择“基础设置”，再点击“币别”子功能，进入币别设置界面，单击工具栏中的【新增】按钮，打开“币别-新增”窗口，如图 2－15 所示。输入币别代码、币别名称、记账汇率等，单击【确定】即可保存。

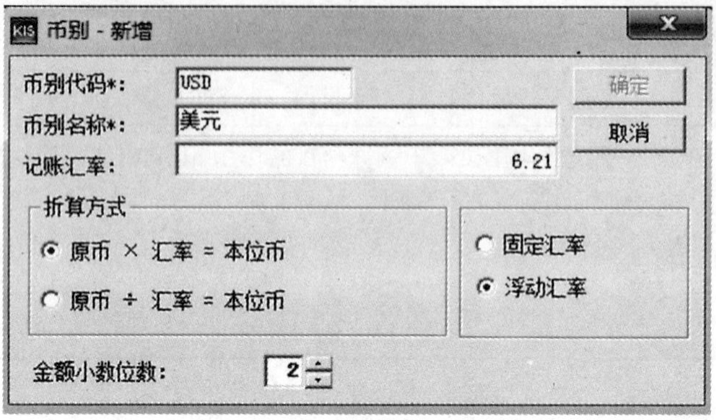

图 2－15　新增币别界面

2. 会计科目

(1) 从模板引入。

宋杰为财务部会计人员，由该用户进行系统初始化工作。用宋杰的用户名和密码登录金蝶 KIS 财务软件系统主界面，选择“基础设置”主功能，再点击“会计科目”子功能，进入科目设置界面，如图 2－16 所示。点击“文件”菜单下的“从模板中引入科目”，进入科目模板选择界面，如图 2－17 所示。在“科目模板”窗口，选择“新会计准则科目”，单击【查看科目】按钮可以查看模板中的科目详细情况，单击【引入】按钮则进入科目模板引入界面，如图 2－18 所示。在该窗口中，单击【全选】按钮可选择所有科目，单击【确定】即开始会计科目的引入。

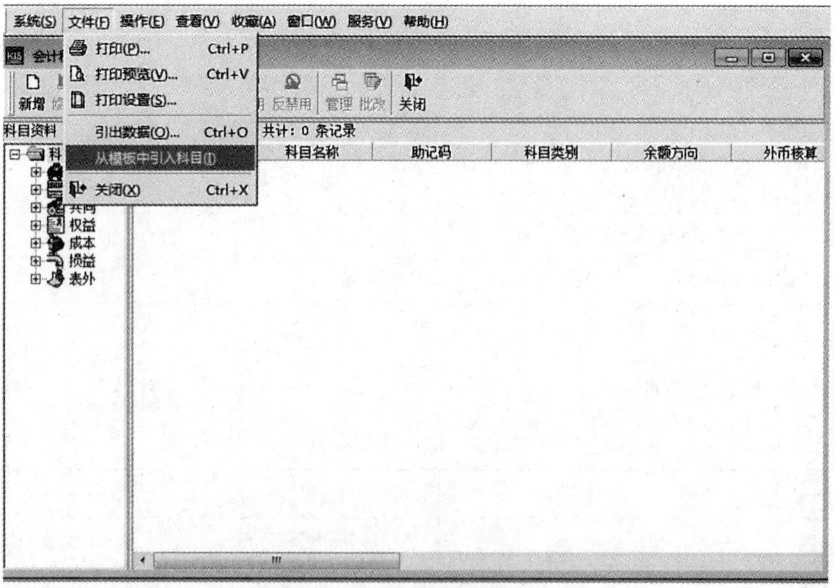

图 2－16　科目设置界面

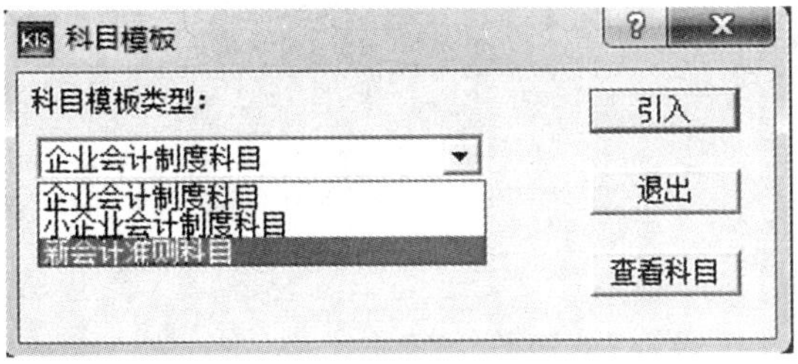

图 2 - 17　会计科目模板选择

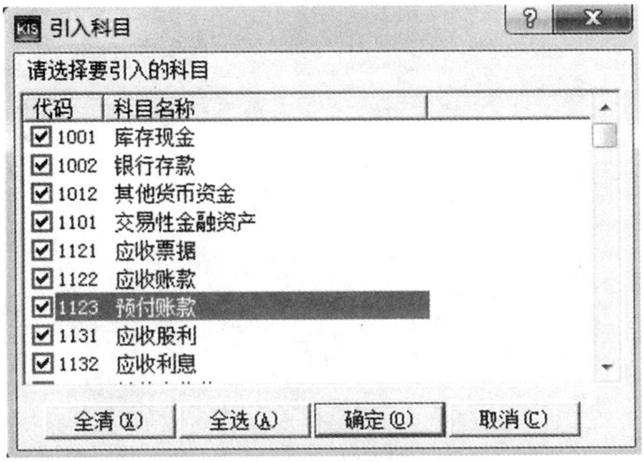

图 2 - 18　会计科目模板引入

会计科目从模板引入完成后，会全部显示在会计科目列表中，如图 2 - 19 所示。点击科目资料下各科目类别按钮，可分类浏览各类别的会计科目。如果需要显示所有明细科目，点击菜单栏中的“查看”→“选项”命令，选择“显示级次”单选框中的“显示所有明细”，再单击【确定】按钮，在会计科目列表中即可查询到包括明细科目的所有科目信息。

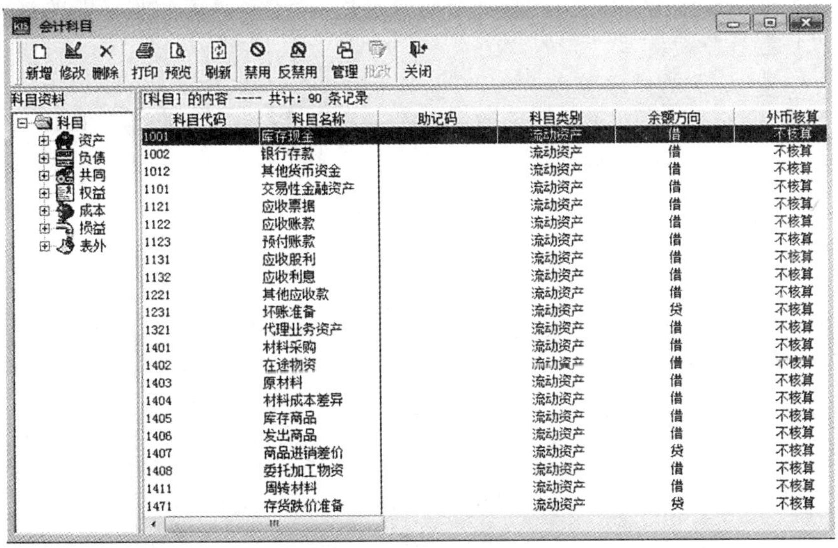

图 2 - 19　会计科目列表

(2) 新增会计科目。

金蝶 KIS 财务软件系统除了可以从预设模板中引入会计科目外,用户同样可以自行新增会计科目。操作方法是:在会计科目界面,单击工具栏中的【新增】按钮,进入“会计科目-新增”窗口,如图 2-20 所示。录入科目代码、科目名称等项目后,单击【保存】和【退出】按钮即可。

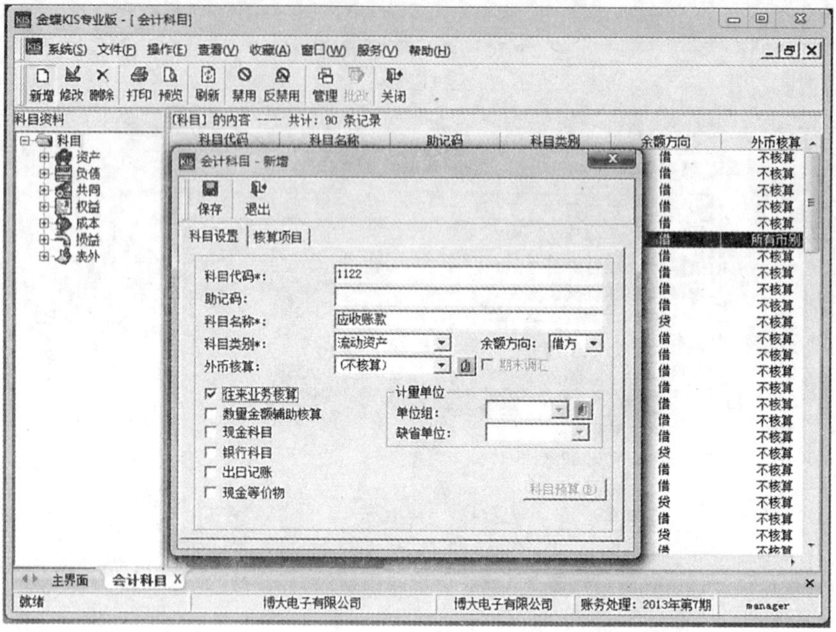

图 2-20 会计科目新增操作

核算项目是金蝶 KIS 财务软件系统设置的一些特殊的项目资料,应用面非常广泛。核算项目与会计科目的联用,其功能类似于明细科目,但弥补了明细会计科目设置过多不利于运行等缺陷,并能够重复使用下挂到各个科目下,可全方位、多角度地反映企业的财务信息,并且科目设置多项目核算比设置明细科目更直观、更简洁,处理速度更快。例如,企业的往来客户单位有 1 000 个以上,如果将往来客户设置成明细科目,那么,应收账款的二级明细科目至少达到1 000 多条;如果将往来客户设置成应收账款的核算项目,只要应收账款一个一级科目就可以了。每一个科目可实现 4 个核算项目的管理。

在“会计科目-新增”窗口,选择“核算项目”页签,进入核算项目管理界面,单击【增加核算项目类别】按钮,打开“核算项目类别”窗口,如图 2-21 所示。选择需要下挂的核算项目类别,单击【确定】按钮,所选的核算项目类别会显示在列表中。一般情况下,为“应收账款”增加“客户”核算项目,为“应付账款”增加“供应商”核算项目,为“库存商品”增加“物料”核算项目等。

(3) 会计科目的修改和删除。

如果要修改或删除某一科目,则先选中该科目,然后单击工具栏中的【修改】或者【删除】按钮,如图 2-22 所示。在弹出界面中修改对应数据,然后单击【保存】并【退出】。

以删除“1321 代理业务资产”科目为例。在科目列表窗口,单击选择“1321 代理业务资产”科目,然后单击工具栏中的【删除】按钮,系统弹出“是否删除‘1321’?”的提示窗口,单击【是】,

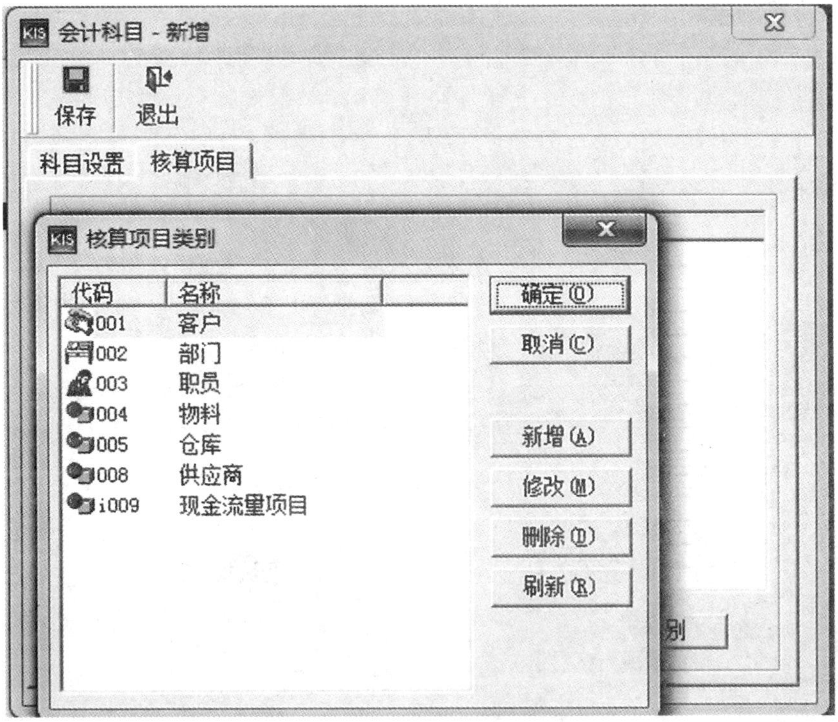

图 2-21　科目设置、核算项目界面

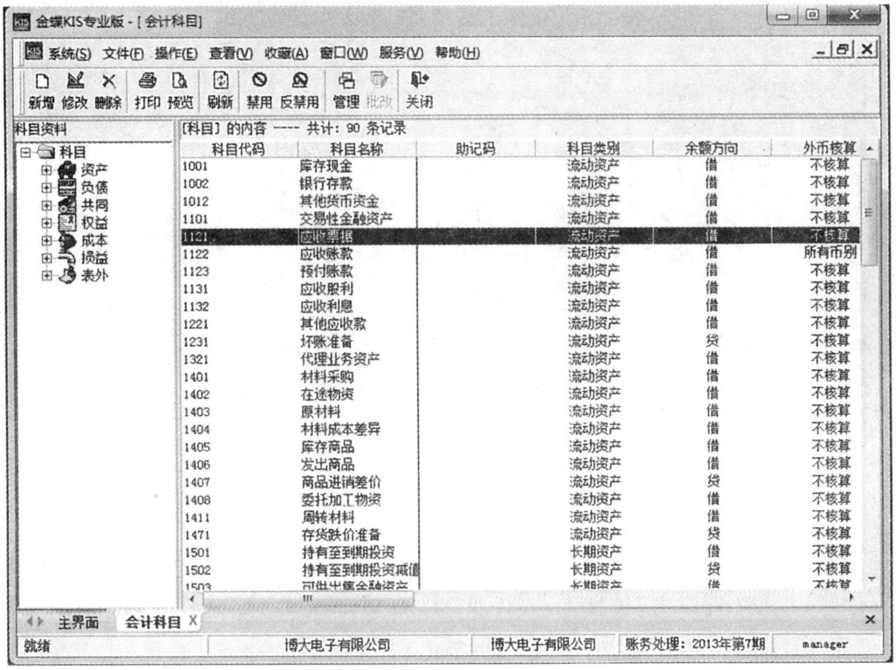

科目代码	科目名称	助记码	科目类别	余额方向	外币核算
1001	库存现金		流动资产	借	不核算
1002	银行存款		流动资产	借	不核算
1012	其他货币资金		流动资产	借	不核算
1101	交易性金融资产		流动资产	借	不核算
1121	应收票据		流动资产	借	不核算
1122	应收账款		流动资产	借	所有币别
1123	预付账款		流动资产	借	不核算
1131	应收股利		流动资产	借	不核算
1132	应收利息		流动资产	借	不核算
1221	其他应收款		流动资产	借	不核算
1231	坏账准备		流动资产	贷	不核算
1321	代理业务资产		流动资产	借	不核算
1401	材料采购		流动资产	借	不核算
1402	在途物资		流动资产	借	不核算
1403	原材料		流动资产	借	不核算
1404	材料成本差异		流动资产	借	不核算
1405	库存商品		流动资产	借	不核算
1406	发出商品		流动资产	借	不核算
1407	商品进销差价		流动资产	贷	不核算
1408	委托加工物资		流动资产	借	不核算
1411	周转材料		流动资产	借	不核算
1471	存货跌价准备		流动资产	贷	不核算
1501	持有至到期投资		长期资产	借	不核算
1502	持有至到期投资减值		长期资产	贷	不核算
1503	可供出售金融资产		长期资产	借	不核算

图 2-22　会计科目的修改、删除操作

此科目被删除，科目列表中也将不再出现此科目。科目全部设置完成后，单击工具栏中的【关闭】按钮，返回到金蝶 KIS 财务软件系统主界面。

(4) 会计科目的禁用和反禁用。

当科目已发生业务不能修改或删除时,可通过禁用功能让该科目不再被显示或使用。以禁用“1122 应收账款”科目为例。在科目列表窗口,单击选择“1122 应收账款”科目,然后单击工具栏中的【禁用】按钮,或右击选择【禁用】,系统弹出“您是否要禁用项目 1122?”提示窗口,单击【是】按钮,此科目被禁用,禁用后该科目不能被修改、删除,其他系统也不能使用该科目。

禁用后该科目在浏览界面上看不到,如果要在浏览界面上看到已经禁用的科目,则可在菜单上选择“查看”→“选项”命令,打开“基础资料查询选项”窗口,勾选“显示禁用基础资料”选项,如图 2-23 所示。会计列表中已被禁用的科目以红色显示。

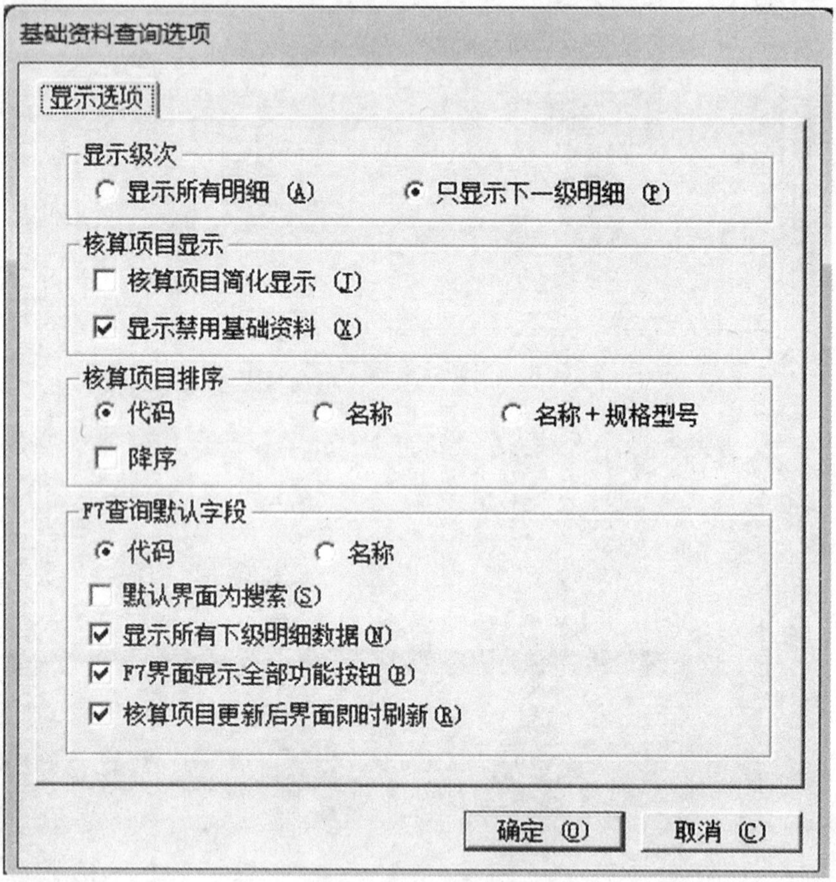

图 2-23　基础资料查询

如果要取消对某一科目的禁用,直接单击工具栏中的【反禁用】按钮,或右击选择【反禁用】,打开“管理科目禁用”窗口,如图 2-24 所示。勾选需要取消禁用的科目,单击【取消禁用】即可。

3. 凭证字

根据案例资料,在金蝶 KIS 财务软件系统主界面,选择“基础资料”主功能,再点击“凭证字”子功能,进入凭证字设置界面。单击工具栏中的【新增】按钮,打开“凭证字-新增”窗口,如图 2-25 所示。输入凭证字“记”,单击【确定】即可保存。

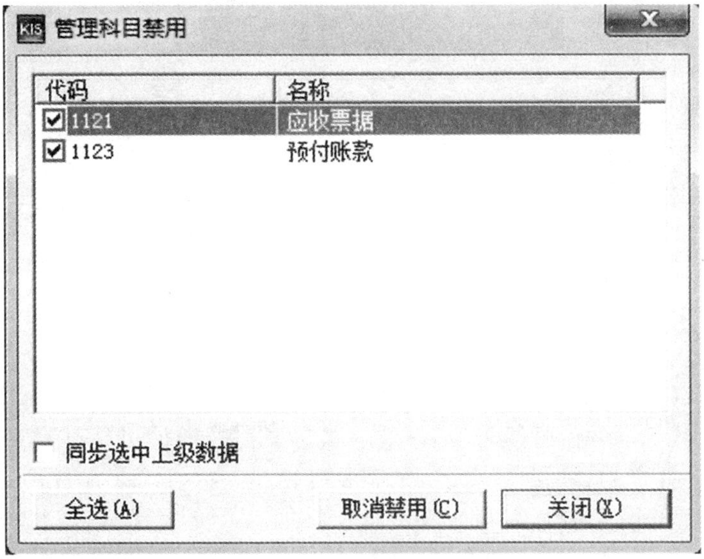

图 2-24　取消科目禁用

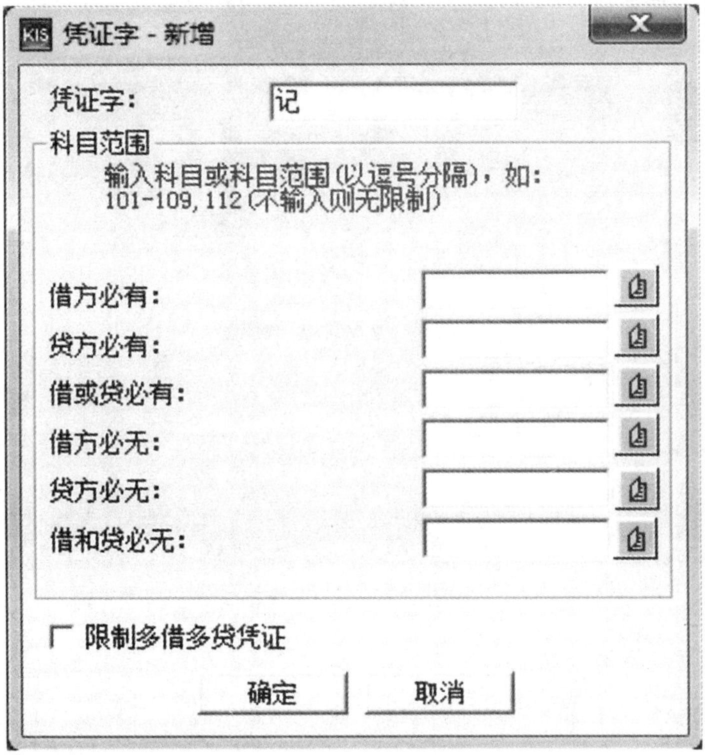

图 2-25　新增凭证字

4. 计量单位

在金蝶 KIS 财务软件系统主界面，选择“基础设置”主功能，再点击“计量单位”子功能，进入计量单位设置界面。根据案例，单击工具栏中的【新增】按钮，录入“数量组”，如图 2-26 所示，单击【确定】按钮，完成计量单位组的增加操作。

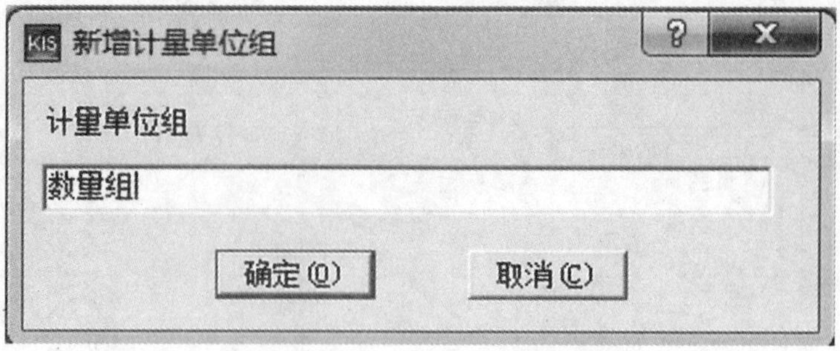

图 2－26　新增计量单位组界面

新增计量单位的操作比较简单，单击“数量组”右边的空白处，再单击工具栏中的【新增】按钮，输入计量单位代码、名称、换算率等，然后单击【确定】按钮即可保存到对应计量单位组中，如图 2－27 所示。如果是辅助计量单位，则需要谨慎填写换算率。例如：1 箱＝10 块，则“块”的换算率为 1，“箱”的换算率为 10。

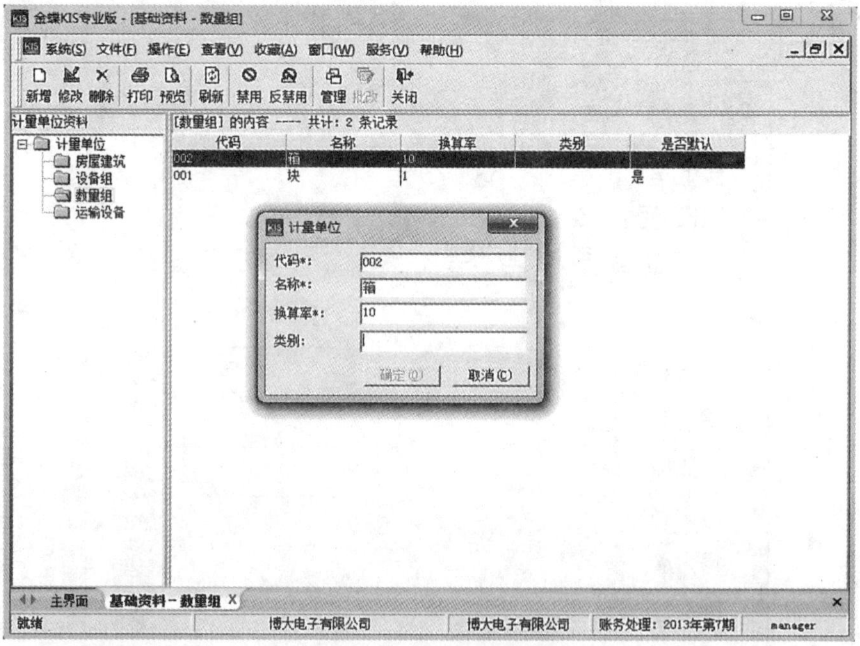

图 2－27　新增计量单位

5. 核算项目

在金蝶 KIS 财务软件系统主界面，选择“基础资料”主功能，再点击“核算项目”子功能，进入核算项目设置界面。单击左侧核算项目资料下的“部门”，然后点击右边空白处，再单击工具栏中的【新增】按钮，打开“部门-新增”窗口，如图 2－28 所示。代码处输入“01”，名称处输入“财务部”，单击【保存】。

新增核算项目时，浅黄色的项目为必录项，必须维护完成才能保存。由于各类核算项目的设置方法类似，此处不再一一详细介绍。依次根据表 2－8、表 2－9、表 2－10、表 2－11、表 2－12 进行部门、职员、物料、客户、供应商的新增。

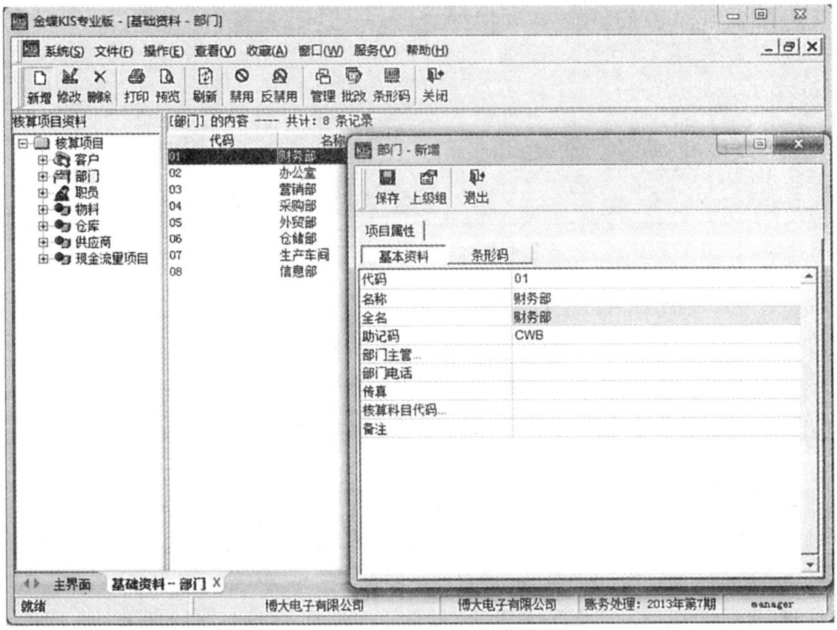

图 2－28　核算项目-部门新增

6. 收支类别

在金蝶 KIS 财务软件系统主界面，选择“基础资料”主功能，再点击“收支类别”子功能，进入收支类别设置界面。单击左侧“收入类别”，然后点击右边空白处，再单击工具栏中的【新增】按钮，打开“收支类别”窗口，代码处输入“001”，名称处输入“废旧物资出售”，科目选择“其他业务收入”，然后单击【保存】按钮，如图 2－29 所示。

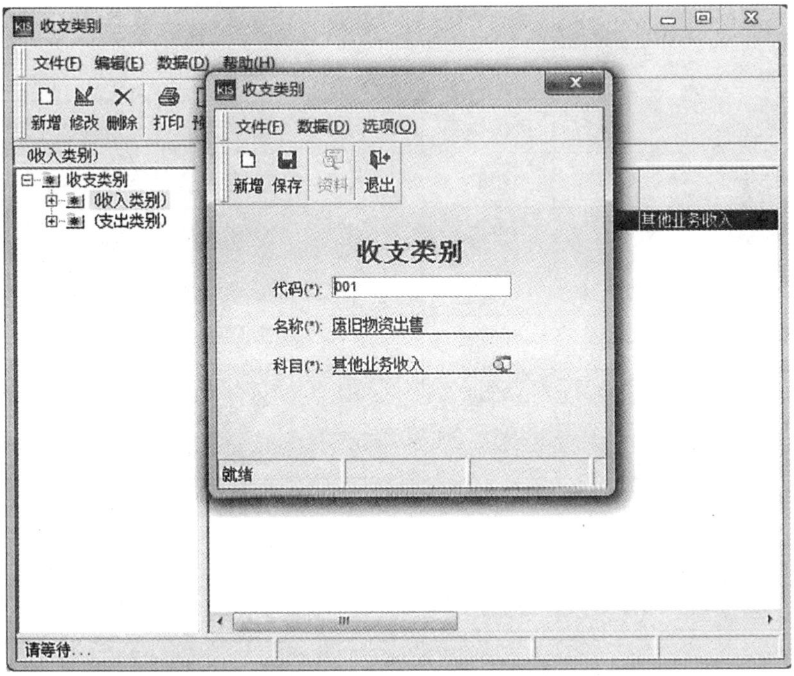

图 2－29　设置收支类别

二、基础资料设置·工作任务·学生独立做

根据以下资料对华强公司进行基础设置。

1. 设置凭证类型

凭证类型(凭证字)如表2所示。

表2 凭证类型

凭证字	凭证名称	科目范围限制
收	收款凭证	借方必有:1001,1002
付	付款凭证	贷方必有:1001,1002
转	转账凭证	借和贷必无:1001,1002

2. 设置外币及汇率

币种编号——USD;币种名称——美元;折算方式——原币×汇率=本位币;期初汇率——6.50。

3. 设置核算项目

(1) 部门及职员。

表3 部门及职员

部门编码	部门名称	职员编码	职员名称	性别	职员类别	职务	工资账号
01	行政部	0101	张大维	男	管理人员	部门经理	510-100
01	行政部	0102	杜小兵	男	管理人员	职员	510-101
01	行政部	0103	孙正	男	管理人员	总经理	510-102
01	行政部	0104	黄亮	男	管理人员	职员	510-103
02	财务部	0201	自己姓名	男	管理人员	职员	510-104
02	财务部	0202	张红	女	管理人员	部门经理	510-105
02	财务部	0203	李杨	男	管理人员	职员	510-106
02	财务部	0204	赵兵	女	管理人员	职员	510-107
03	销售部	0301	周力	男	经营人员	部门经理	510-108
03	销售部	0302	刘威	男	经营人员	职员	510-109
03	销售部	0303	于含笑	女	经营人员	职员	510-110
04	采购部	0401	雷达	男	经营人员	部门经理	510-111
04	采购部	0402	孙力	男	经营人员	职员	510-112
04	采购部	0403	杨真	女	经营人员	职员	510-113

注:员工的工资卡均在工商银行开户。

（2）往来单位。

表 4　往来单位

性　　质	编　　码	单位名称	单位简称
供应商	01	天华集团公司	天华
供应商	02	宏喜商贸公司	宏喜
供应商	03	华泰批发部	华泰
客户	01	美家商场	美家
客户	02	大华集团公司	大华
客户	03	星星商贸公司	星星
客户	04	鑫宇风华公司	鑫宇

4. 设置结算方式

表 5　结算方式

结算方式	结算方式名称
01	现金
02	现金支票
03	信用卡
04	电汇
05	信汇
06	银行汇票
07	商业汇票
08	银行本票
09	转账支票

2.3.2　基础资料设置·理论知识

基础资料就是在系统中使用的各种公用信息的总称。用户在录入凭证时，需要输入一些业务资料信息，如科目、币别、客户等信息。基础资料设置是应用金蝶 KIS 财务系统进行日常业务处理必须进行的，这里的每一步设置都关系到启用系统后对应系统的操作，是为后面更好地使用软件打下基础，因此基础资料的设置是相当重要的。在赋予用户权限后，各个用户可以使用自己的账号登录到系统中，并各自进行基础资料的设置工作。下面我们就从币别入手，介绍基础资料的设置。

一、基础资料设置·理论知识·币别

在企业的经营活动中，都是以币别作为交易的媒介和度量单位的。对于涉外企业，其交易活动中不可避免地将涉及多种币别，为了方便用户对不同币种的业务数据进行确认和计量，需要对币别这个基础资料进行设置。由于在系统参数中已设置了本位币，系统自动在基础资料的币别中生成了本位币的记录，无须再进行本位币的新增。

各项币别参数的说明如表 2－14 所示。

表 2－14　币别参数说明

数据项	说　明	是否必填项
币别代码	表示货币币别的代码，系统默认使用 3 个字符表示，最多支持 8 个字符。建议使用一般惯例编码，如 RMB、HKD、USD……提醒：在输入货币代码时尽量不要使用“＄”符号，因为该符号在自定义报表中已有特殊含义，如果使用该符号，那么在自定义报表中定义取数公式时可能会遇到麻烦。	是
币别名称	表示货币的名称，如人民币、港币、美元等。	是
记账汇率	在经济业务发生时的记账汇率，期末调整汇兑损益时，系统自动按对应期间的记账汇率折算，并调整汇兑损益额度。	是
折算方法	本系统可选择的折算方法有直接汇率法和间接汇率法两种，用户可根据实际情况选择其中一种。系统默认为直接汇率法。	是
金额小数位数	指定币别精确的小数位数。在凭证录入中控制原币金额的小数位数。	是
固定/浮动汇率	指定币别是固定汇率还是浮动汇率。在凭证录入时，如果币别为固定汇率，则不能修改；如果币别为浮动汇率，则可以任意修改。用户可根据实际情况选择其中一种，系统默认为固定汇率。	是

二、基础资料设置·理论知识·会计科目

金蝶 KIS 财务软件系统中将会计科目分为“资产”、“负债”、“共同”、“权益”、“成本”、“损益”和“表外”七大类。在会计科目设置窗口中可以对会计科目进行引入、增加、修改、删除、科目禁用、浏览、打印等操作。

（1）模板引入。

在金蝶 KIS 财务软件系统中，会计科目可以从标准模板引入，系统预设了“企业会计制度科目”、“小企业会计制度科目”和“新会计准则”三种标准模板，可以根据企业的实际情况选择相应的模板引入会计科目。

（2）新增会计科目。

金蝶 KIS 财务软件系统除了可以从预设模板中引入会计科目外，用户同样可以自行新增会计科目。

各项科目设置参数的说明如表 2－15 所示。

表 2－15　科目设置参数说明

数据项	说　明	是否必填项
科目代码	会计科目的代码应该按照一定的规则进行编制，以便在使用中清晰明了，子科目与父科目之间是用小数点来进行分隔的。二级以后的明细科目代码位数设置可以根据用户的需要自行设定，没有限制。例如：现金可以设为 101 或者 1001；明细科目可以设置无数个级，位数设置也可根据用户需要自行设定。	是
助记码	助记码是帮助记忆科目的编码。在录入凭证时，为了提高科目录入的速度可以用助记码进行科目录入。例如：将“现金”科目的助记码设为“xj”，则在输入“xj”时系统将自动找到“现金”科目。	否

（续表）

数据项	说明	是否必填项
科目名称	科目名称是该科目的文字标识。在命名科目名称时只需命名本级科目名称，不必带上级科目名称。输入的科目名称一般为汉字和字符。	是
科目类别	科目类别用于对科目的属性进行定义。科目的属性系统都已作了设定，包括流动资产、长期资产、流动负债、长期负债、所有者权益、期间费用等多个明细的类别。系统中损益类科目的特殊处理主要体现在两个方面：第一，在执行“结转本期损益”功能时，所有定义为“损益类”科目的本期实际发生额都将全部自动结转；第二，在自定义报表中设置取数公式时，设定为“损益类”科目便可取出其实际发生额。	是
余额方向	余额方向是指该科目的余额默认的方向，一般资产类科目的余额方向在借方，负债类科目的余额方向在贷方。会计科目的这项属性对于账簿或报表输出的数据有直接影响，系统将根据会计科目的默认余额方向来反映输出的数值。例如，如果将“现金”科目的余额方向改为“贷方”，则其借方余额在自定义报表中就会反映为负数。	是
外币核算	指定该科目外币核算的类型。具体核算方式分三种。①不核算外币：不进行外币核算，只核算本位币。②核算所有外币：对本账套中设定的所有货币进行核算。③核算单一外币：只对本账套中某一种外币进行核算。若选择核算单一外币，要求选择一种进行核算的外币的名称。系统在处理核算外币的同时，会自动默认在“币别”功能中输入的汇率。注意：如果科目发生了业务，改变科目的核算币别，则只能将其改为核算所有币别。	是
期末调汇	确定是否在期末进行汇率调整。只有科目进行了外币核算，此选项才可用。如选择期末调汇，系统将在月底自动进行期末调汇并生成一张凭证。	否
往来业务核算	在一些需要核对往来业务的科目中设置，选择后此类科目在输入凭证时系统会要求输入往来业务核算代码，并会对此类科目进行往来业务核销。此项选择将影响到往来业务对账单和账龄分析表的输出。	否
数量金额辅助核算	选择此项目后，会计科目不仅核算金额，而且核算数量，在输入凭证时要求用户输入金额的同时输入数量。	否
计量单位	选择科目的计量单位组及缺省的计量单位。只有科目进行了数量金额辅助核算，此项目才可使用。	否
现金科目	选中此选项，则将科目指定为现金类科目。现金日记账和现金流量使用。	否
银行科目	选中此选项，则将科目指定为银行科目。银行日记账和现金流量使用。	否
出日记账	选择此项目后的科目在明细分类账中自动出日记账，一般用于“现金”、“银行存款”。	否
现金等价物	该选项供现金流量表取数使用。	否

三、基础资料设置·理论知识·凭证字

凭证字就是我们在录入凭证时使用的用于标记凭证类别的凭证字。它与我们在实际工作中所使用的凭证字的含义是相同的。

收款凭证，凭证字就是“收”，用于收取现金、银行存款时。

付款凭证,凭证字就是“付”,用于支付现金、银行存款时。

转账凭证,凭证字就是“转”,用于不涉及现金或银行存款时。

记账凭证,凭证字就是“记”,通用凭证,适用于上述三种凭证字。

(1) 借方必有:以“收”字凭证为例,“收”字一般用于收取现金、银行存款时,所以在录入凭证时,借方必须要有现金或银行存款科目。

(2) 限制多借多贷凭证:在账务处理系统进行凭证录入时,如果选择了限制多借多贷的凭证字,则系统将对当前凭证进行判断。如是多借多贷凭证,则该凭证不允许保存。对于一借一贷、一借多贷、多借一贷的凭证系统不作上述限制。

四、基础资料设置·理论知识·计量单位

存货的设置必定涉及计量单位。在财务系统,会计科目如果使用数量金额辅助核算,则必须选择计量单位组及缺省单位。

由于有些存货的计量单位可能会有几个,一个为主计量单位,其他为辅助计量单位。为了能够体现该存货的多种计量单位及这些计量单位之间的运算关系,本系统将其设置成一个一个的计量单位组,在组中各计量单位是主计量单位与辅助计量单位的关系。因此,一个计量单位组系统只默认一个计量单位,默认计量单位的系数为1。此计量单位组中其他的计量单位都为辅助计量单位,辅助计量单位的系数为计量单位的倍数。在设置存货信息时,存货只能获取到默认的计量单位,所以用户有多少必须要用的计量单位,则必须设置多少计量单位组。

五、基础资料设置·理论知识·核算项目

核算项目是金蝶KIS财务软件系统设置的一些特殊的项目资料,系统提供了客户、职员、供应商、物料、部门和现金流量项目等组别,应用面非常广泛。由于其新增、修改、删除、禁用、反禁用等操作与会计科目类似,此处不再详细介绍。

部门:可以作为财务的辅助核算项目,也是采购销售系统、仓存系统和存货核算系统中各种单据的“部门”字段的组成部分。

职员:可以作为财务的辅助核算项目,也是采购销售系统、仓存系统和存货核算系统中各种单据的“职员”字段的组成部分。

供应商、客户:可以作为财务的辅助核算项目,也是采购销售系统、应收应付系统中各种单据的“供应商”、“客户”字段的组成部分。

物料:可以作为财务的辅助核算项目,也是采购销售系统、仓存系统和存货核算系统核算项目各种单据与存货的必要字段,物料的设置相对比较复杂,要进行“基本资料”和“物流资料”的设置。

六、基础资料设置·理论知识·收支类别

收支类别是针对应收应付系统的其他收付款单而设计的。它分为收入类别和支出类别,分别对应其他收付款单和相关报表引用。通过收支类别的定义,可以统计和核算非主营业务收支的资金分类,收支类别同时绑定会计科目,在生成凭证时引用。

2.3.3 基础资料设置·操作指南

1.“基础设置”下设置计量单位

操作步骤:“基础设置”→“计量单位”→点击“计量单位”,单击【新增】,输入单位组。

2. 新增部门

操作步骤:"基础设置"→"核算项目"→点击"部门",在右侧单击,单击【新增】,输入代码、名称即可。按照以上步骤,将剩余信息添加上去。

3. 公司扩建,通过复制功能添加一个部门,部门代码:04;部门名称:生产二部;部门属性与生产一部完全相同

操作步骤:双击"生产一部",在对话框中点击【复制】按钮,然后输入代码、名称即可。

4. 新增职员

操作步骤:"基础设置"→"核算项目"→点击"职员",在右侧单击,单击【新增】,输入相关信息即可。

5. 在核算项目客户类别中,建立上级组

操作步骤:"基础设置"→"核算项目"→点击"客户",在右侧空白处单击,单击【新增】,单击"上级组",输入代码及名称即可。

6. 建立客户档案

操作步骤:"基础设置"→"核算项目"→点击"客户",单击"01 长期客户",在右侧空白处单击,单击【新增】,输入信息即可。

7. 建立供应商档案

操作步骤:"基础设置"→"核算项目"→点击"供应商",在右侧空白处单击,单击【新增】,输入以上信息即可。

8. 新增仓库

操作步骤:"基础设置"→"核算项目"→选中"仓库",在右侧空白处单击,单击【新增】,输入信息即可。

9. 在核算项目物料中新增物料

操作步骤:"基础设置"→"核算项目"→"物料",在右侧空白处点击,单击【新增】,输入相关信息即可。

10. 设置外币币种及汇率

操作步骤:"基础设置"→"币别"→"新增",录入名称、汇率、折算方式、小数位数。

注意:

(1) 科目使用外币核算、数量金额辅助核算时,必须事先设置基础资料的币别、计量单位,所有用户可根据企业实际情况,自行调整会计科目与其他基础资料的设置顺序。

(2) 设置明细科目时,输入科目代码需注意下级科目与上级科目之间用英文字符中的"."隔开,且下级科目自动继承上级科目的部分属性,如科目类别、余额方向等。上级科目如果有业务发生,新增下级科目时,其所有发生额、余额将自动转到第一个下级科目中,此操作将无法逆转。因此,当科目已发生过业务,新增下级科目时需慎重考虑。

(3) 只有未被使用,没有各项发生额、余额及没有下级科目的科目才可以删除,否则,系统不允许删除;其他基础资料的删除操作也与此类似,后面的介绍将会简洁一些。删除的资料不能自动恢复,如果需要被删除的基础资料,则需要手动重新录入一遍。

(4) 如果计量单位组中有明细的计量单位,则必须先将计量单位删除,才能删除计量单位组。

(5) 如果直接选择部门后,单击【新增】,则调出的是核算项目类别新增界面。

(6) 核算项目允许设置多个级次，各级次代码同样需要用英文字符中的"."隔开。例如，供应商需要按区进行划分，01 华南区，01.01 深圳，01.01.01 英特尔公司。

2.4 应收应付初始数据录入

2.4.1 应收应付初始数据录入·工作任务

根据师生教学做及学生独立做提供的应收应付初始数据资料进行账套资料的录入。

一、应收应付初始数据录入·工作任务·师生教学做

博大电子有限公司期初应收(人民币)资料如表 2-16 所示。期初应收(美元)资料如表 2-17 所示。期初应付(人民币)资料如表 2-18 所示。

表 2-16 期初应收(人民币)资料

客户代码	客户名称	应收账款(原币)	预收账款(原币)	期初余额(原币)	业务发生时间
001	宏腾网络公司	250 000		250 000	2012-12-05
001	宏腾网络公司	250 000		250 000	2013-02-18
001	宏腾网络公司	100 000		100 000	2013-02-18
002	南极电脑公司	250 000		250 000	2012-08-07
002	南极电脑公司	250 000		250 000	2013-01-15
003	新科数码公司	250 000		250 000	2012-11-03
003	新科数码公司	250 000		250 000	2013-02-24
003	新科数码公司	250 000		250 000	2013-04-15
004	华威科技有限公司	250 000		250 000	2013-01-11
004	华威科技有限公司	250 000.00		250 000.00	2013-05-12
005	赛博公司		750 000.00	-750 000.00	2012-10-11
006	中通电子公司		1 250 000.00	-1 250 000.00	2013-03-05

表 2-17 期初应收(美元)资料

客户代码	客户名称	应收账款		期初余额		业务发生时间
		原币	本位币	原币	本位币	
101	美国艾特电子有限公司	997 584.54	6 194 999.99	997 584.54	6 194 999.99	2012-08-16

表 2-18 期初应付(人民币)资料

供应商代码	供应商名称	应付账款(原币)	预付账款(原币)	期初余额(原币)	业务发生时间
001	来福公司	1 000 000.00		1 000 000.00	2012-02-22
001	来福公司	1 750 000.00		1 750 000.00	2012-04-16
001	来福公司		500 000.00	-500 000.00	2012-02-16

操作步骤：

1. 初始数据录入

在金蝶 KIS 财务软件系统主界面，选择“初始化”主功能，再点击“应收应付初始数据”子功能，即可进入应收应付初始数据录入界面，如图 2－30 所示。

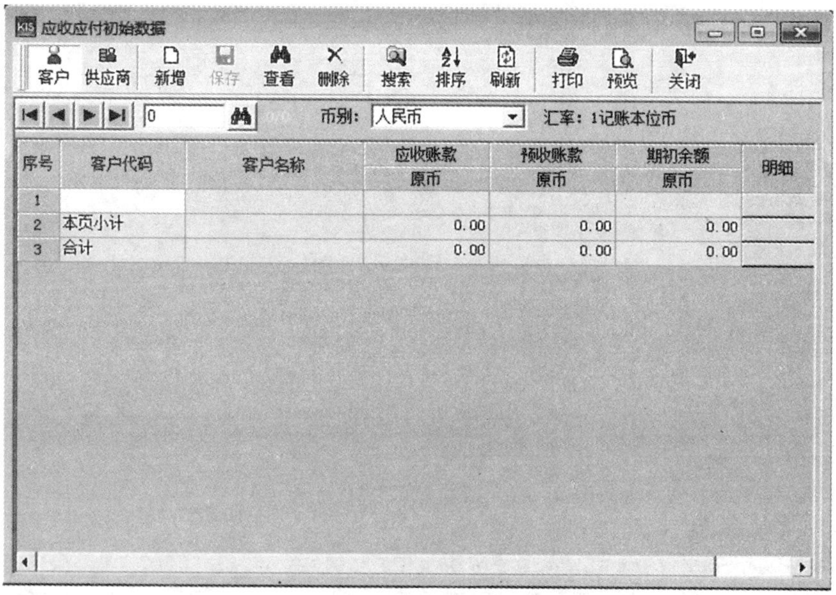

图 2－30　应收应付初始数据界面

在进入“应收应付初始数据”窗口后，可以选择【客户】和【供应商】来分别录入应收/预收账款和应付/预付账款的期初数据，同时也可以选择不同币别进行录入。在金蝶 KIS 应收应付初始数据录入界面，不能直接录入相关客户、供应商的初始数据，必须在选择了具体的客户或供应商信息后，单击对应的【明细】按钮进行明细录入。

根据案例资料，进行宏腾网络公司的应收账款初始数据录入。首先单击工具栏中的【客户】按钮，在客户代码处按 F7 键选择宏腾网络公司，或者直接录入“001”后按回车键，系统自动携带出客户名称信息，然后单击所对应“明细”列的“√”，打开明细数据录入窗口。根据表 2－16 所示，宏腾网络公司业务日期不同的三笔初始数据应分别录入，单击右下角【插入】按钮可增加多行，同时还可分别录入每笔业务对应的部门或业务员，如图 2－31 所示。完成宏腾网络公司的应收账款初始数据录入后，依次单击右下角的【保存】→【关闭】按钮，数据将汇总并填入应收应付初始数据界面中。

在同一界面，可以进行预收账款初始数据的录入。注意：当录入预收账款数据后，期初余额自动显示为负数，如图 2－32 所示。

金蝶 KIS 财务软件系统同时提供了外币应收应付初始数据录入功能。根据案例资料，期初存在美元的应收账款如表 2－17 所示。在“应收应付初始数据”窗口，点击“币别”下拉列表，选择“美元”，系统自动携带出对应汇率信息。客户美国艾特电子有限公司应收账款的初始数据录入如图 2－33 所示。正常情况下，只需要录入原币金额，本位币金额会根据“原币×汇率”自动折算并填入，但如果本位币折算后存在小数差，可能会造成综合本位币下试算不平衡，用

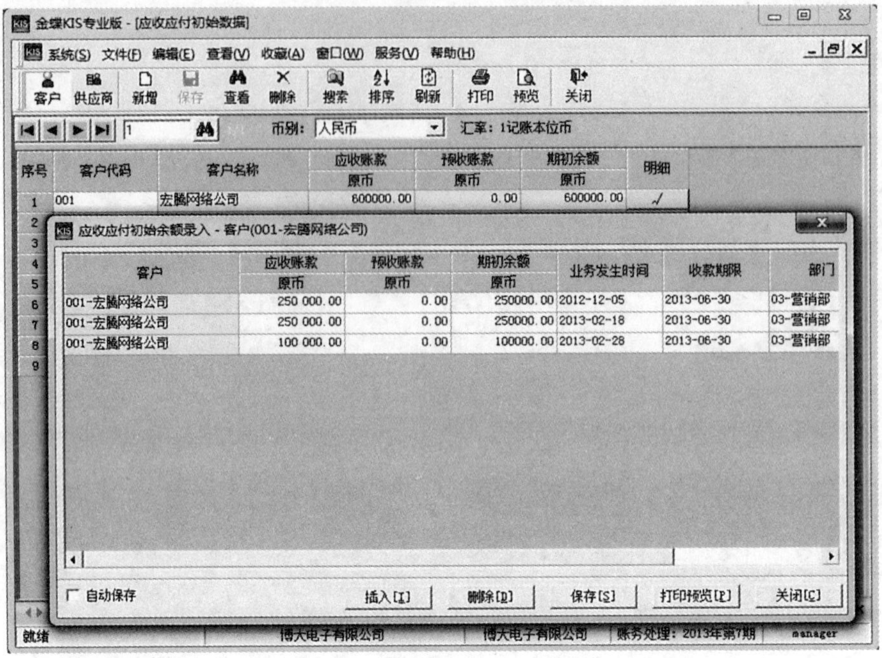

图 2-31　应收账款初始数据录入

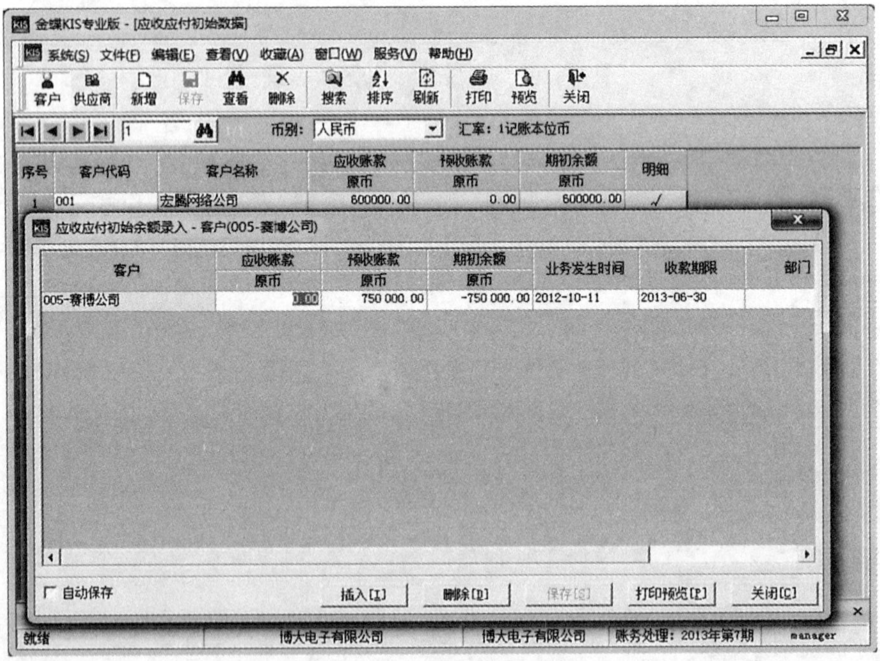

图 2-32　预收账款初始数据录入

户可自行修改本位币金额。如果应收应付初始化有外币数据，您选择的会计科目也需要核算相同外币，否则外币数据无法传递到总账。

在“应收应付初始数据”窗口，单击工具栏中的【供应商】按钮，然后根据上述操作步骤即可完成供应商的应付账款和预付账款初始数据录入工作。

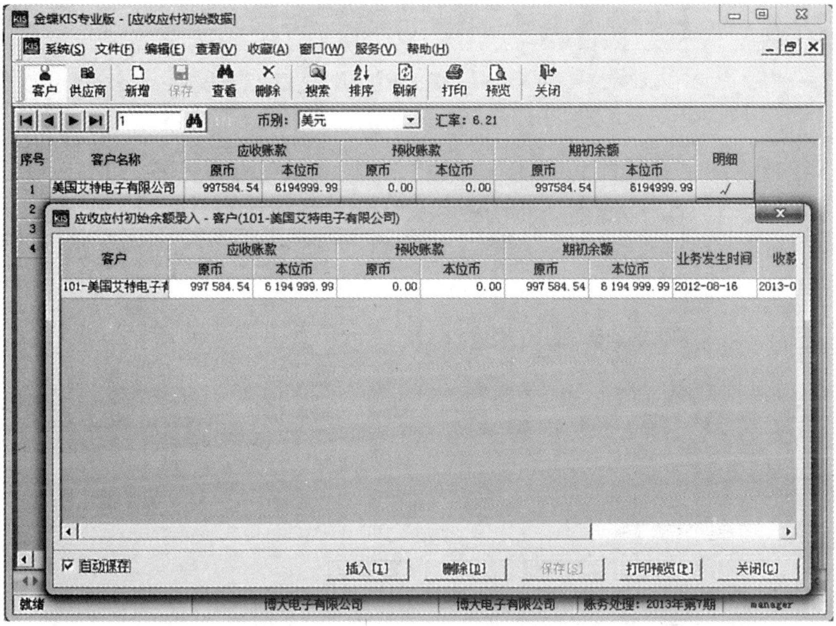

图 2－33　外币初始数据录入

2. 初始数据传递至总账

录入应收应付初始数据后，可以将数据传递至总账系统的科目初始数据中。在“应收应付初始数据”窗口，点击菜单栏中的“文件”→“传递到科目初始化”命令，即可进入对应科目设置界面，如图 2－34、图 2－35 所示。“客户应收账款”和“客户预收账款”对应会计科目，必须下挂单一核算项目“客户”；“供应商应付账款”和“供应商预付账款”对应会计科目，必须下挂单一核算项目“供应商”，否则，无法传递至总账的科目初始数据中。

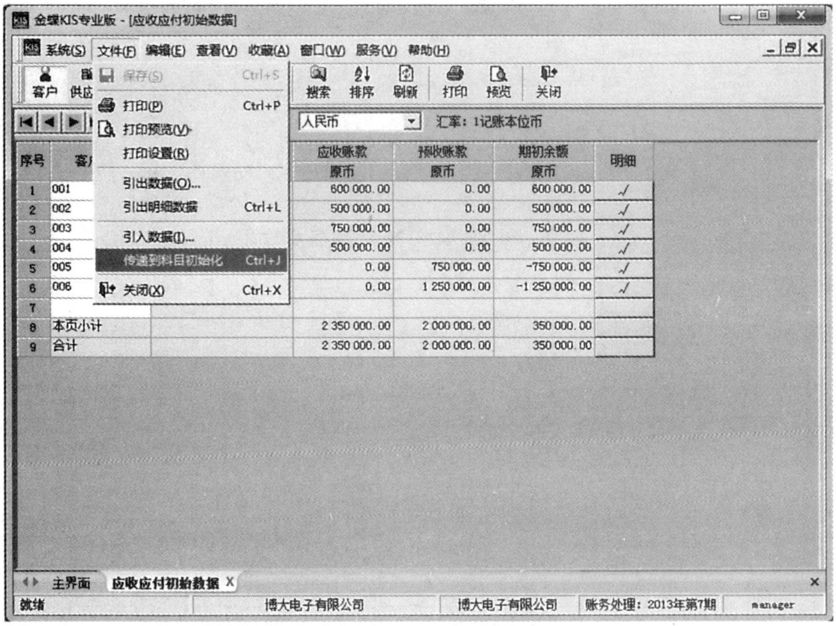

图 2－34　传递到科目初始化

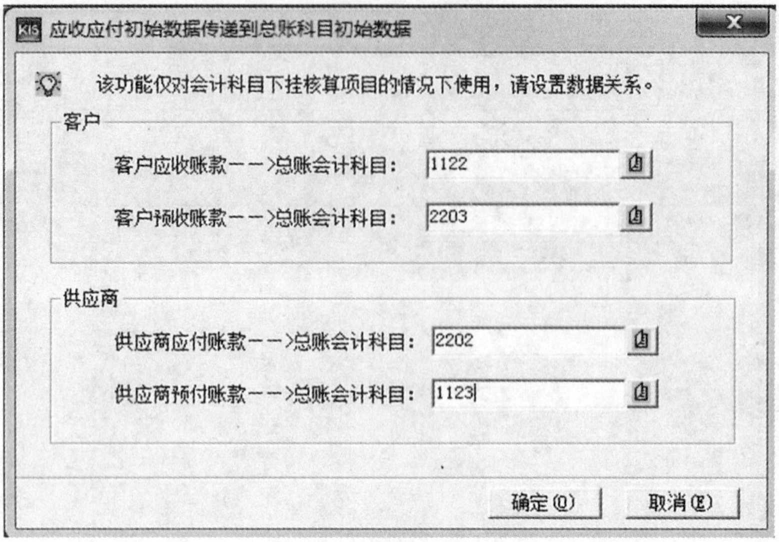

图 2-35　设置对应科目

设置好对应科目后，单击【确定】按钮，系统会给出提示信息，如图 2-36 所示。如果已经在科目初始数据中录入了设置科目的初始数据，需要谨慎操作，数据覆盖后无法撤销。单击【是】，如果系统启用往来业务核销功能，传递后系统自动给予业务编号，如果用户对业务编号有较高要求，需要到科目初始中根据实际情况修改业务编号，此时系统会给出相应提示，如图 2-37 所示。单击【确定】后系统会提示传递结果，如图 2-38 所示。

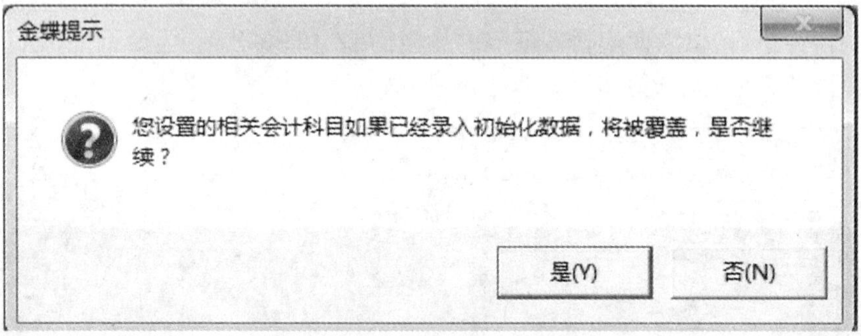

图 2-36　初始数据覆盖提示信息

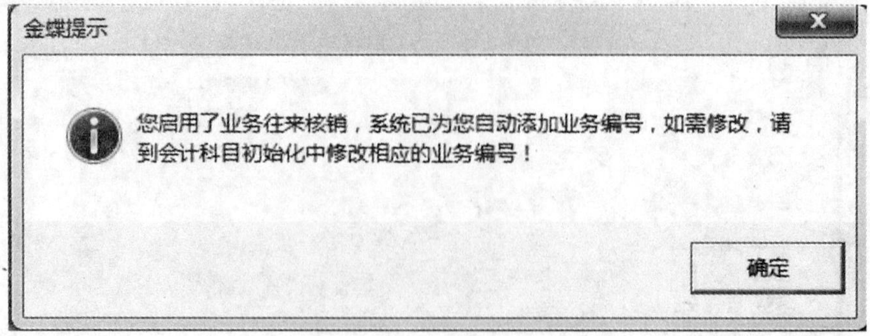

图 2-37　业务编号提示信息

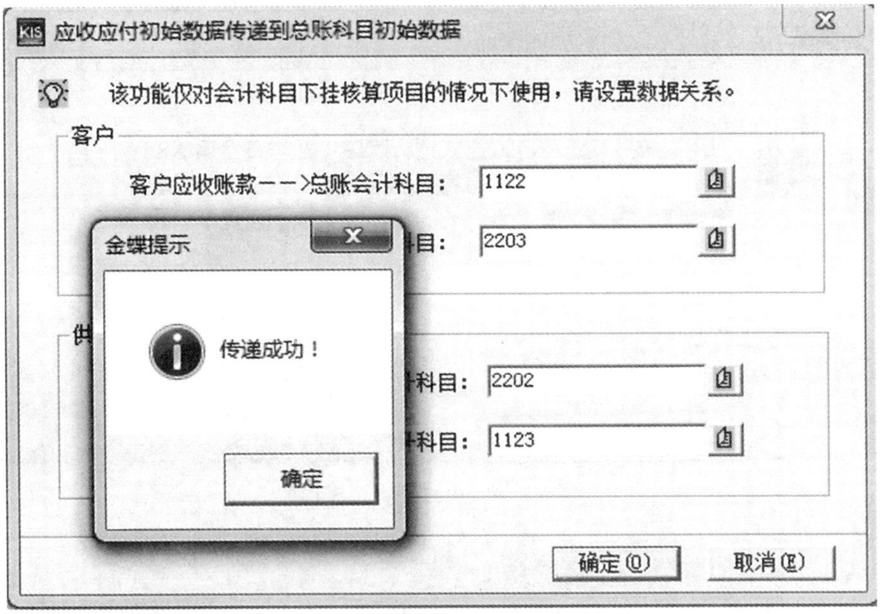

图 2－38　传递成功

3. 启用业务系统

在完整录入应收应付初始数据，且与总账系统对账传递后，即可启用业务系统。

用系统管理员"宋杰"登录账套，在金蝶 KIS 财务软件系统主界面，选择"初始化"主功能，再选择"启用业务系统"子功能，单击【开始】按钮，系统启用操作步骤如图 2－39、图 2－40、图 2－41 所示。

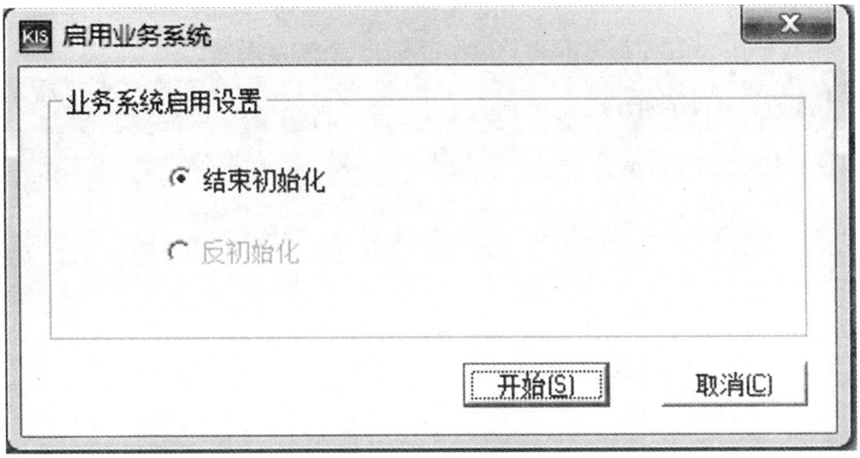

图 2－39　启用业务系统

在业务系统启用后即启用应收应付系统。一旦启用业务系统，应收应付的初始数据不允许修改，如果初始数据录入错误，需要反初始化业务系统。点击"启用业务系统"子功能，业务系统窗口打开，系统默认选择"反初始化"，如图 2－42 所示。单击【开始】即可反初始化业务系统。

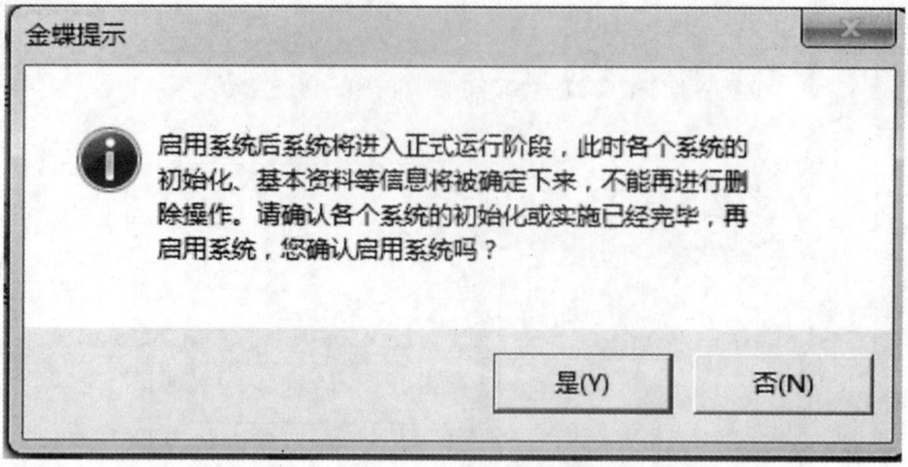

图 2－40　系统结束初始化

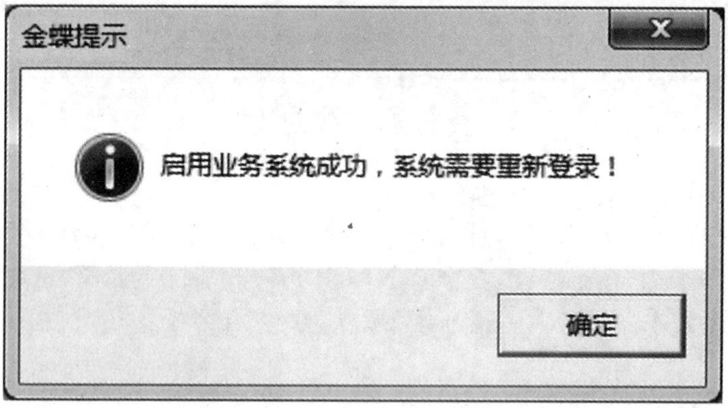

图 2－41　业务系统启用成功

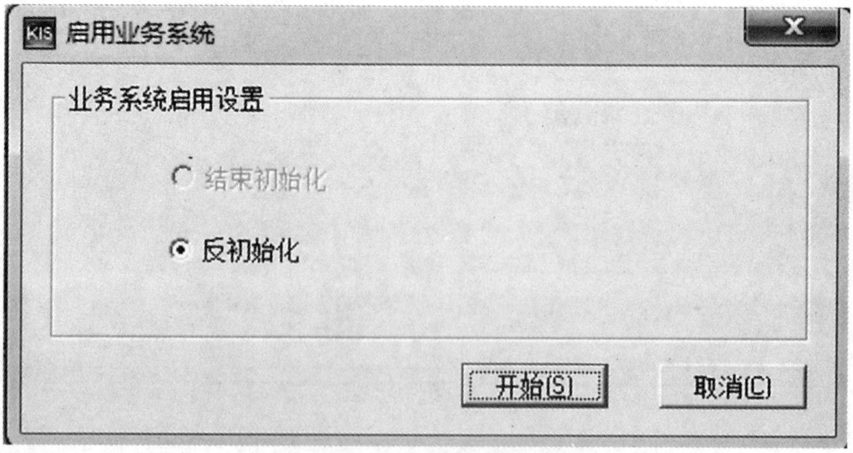

图 2－42　业务系统反初始化

二、应收应付初始数据录入·工作任务·学生独立做

1. 会计科目及期初余额

会计科目及期初余额如表 6 所示。

表6 会计科目及期初余额

编码	名称	借方余额	贷方余额	辅助核算设置
1001	库存现金	8 000.00		
1002	银行存款	475 000.00		
1002.01	工行存款	407 000.00		
1002.02	中行存款	65 000.00 美元 10 000		期末调汇
1012	其他货币资金	42 675.21		
1012.01	外埠存款	42 675.21		
1101	交易性金融资产	15 000.00		
1101.01	成本	15 000.00		
1101.02	公允价值变动			
1122	应收账款	29 300.00		往来业务核算，客户
1123	预付账款			往来业务核算，供应商
1221	其他应收款	2 700.00		
1221.01	其他应收个人款	2 700.00		职员＋部门
1221.02	其他应收单位款			
1231	坏账准备			
1402	在途物资			
1405	库存商品	140 000.00		
1406	发出商品			
1408	委托加工物资			
1503	可供出售金融资产			
1503.01	成本			
1503.02	利息调整			
1503.03	应计利息			
1503.04	公允价值变动			
1601	固定资产	645 000.00		
1602	累计折旧		145 803.26	
1604	在建工程			
1701	无形资产			
1702	累计摊销			

（续表）

编　码	名　　称	借方余额	贷方余额	辅助核算设置
2001	短期借款		79 000.00	
2201	应付票据		20 000.00	
2202	应付账款		29 800.00	往来业务核算，供应商
2203	预收账款			往来业务核算，客户
2211	应付职工薪酬		80 071.95	
2211.01	工资		70 000.00	
2211.02	职工福利		10 071.95	
2221	应交税费			
2221.01	应交增值税			
2221.01.01	进项税额			
2221.01.02	销项税额			
2221.02	应交城市维护建设费			
2701	长期应付款			
4001	实收资本		1 000 000.00	
4103	本年利润			
6001	主营业务收入			
6051	其他业务收入			
6101	公允价值变动损益			
6111	投资收益			
6401	主营业务成本			
6403	营业税金及附加			
6601	销售费用			
6601.01	办公费			部门
6601.02	差旅费			部门
6601.03	招待费			部门
6601.04	折旧费			部门
6601.05	工资			部门
6601.06	福利费			部门
6601.99	其他费用			部门
6602	管理费用			

（续表）

编　码	名　称	借方余额	贷方余额	辅助核算设置
6602.01	办公费			部门
6602.02	差旅费			部门
6602.03	招待费			部门
6602.04	折旧费			部门
6602.05	工资			部门
6602.06	福利费			部门
6602.99	其他费用			部门
6603	财务费用			
6603.01	利息支出			
6603.02	利息收入			
6603.03	汇兑损益			
	合　计	1 354 675.21	1 354 675.21	

2. 客户往来

应收账款科目余额如表 7 所示，其收款期限均为 2015 年 1 月 31 日，业务编号用“年＋月＋日”。

表 7　客户往来

日　期	单位名称	金　额
2014.12.10	美家商场	4 000.00
2014.12.03	大华集团公司	8 000.00
2014.12.25	星星商贸公司	10 300.00
2014.12.10	鑫宇风华公司	7 000.00
合　计		29 300.00

3. 供应商往来

应付账款科目余额如表 8 所示，其中付款期限均为 2015 年 1 月 31 日，业务编号用“年＋月＋日”。

表 8　供应商往来

日　期	单位名称	金　额
2014.12.20	天华集团公司	21 000.00
2014.12.25	宏喜商贸公司	5 800.00
2014.12.10	华泰批发部	3 000.00
合　计		29 800.00

4. 个人往来

其他应收个人款(科目代码:1221.01)科目余额如表9所示。

表9　个人往来

部　门	姓　名	金　额
销售部	周力	1 000.00
采购部	雷达	1 700.00
合　计		2 700.00

2.4.2　应收应付初始数据录入·理论知识

企业在启用账套之前,除刚成立的公司外,任何企业都会存在业务初始数据信息。为了保证数据的完整性和准确性,在启用账套时需要进行业务初始数据录入的工作。期初建账时应收应付初始数据设置从属于业务系统,需要在业务系统启用前进入应收应付初始化界面完成应收应付初始化。在完整录入业务系统初始数据后,就可以正常启用金蝶KIS财务软件的业务系统,进行日常业务处理。业务系统启用后默认应收应付系统启用,如果需要修改应收应付初始数据,则应反启用业务系统。

2.4.3　应收应付初始数据录入·操作指南

初始化→应收应付初始数据,【客户】→客户代码(按F7键选择)→单击明细下的"√"→录入应收账款原币。

【供应商】→币别选择为美元→供应商代码(按F7键选择)→单击明细下的"√"→录入预付账款原币。

【供应商】→币别选择为人民币→供应商代码(按F7键选择)→单击明细下的"√"→录入应付账款原币。

完成录入之后,执行"文件"菜单下的"传递到科目初始化",选择对应的一级科目。

注意:

由于应收应付初始数据录入中无法进行本年累计借、贷方金额的录入,因此传递至总账系统后,在科目初始数据录入中仍然没有本年累计借、贷方的数据,需要用户手工维护。

2.5　财务初始数据录入

2.5.1　财务初始数据录入·工作任务

根据师生教学做和学生独立做提供的相关数据资料,进行数据录入工作。

一、财务初始数据录入·工作任务·师生教学做

博大电子有限公司科目初始数据(人民币)资料如表2-19所示。科目初始数据(美元)资料如表2-20所示。应收账款核算项目资料如表2-21所示。预收账款核算项目资料如表2-22所示。应付账款核算项目资料如表2-23所示。预付账款核算项目资料如表2-24所示。原材料、库存商品核算项目资料如表2-25所示。

表 2－19　科目初始数据(人民币)

科目代码	科目名称	本年累计借方	本年累计贷方	方向	期初余额	实际损益发生额
1001	库存现金	518 749.98	600 000.01	借	26 000.03	
1001.01	人民币	518 749.98	600 000.01	借	26 000.03	
1002	银行存款	58 130 000	54 866 300	借	3 454 000	
1002.01	工行	57 950 000	11 430 000	借	1 700 000	
1002.02	建行	180 000	43 436 300	借	1 754 000	
1121	应收票据	25 000	0	借	25 000	
1122	应收账款	1 900 000	2 200 000	借	2 350 000	
1123	预付账款	0	0	借	500 000	
1221	其他应收款	5 000	0	借	5 000	
1403	原材料	600 000	500 000	借	350 000	
1405	库存商品	11 000 000	18 480 000	借	12 000 000	
1411	周转材料	400 000	500 000	借	100 000	
1601	固定资产	7 200 000	600 000	借	9 600 000	
1602	累计折旧	540 000	162 500	贷	252 000	
2202	应付账款	0	0	贷	2 750 000	
2203	预收账款	0	0	贷	2 000 000	
2211	应付职工薪酬	2 356 950	2 009 900	贷	733 100	
4001	实收资本	0	0	贷	31375000	
4103	本年利润	2 500 000	3 125 000	贷	4 166 000	
4104	利润分配	0	593 000	贷	3 628 900	
5001	生产成本	9 805 000	11 305 000	借	6 150 000	
5001.01	基本生产成本	9 500 000	11 000 000	借	6 000 000	
5001.02	辅助生产成本	305 000	305 000	借	150 000	
5101	制造费用	305 000	305 000	借	0	
5101.01	工资	165 000	165 000	借	0	
5101.02	水电费	15 000	15 000	借	0	
5101.03	折旧费	75 000	75 000	借	0	
5101.04	其他	50 000	50 000	借	0	
6001	主营业务收入	60 250 000	60 250 000	贷		60 250 000
6051	其他业务收入	25 000	25 000	贷		25 000
6301	营业外收入	40 000	40 000	贷		40 000
6401	主营业务成本	54 710 000	54 710 000	借		54 710 000

（续表）

科目代码	科目名称	本年累计借方	本年累计贷方	方向	期初余额	实际损益发生额
6402	其他业务成本	15 000	15 000	借		15 000
6403	营业税金及附加	40 000	40 000	借		40 000
6601	销售费用	351 000	351 000	借		351 000
6601.01	工资	277 500	277 500	借		277 500
6601.02	折旧费	13 500	13 500	借		13 500
6601.03	差旅费	50 000	50 000	借		50 000
6601.04	其他	10 000	10 000	借		10 000
6602	管理费用	412 200	412 200	借		412 200
6602.01	工资	219 450	219 450	借		219 450
6602.02	折旧费	25 000	25 000	借		25 000
6602.03	办公费	42 750	42 750	借		42 750
6602.04	业务招待费	100 000	100 000	借		100 000
6602.05	其他	25 000	25 000	借		25 000
6603	财务费用	165 000	165 000	借		165 000
6603.01	利息支出	75 000	75 000	借		75 000
6603.03	汇兑损益	75 000	75 000	借		75 000
6603.04	其他	15 000	15 000	借		15 000

表 2-20　科目初始数据(美元)

科目代码	科目名称	本年累计借方原币	本年累计借方本位币	本年累计贷方原币	本年累计贷方本位币	方向	期初余额原币	期初余额本位币
1001	库存现金	8 051.53	50 000	40 257.65	250 000.01	借	8 051.53	50 000
1001.02	美元	8 051.53	50 000	40 257.65	250 000.01	借	8 051.53	50 000
1002	银行存款	845 410.63	5 250 000.02	748 792.27	4 649 999.99	借	660 225.44	4 099 999.98
1002.01	工行	805 152.98	5 000 000.01	724 637.68	4 499 999.99	借	644 122.38	3 999 999.98
1002.02	建行	40 257.65	250 000.01	24 154.59	150 000	借	16 103.06	100 000
1122	应收账款	1 043 156.20	6 478 000	1 113 848.63	6 916 999.99	借	997 584.54	6 194 999.99

表 2-21　应收账款

客户代码	客户名称	本年累计借方原币	本年累计贷方原币	期初余额原币	业务发生时间	业务编号
001	宏腾网络公司			250 000	2012-12-05	1
001	宏腾网络公司	50 000	100 000	250 000	2013-02-18	2

（续表）

客户代码	客户名称	本年累计借方原币	本年累计贷方原币	期初余额原币	业务发生时间	业务编号
001	宏腾网络公司	100 000	0	100 000	2013－02－28	3
002	南极电脑公司	100 000	150 000	250 000	2012－08－07	1
002	南极电脑公司	150 000	200 000	250 000	2013－01－15	2
003	新科数码公司	200 000	250 000	250 000	2012－11－03	1
003	新科数码公司	250 000	300 000	250 000	2013－02－24	2
003	新科数码公司	300 000	350 000	250 000	2013－04－15	3
004	华威科技有限公司	350 000	400 000	250 000	2013－01－11	1
004	华威科技有限公司	400 000	450 000	250 000	2013－05－12	2
101	美国艾特电子有限公司	1 043 156.20	1 113 848.64	997 584.54	2012－08－16	1

表 2－22　预收账款

客户代码	客户名称	本年累计借方	本年累计贷方	期初余额	业务发生时间	业务编号
005	赛博公司			750 000.00	2012－10－11	1
006	中通电子公司			1 250 000.00	2013－03－05	1

表 2－23　应付账款

供应商代码	供应商名称	本年累计借方	本年累计贷方	期初余额	业务发生时间	业务编号
001	来福公司			1 000 000.00	2013－02－22	1
001	来福公司			1 750 000.00	2013－04－16	2

表 2－24　预付账款

供应商代码	供应商名称	本年累计借方	本年累计贷方	期初余额	业务发生时间	业务编号
001	来福公司			500 000.00	2013－02－16	1

表 2－25　原材料、库存商品

科目	物料代码	物料名称	本年累计借方		本年累计贷方		期初余额	期初数量
			原币	数量	原币	数量	原币	
原材料	004	CPU	600 000	5 000	500 000	4 165	350 000	2 915
库存商品	001	电脑	11 000 000	2 440	18 480 000	4105	12 000 000	2 665

固定资产初始数据录入

案例：

博大电子有限公司共有房屋建筑、机器设备、运输设备、其他设备四种资产类别，详细资料如表 2－26 所示。固定资产初始数据资料如表 2－27 所示。

表 2-26　固定资产类别

代码	名称	使用年限	净残值率	计量单位	预设折旧方法	卡片编码规则
001	房屋建筑	20	5%	栋	平均年限法	FWJZ-
002	机器设备	10	5%	台	双倍余额递减法	JQSB-
003	运输设备	10	5%	辆	工作量法	YSSB-
004	其他设备	5	10%	条	年数总和法	QTSB-

表 2-27　固定资产初始数据资料

名称	数量	类别	原值	累计折旧	本年已提折旧	已提折旧期间	使用部门	折旧费用分配	预计使用期间（工作量）	开始使用日期	备注
办公楼	2	房屋建筑	2 400 000.00	152 000.00	47 500.00	16	所有部门	平均分配	240	2012-02-01	所有固定资产到期即进行报废处理
生产线	5	机器设备	6 000 000.00	100 000.00	100 000.00	1	DVD车间-1 音箱车间-2 功放车间-2	按数量比例分配	120	2013-05-01	
检测仪器A	2	其他设备	600 000.00	540 000.00	15 000.00	60	营销部 外贸部	平均分配	60	2008-06-01	
检测仪器B	1	其他设备	300 000.00	270 000.00	0	60	营销部 外贸部	平均分配	60	2008-06-01	
货车	2	运输设备	1 200 000.00	0	0	0	仓储部	—	120 000 吨	2013-06-30	

操作步骤：

1. 科目数据初始化录入

在金蝶 KIS 财务软件系统主界面，选择“初始化”主功能，再点击“科目初始数据”子功能，进入科目初始数据录入界面。我们可以根据企业的科目余额表对应录入，初始余额的录入应区分币别进行录入。在科目初始数据录入界面，点击“币别”下拉列表框，可以选择不同的货币币种分别进行初始余额的录入。这里先选择“人民币”进行数据的录入。

由于博大电子有限公司年中启用账套，因此初始数据不仅要录入各个科目的期初余额，还需要录入截至账套启用期间的各个会计科目的本年累计借方发生额、本年累计贷方发生额，如图 2-43 所示。

在科目初始数据录入窗口中，不同的颜色标识不同的数据。白色区域表示可以直接录入的账务数据资料，它们是最明细普通科目的账务数据；黄色区域表示为非最明细或下挂核算项目科目的账务数据，这里的数据是系统根据最明细科目或核算项目的账务数据自动汇总计算出来的。

(1) 设置了项目辅助核算、往来业务核算的会计科目，不能直接录入其初始数据。以应收账款为例，在科目初始数据界面，点击应收账款所对应“核算项目”列的“√”，打开“核算项目初始余额录入”窗口，单击“客户”按钮，出现选择客户的列表，选择某一客户后，点击对应“业务编号”列的“√”，打开“核算项目初始余额录入-往来业务”窗口，按业务编号一笔一笔地录入该客户的往来数据，如图 2-44、图 2-45 所示。

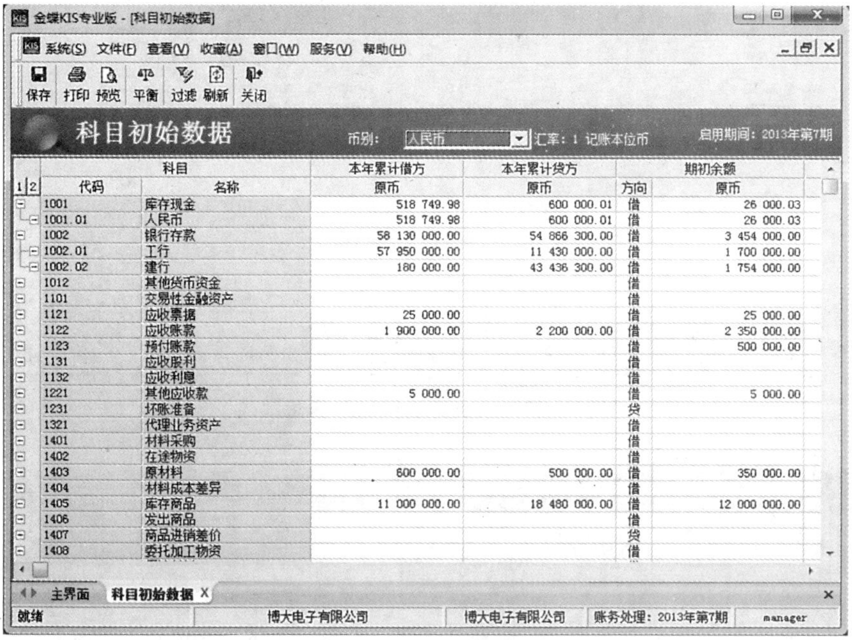

图 2-43　科目初始数据录入

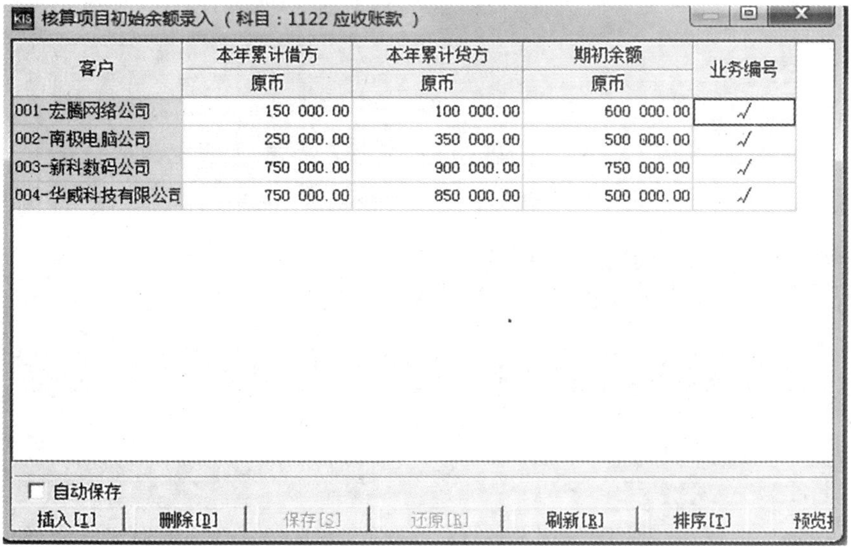

图 2-44　核算项目选择

(2) 如果科目设置了数量金额辅助核算，则直接在对应币别的窗口录入科目数量和金额即可。根据表 2-6 所示，库存商品科目下挂物料核算项目，且设置了数量金额辅助核算，不核算外币，则在科目初始数据录入时，选择“币别”为人民币，单击库存商品科目时，系统自动弹出数量列，单击对应核算项目列的“√”，同时录入数量和金额，如图 2-46、图 2-47 所示。

由于案例背景是年中启用账套，在录入科目初始数据时，损益类科目还需要录入实际损益发生额数据，如图 2-48 所示。

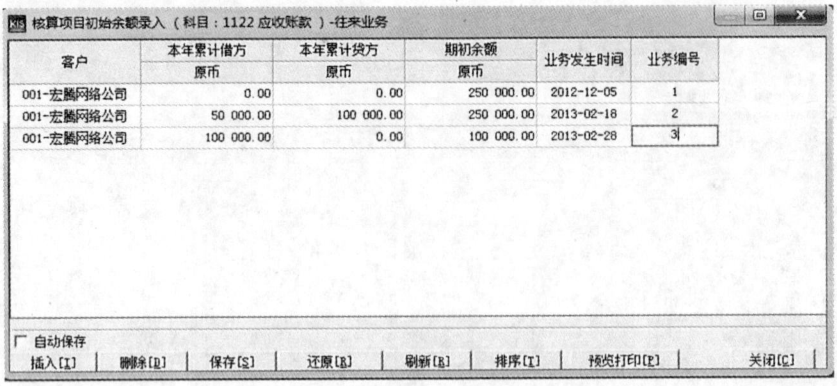

图 2－45　按业务编号录入初始余额

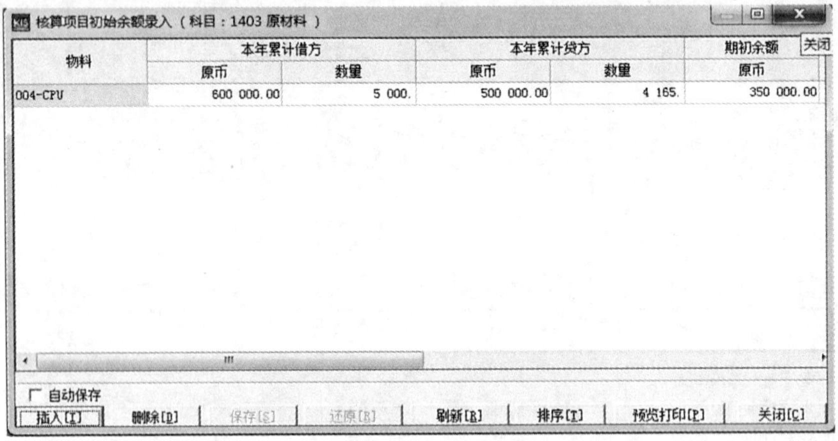

图 2－46　数量金额辅助核算的核算项目初始数据录入

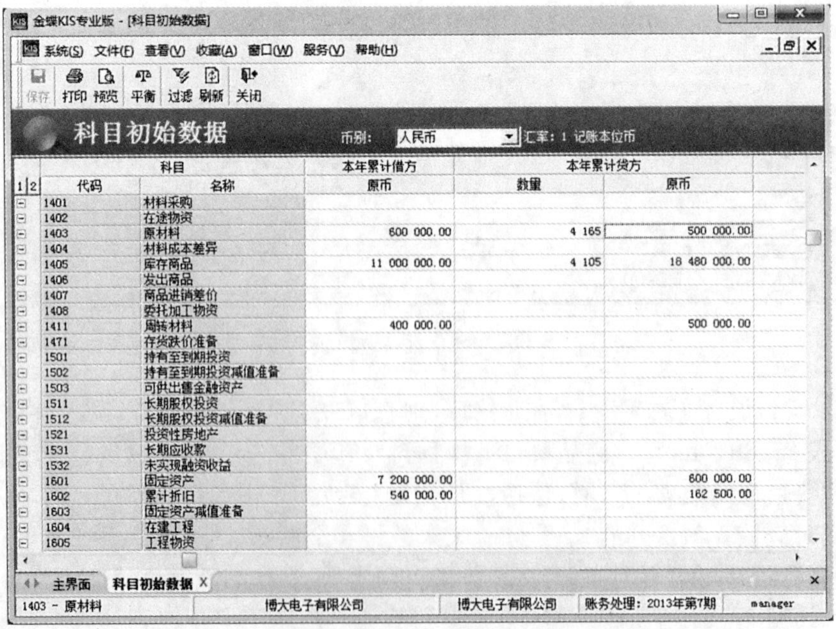

图 2－47　数量金额辅助核算科目初始数据录入

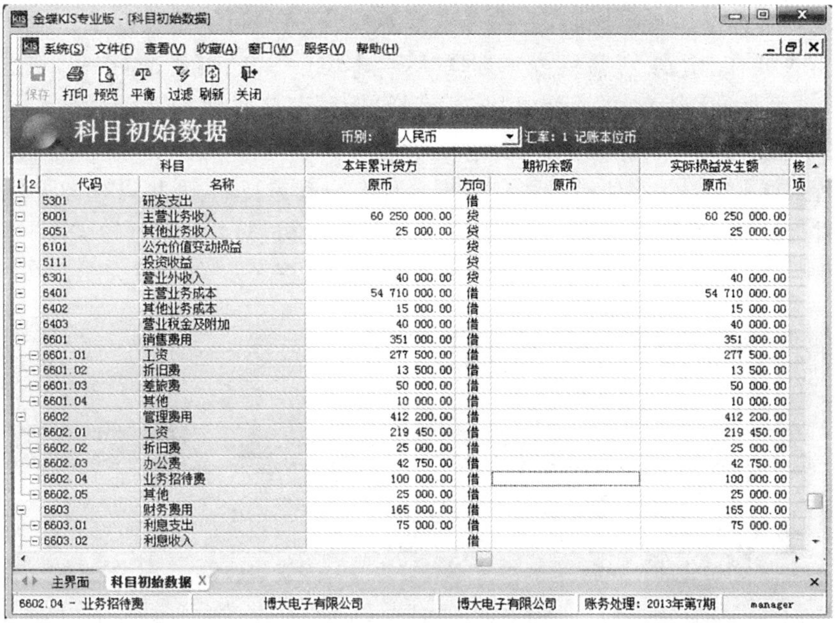

代码	名称	本年累计贷方 原币	方向	期初余额 原币	实际损益发生额 原币
5301	研发支出		借		
6001	主营业务收入	60 250 000.00	贷		60 250 000.00
6051	其他业务收入	25 000.00	贷		25 000.00
6101	公允价值变动损益		贷		
6111	投资收益		贷		
6301	营业外收入	40 000.00	贷		40 000.00
6401	主营业务成本	54 710 000.00	借		54 710 000.00
6402	其他业务成本	15 000.00	借		15 000.00
6403	营业税金及附加	40 000.00	借		40 000.00
6601	销售费用	351 000.00	借		351 000.00
6601.01	工资	277 500.00	借		277 500.00
6601.02	折旧费	13 500.00	借		13 500.00
6601.03	差旅费	50 000.00	借		50 000.00
6601.04	其他	10 000.00	借		10 000.00
6602	管理费用	412 200.00	借		412 200.00
6602.01	工资	219 450.00	借		219 450.00
6602.02	折旧费	25 000.00	借		25 000.00
6602.03	办公费	42 750.00	借		42 750.00
6602.04	业务招待费	100 000.00	借		100 000.00
6602.05	其他	25 000.00	借		25 000.00
6603	财务费用	165 000.00	借		165 000.00
6603.01	利息支出	75 000.00	借		75 000.00
6603.02	利息收入		借		

图 2－48　实际损益发生额录入

由于损益类科目处理的一些特点，对于在账套启用之前所发生的损益类科目的实际发生额，系统无法取到。因此，这里就需要用户将损益类科目的本年累计实际发生额在初始化时录入系统，这样系统才能对损益类科目的实际发生额进行处理，保证有关业务资料数据准确。

损益类科目的本年累计实际发生额与损益类科目的借方累计数或贷方累计数不一定是一致的。例如：某年的主营业务收入为 200 万元，后来又发生退货 5 万元，那么主营业务收入的实际发生额为 195 万元。但在实际进行账务处理时，退货的 5 万元就有可能会借记主营业务收入，这样主营业务收入的累计贷方就是 200 万元，这显然与主营业务收入的实际发生额是不一致的。因此，在输入实际损益发生额时一定要输入它实际发生的数据，否则将来在输出利润表及其他有关损益类科目的报表时，所取数据可能会不正确。

(3) 如果会计科目核算外币业务，并有初始数据或累计发生数据，则要选择外币进行初始数据的录入。本案例中涉及“美元”。在“科目初始数据”窗口，点击“币别”下拉列表框，选择相应的币别后录入初始数据，如图 2－49 所示。本位币是根据“原币×汇率(币别中设置的汇率)”自动计算得出的，但此项目数据仍可自行修改。

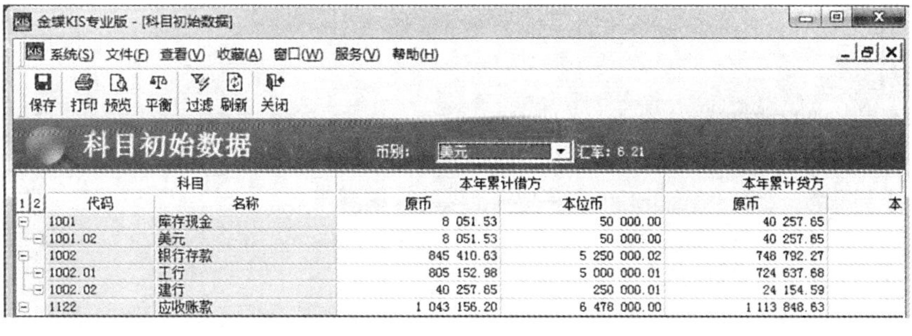

代码	名称	本年累计借方 原币	本年累计借方 本位币	本年累计贷方 原币
1001	库存现金	8 051.53	50 000.00	40 257.65
1001.02	美元	8 051.53	50 000.00	40 257.65
1002	银行存款	845 410.63	5 250 000.02	748 792.27
1002.01	工行	805 152.98	5 000 000.01	724 637.68
1002.02	建行	40 257.65	250 000.01	24 154.59
1122	应收账款	1 043 156.20	6 478 000.00	1 113 848.63

图 2－49　核算外币会计科目初始数据录入

(4) 科目初始数据录入完成后，要进行试算平衡，只有科目初始数据试算平衡后才能正常启用账套。首先要在“币别”下拉列表中选择“综合本位币”，单击【平衡】按钮，或选择菜单栏中的“查看”→“试算平衡”命令，系统弹出“试算借贷平衡”窗口对数据进行试算平衡，显示“试算结果平衡”后，可以结束科目初始数据的录入工作。

系统进行试算平衡时是将所有的账务数据合计在一起进行的，因此只有将所有的本位币、外币、核算项目账、数量金额账等全部数据录入完成之后才能够进行总账数据的试算平衡。因为日常业务有外币发生，所以试算平衡是针对综合本位币数据的试算平衡，如图 2－50、图 2－51 所示。

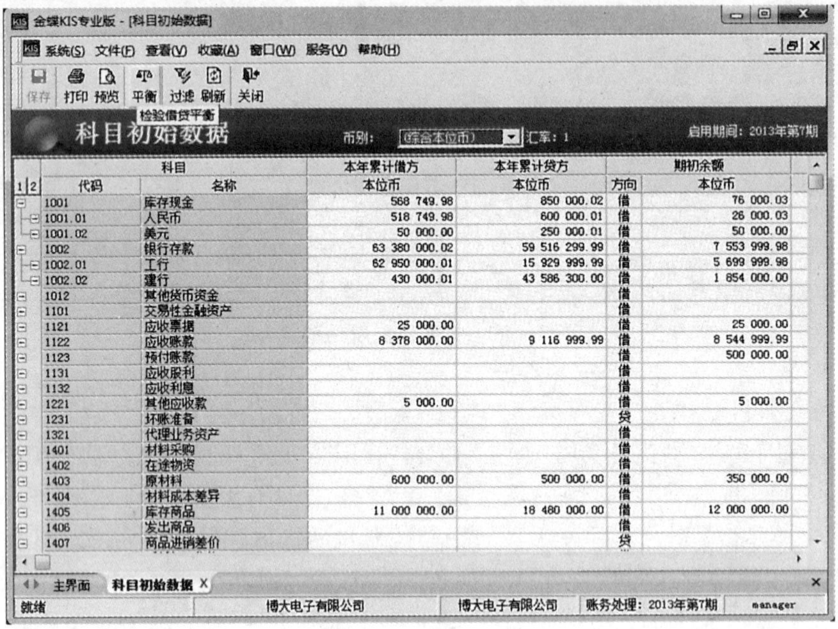

图 2－50 试算平衡

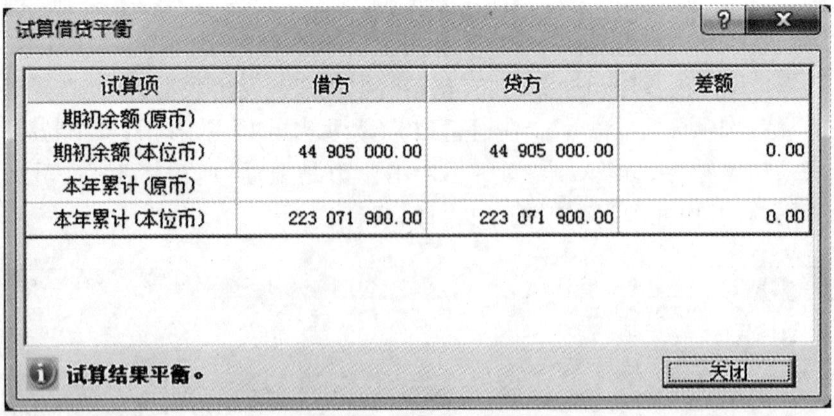

图 2－51 试算平衡结果

2. 固定资产初始数据录入

(1) 基础设置。

在录入固定资产卡片之前，可以先进行固定资产类别等基础资料的设置。固定资产类别等基础信息可以在固定资产系统进行设置，也可以在固定资产初始数据录入新增卡片的同时进行设置。

资产类别：按固定资产的形态和特征在资产类别中分别设置房屋建筑、机器设备、运输设备和其他设备四大类。

在金蝶 KIS 财务软件系统主界面，选择“初始化”主功能，再点击“固定资产初始数据”子功能，进入“固定资产管理”界面。在“固定资产卡片及变动-新增”窗口，单击“资产类别”右侧的按钮，打开“固定资产类别”窗口，如图 2－52、图 2－53 所示。

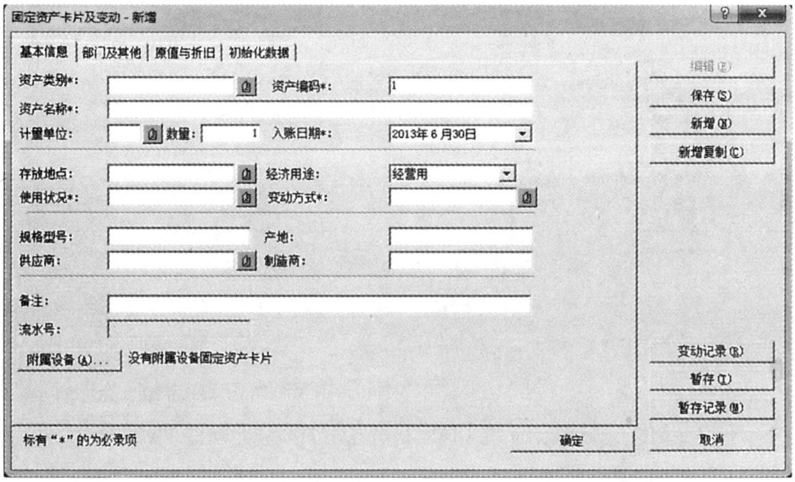

图 2－52　固定资产卡片及变动-新增界面

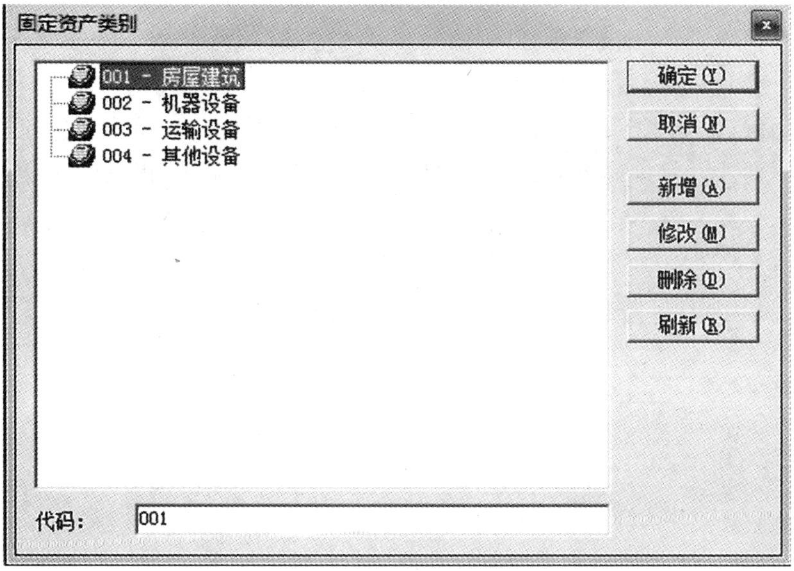

图 2－53　固定资产类别界面

在“固定资产类别”窗口，单击【新增】按钮，打开“固定资产类别-新增”窗口，可进行固定资产类别中基础资料的维护，如图 2－54 所示。卡片录入时，一旦选定类别后，该类别的相关属性将会自动带入到卡片的对应数据项中，例如使用年限、固定资产相关科目等信息。

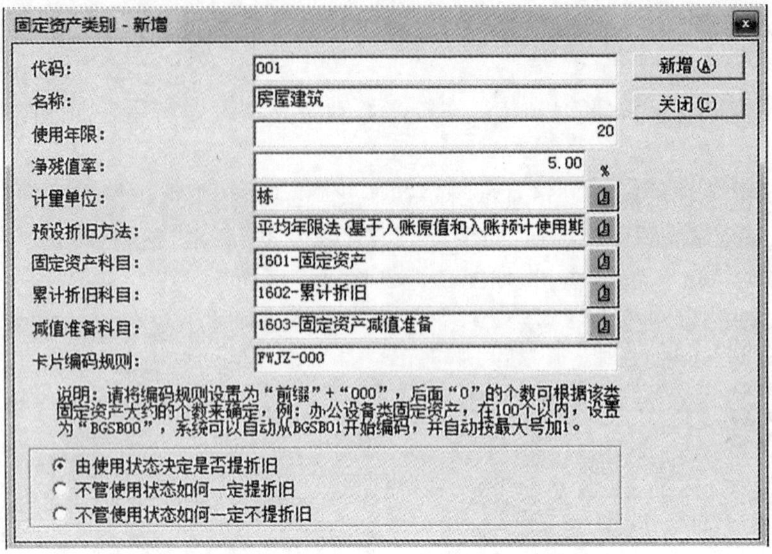

图 2-54　固定资产类别-新增界面

(2) 固定资产初始卡片录入。

完成上述基础资料的设置后，我们可以根据固定资产手工账的信息进行固定资产初始数据录入，包括基本信息、部门及其他、原值与折旧、初始化数据等。如果是年初启用的账套，则不会有“初始化数据”这个页签。

在“固定资产卡片及变动-新增”窗口的“基本信息”页签中，入账日期是指入金蝶账套的日期。初始化卡片的入账日期必须是启用期间以前的日期，系统默认为启用期之前一期的最后一天。根据新会计准则，当期新增的固定资产当期不计提折旧。因此，如果入账日期是启用期间以前的日期，该固定资产则可以从启用期间开始计提折旧；如果入账日期为启用期间及其以后期间，该固定资产则相当于是初始化以后的卡片，与启用期后录入的固定资产卡片一样，在其入账日期下一期才开始计提折旧。其他项目根据实际情况填列，如图 2-55 所示。

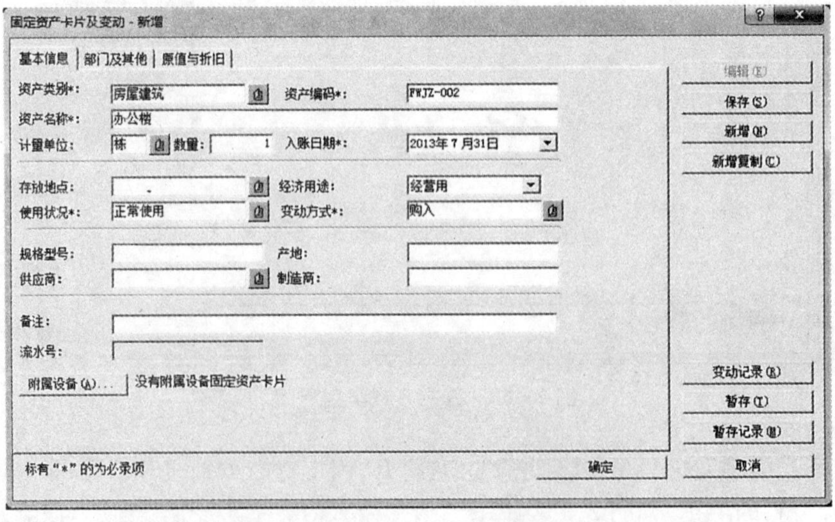

图 2-55　固定资产卡片及变动-新增——基本信息页签

“部门及其他”页签中的信息主要是为固定资产新增、变动、清理等处理过程对应生成凭证，以及计提折旧和进行费用分摊提供依据的，因此需要设置使用部门、固定资产及累计折旧的核算科目、折旧费用的核算科目等。使用部门和折旧费用分配可以是单一部门，也可以是多个部门共同分摊，如图 2－56 所示。根据案例资料，办公楼为所有部门共用，选择使用部门为“多个”，然后单击右侧的…按钮，每个部门各分摊 10％，最终的分配比例之和必须为 100％，如图2－57 所示。而每个分摊部门的折旧费用分配比例也必须为 100％，如图 2－58、图 2－59 所示。

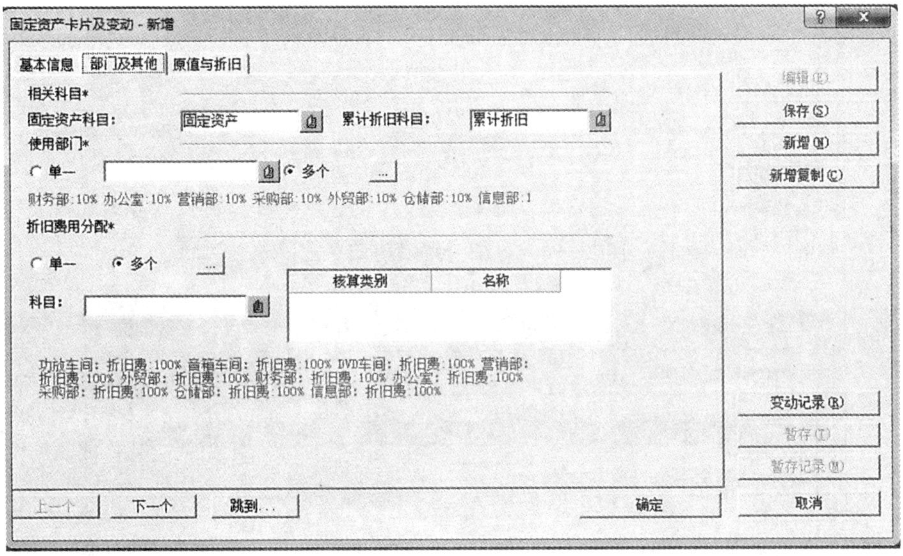

图 2－56　固定资产卡片及变动-新增——部门及其他页签

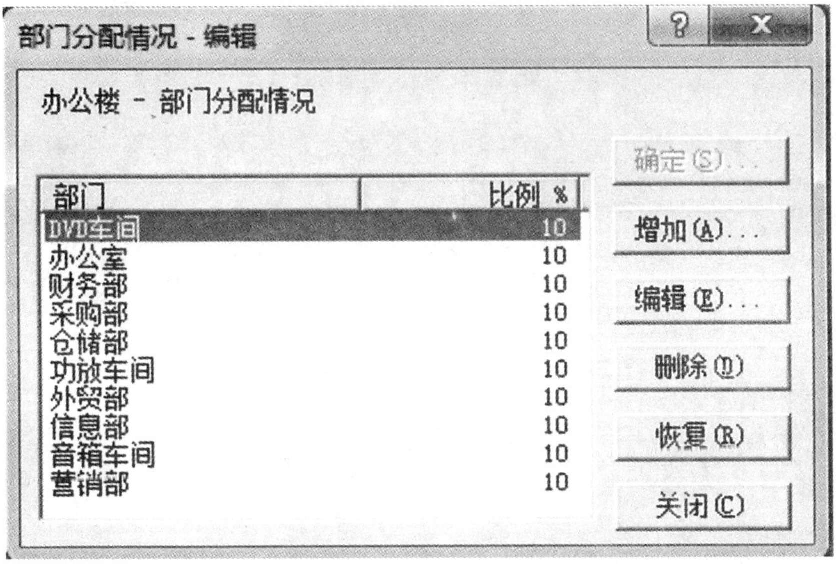

图 2－57　多部门分配情况

“原值与折旧”页签中的信息主要是计提折旧的要素，如图 2－60 所示。

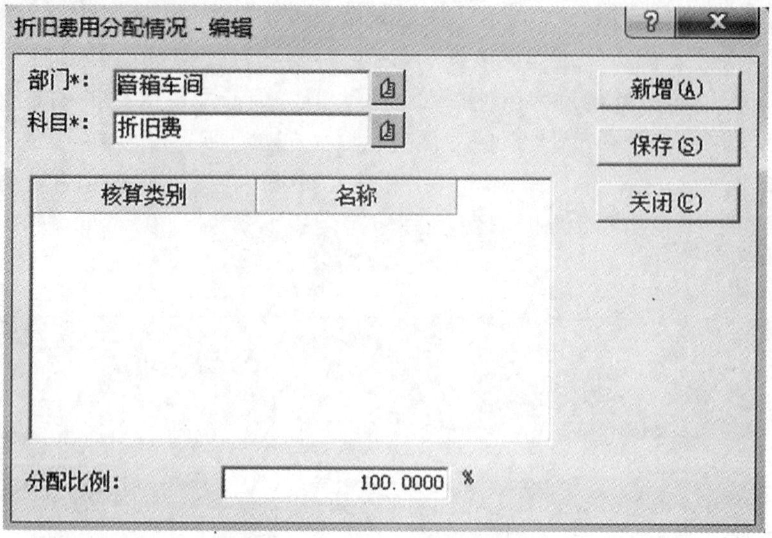

图 2－58　各部门折旧费用分配

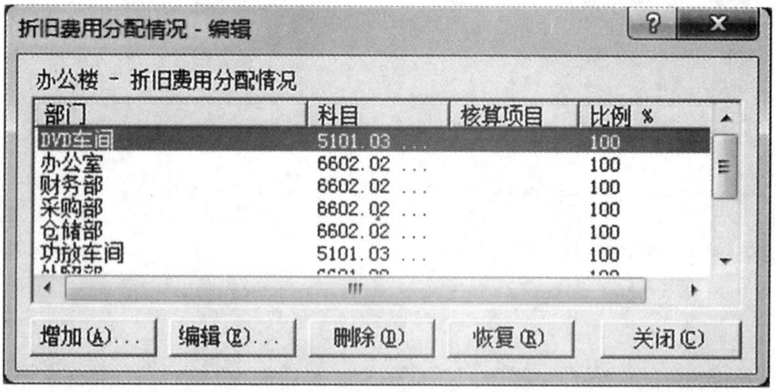

图 2－59　多部门折旧费用分配情况

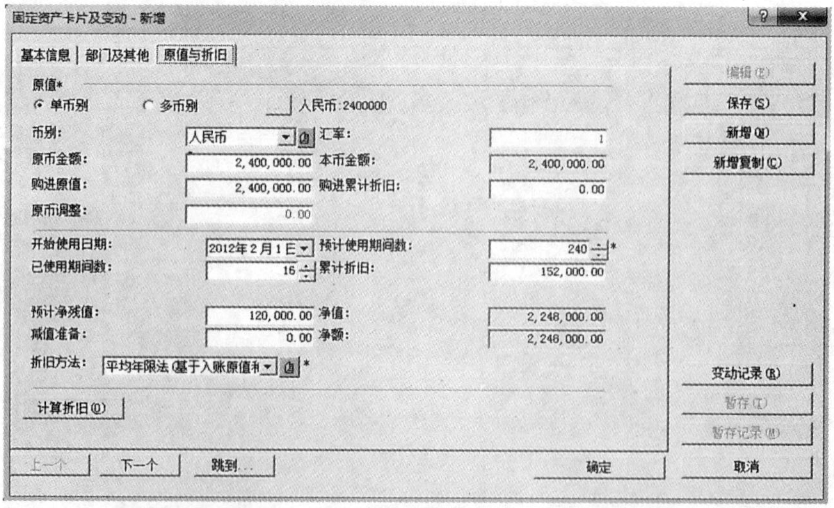

图 2－60　固定资产卡片及变动-新增——原值与折旧页签

“初始化数据”页签是针对年中启用的账套才有的，年初启用的账套没有这个页签，如图 2-61 所示。

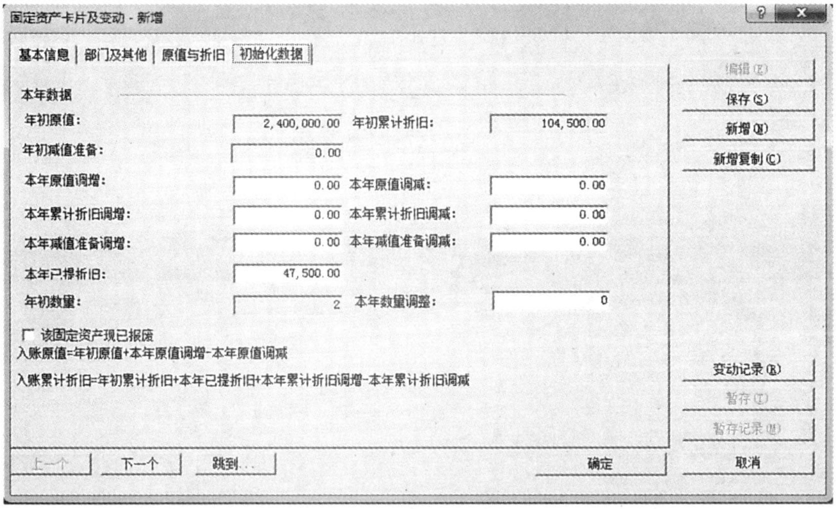

图 2-61 固定资产卡片及变动-新增——初始化数据页签

录入完成后，单击窗口右上角的【保存】按钮，保存所录入的“FWJZ-001”初始化卡片资料，单击窗口下方的【确定】按钮，返回金蝶 KIS 固定资产管理界面。在“固定资产管理”界面，可显示所有已保存的固定资产初始化卡片记录，点击“文件”菜单，选择“将初始数据传送总账”，即可根据各卡片中设置的固定资产、累计折旧、减值准备科目及相关数据汇总传递至科目初始录入中，如图 2-62 所示。

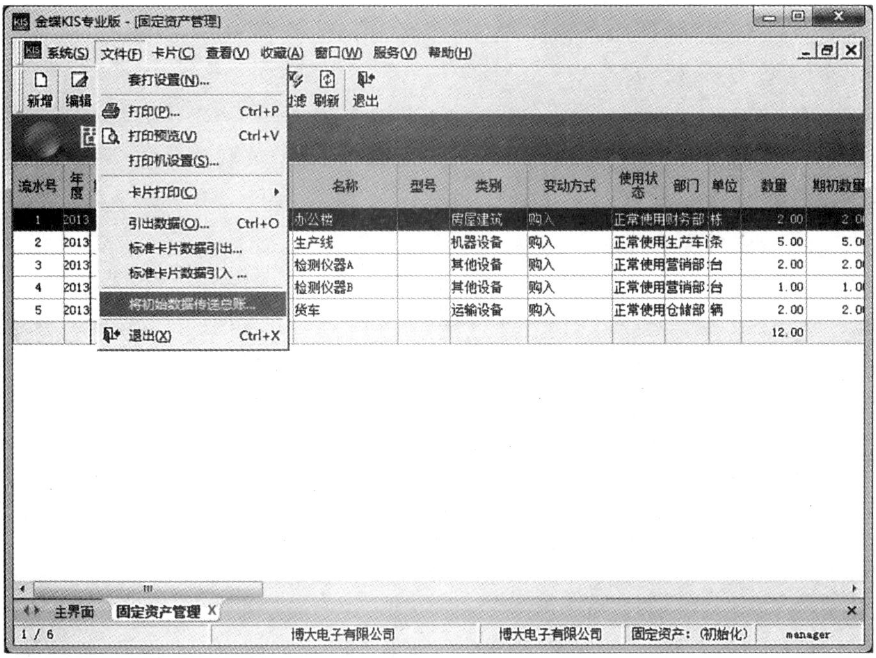

图 2-62 固定资产初始数据传递至总账

3. 现金流量初始数据录入

在系统初始化的同时，可以同时对现金流量表的数据进行初始化操作。如果年中启用账套，需要按照系统的要求录入已经发生的数据。在金蝶 KIS 财务软件系统主界面，选择“初始化”主功能，再点击“现金流量初始数据”子功能，进入现金流量初始数据录入界面，直接录入对应项目的金额即可，如图 2-63 所示。如果是年初启用账套，则不需要录入初始数据。

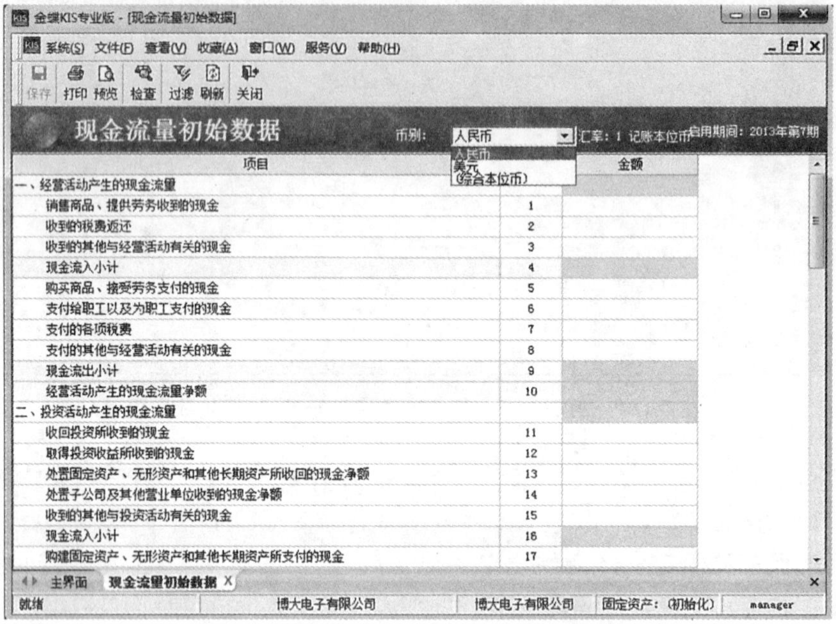

图 2-63　现金流量初始数据录入界面

在数据录入完成后，可以点击菜单栏中的“查看”→“检查”命令，检查数据录入是否正确。系统根据以下勾稽关系进行检查：

主表“经营活动产生的现金流量净额”＝补充资料“经营活动产生的现金流量净额”；

主表“现金及现金等价物的净增加额”＝补充资料“现金及现金等价物的净增加额”。

如正确，则给出提示“检查结果正确”；如不正确，则给出提示“检查结果不正确，请重新录入”，同时不允许结束初始化。

4. 出纳初始数据

出纳系统的初始化主要包括现金、银行存款、企业未达账和银行未达账。出纳日记账初始数据可以从总账导入或者手工录入。

在金蝶 KIS 财务软件系统主界面，选择“初始化”主功能，再点击“出纳初始数据”子功能，进入出纳初始数据录入界面。首次进入时无任何数据显示，必须通过“引入”功能从总账引入科目，如图 2-64 所示。

单击工具栏中的【引入】按钮，期间设置为出纳系统的启用期间，勾选“从总账引入科目及其期初余额和发生额”，单击【确定】按钮，即可将总账系统已设置好的现金、银行存款科目，以及科目的初始余额引入出纳系统，如图 2-65 所示。在“科目类别”下拉列表中可分别选择现金、银行存款查看初始数据。银行存款科目必须录入银行账号，否则出纳系统不能结束初始化。

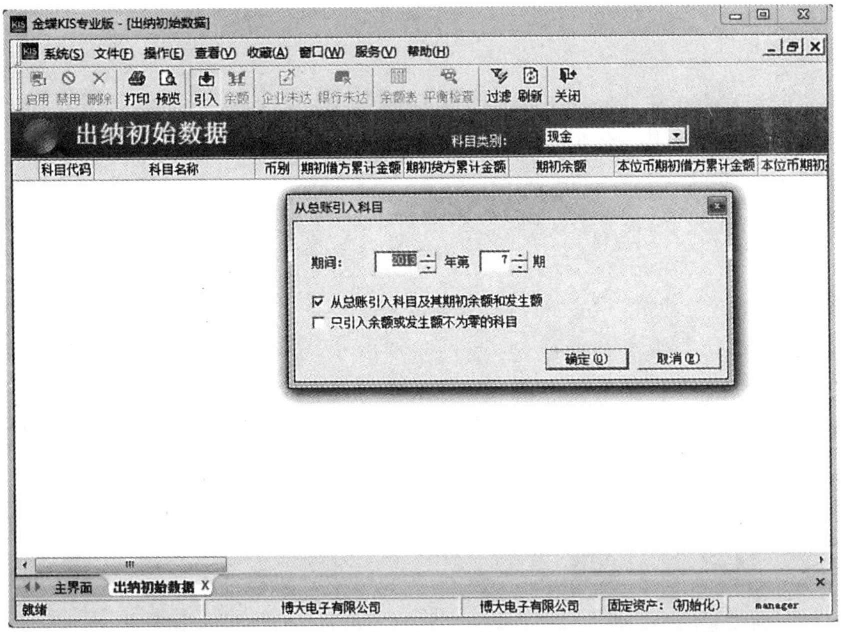

图 2-64　从总账引入科目及其期初余额和发生额至出纳初始数据

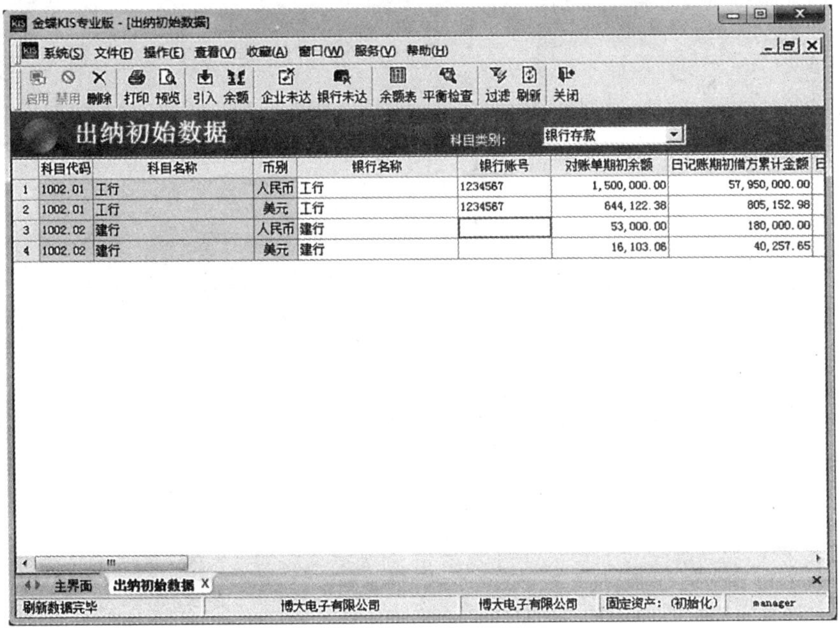

图 2-65　银行账号维护

如果银行存款对账单期初余额与日记账期初余额不一致，则必须在企业未达或银行未达中录入未达账数据，否则在不平衡的情况下出纳系统不能结束初始化。

所谓未达账项，就是结算凭证在企业与银行之间(包括收付双方的企业及双方的开户银行)流转时，一方已经收到结算凭证作了银行存款的收入或支出账务处理，而另一方尚未收到结算凭证尚未入账的账项。

归纳起来，未达账项有四种类型：

第一种是银行已收，企业未收；

第二种是银行已付，企业未付；

第三种是企业已收，银行未收；

第四种是企业已付，银行未付。

存在未达账的情况下，需要站在企业和银行的立场，将未达账项分别对银行存款日记账的余额和银行对账单的余额进行调整。具体调整方法如下：银行存款日记账的余额＋银行已收，企业未收的金额－银行已付，企业未付的金额＝调整后(企业账面)余额；银行对账单的余额＋企业已收，企业未收的金额－企业已付，银行未付的金额＝调整后(银行对账单)余额。调整后两者的余额相等，表明企业银行存款账实相符。

在工具栏上单击【企业未达】，再单击【新增】按钮后即可录入企业未达账，如图 2－66 所示。单击工具栏中的【银行未达】，再单击【新增】按钮后即可录入银行未达账。单击【余额表】，就可以查看银行存款余额调节表。

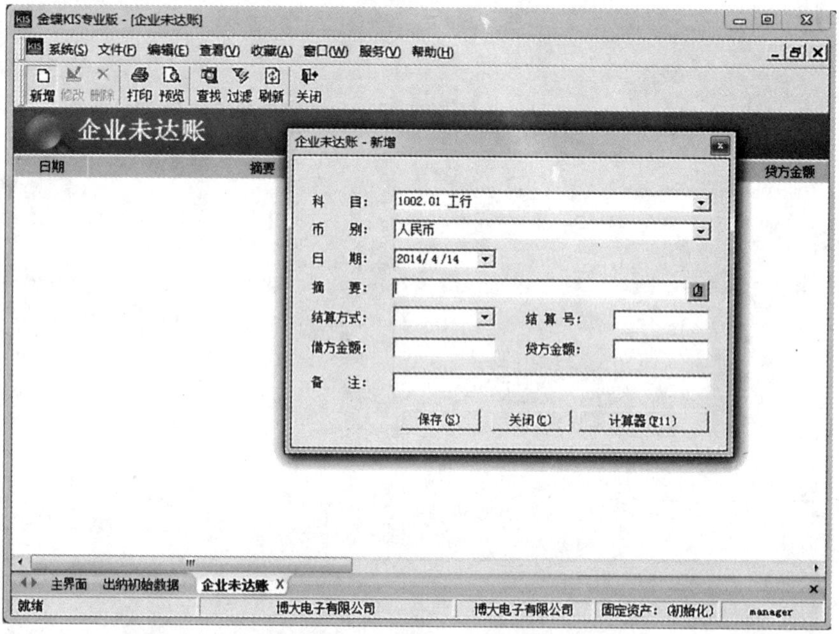

图 2－66 企业未达账录入

平衡检查是检查所有银行存款科目的余额调节表是否都平衡，如果银行存款科目的余额已经平衡，系统会有提示，否则也会给予其他相应的提示。

5. 启用财务系统

科目初始数据试算平衡、现金流量数据符合勾稽关系、固定资产等系统数据平衡之后，即可以结束财务系统的初始化。

由系统管理员宋杰登录系统进行结束初始化的操作。在金蝶 KIS 财务软件系统主界面，选择“初始化”主功能，再点击“启用财务系统”子功能，打开“启用财务系统”窗口。系统默认选择“结束初始化”，单击【开始】按钮，系统提示“启用财务系统成功”后，就可以进行日常业务处理了。由于结束初始化后，无法再进入初始数据录入界面，因此，在结束初始化前，我们也可以将全部数据打印出来保存、备查。

如果已启用财务系统，再点击科目初始数据、固定资产初始数据、现金流量初始数据时，系统均会提示“系统已经启用，不能再进行初始数据处理！”。如果确实需要修改初始数据，在当前财务系统所在期间是启用期间且当前财务系统没有已过账凭证的情况下，在金蝶 KIS 财务软件系统主界面，选择“初始化”主功能，再点击“启用财务系统”子功能，打开“启用财务系统”窗口，这时系统默认选择“反初始化”。单击【开始】按钮，系统提示“反启用财务系统成功”后，即可修改初始数据。此操作不建议反复使用。

6. 启用出纳系统

现金、银行科目维护完成，所有的银行存款科目的余额调节表都平衡后，在金蝶 KIS 财务软件系统主界面，选择“初始化”主功能，再点击“启用出纳系统”子功能，打开“启用出纳系统”窗口，系统默认选择“结束初始化”。单击【开始】按钮，系统提示“启用出纳系统成功”后，就可以进行出纳日常业务处理了。初始化账套的启用时间与引入的总账科目及其余额的时间应一致。

结束初始化后，若发现初始化数据错误，在出纳系统启用当期，可点击“启用出纳系统”子功能进行出纳系统反初始化，回到初始化状态，修改初始数据。

二、财务初始数据录入·工作任务·学生独立做

1. 会计科目

会计科目和期初余额见表 6。

2. 初始化实验，固定资产初始数据

(1) 固定资产类别。

具体设置如表 10 所示。

表 10　固定资产类别

类别编码	类别名称	折旧方法	预计使用年限	净残值率(%)	编码规则
1	通用设备	平均年限法	3 年	3	TY00
2	专用设备	平均年限法	5 年	3	ZY00
3	交通运输设备	工作量法	200 000 千米(总工作量)	5	YS00
4	电气设备	双倍余额递减法	5 年	3	DQ00
5	电子产品及通信设备	平均年限法	5 年	3	DZ00
6	仪器仪表	平均年限法	5 年	3	YQ00
7	家具用具及其他	年数总和法	5 年	3	JJ00
8	房屋及建筑物	平均年限法	30 年	5	FW00
9	土地	不计提折旧			TD00

注：是否计提折旧，均由使用状态决定。平均年限法均设为“基于入账净值和入账剩余使用期间”。

(2) 固定资产变动方式。

将“购入”变动方式中的对应科目设置为“1604 在建工程”，凭证类型设置为“转账凭证”；将“出售”变动方式的对应科目设置为“1606 固定资产清理”，凭证类型设置为“转账凭证”，其余变动方式不变。

(3) 固定资产期初数据。

期初数据如表 11 所示。

表 11　固定资产期初数据

卡片编号	编码	名称	类别	开始使用日期	原值	累计折旧	已提折旧期间	使用部门	折旧费用科目
001	TY01	DELL 计算机	通用设备	2013 - 12	13 500	4 365.00	12	财务部	管理费用——折旧费
002	TY02	HP 计算机	通用设备	2014 - 9	15 000	1 212.51	3	行政部	管理费用——折旧费
003	YQ01	验钞机	仪器仪表	2013 - 7	3 000	242.50	5	财务部	管理费用——折旧费
004	FW01	办公楼	房屋及建筑物	2008 - 4	500 000	105 555.20	80	行政部(40%) 财务部(40%) 销售部(10%) 采购部(10%)	管理费用——折旧费 80% 销售费用——折旧费 20%
005	JJ01	沙发	家具用具及其他	2014 - 3	2 000	485.01	9	行政部	管理费用——折旧费
006	JJ02	办公桌	家具用具及其他	2012 - 12	1 500	873.00	24	财务部	管理费用——折旧费
007	DQ01	格力空调	电气设备	2013 - 7	8 000	4 000.04	17	销售部	销售费用——折旧费
008	YS01	长安汽车	交通运输设备	2013 - 3	102 000	29 070.00	60 000 千米	采购部	销售费用——折旧费

注:使用状态均为正常使用中;增加方式均为购入。

2.5.2　财务初始数据录入·理论知识

除非是无初始余额及累计发生额,否则所有用户都要进行初始余额设置。确保初始数据准确、完整地录入后,可以结束初始化,启用账套,然后进行日常业务的处理。

结束初始化是进行日常业务处理操作的前提,虽然在未结束初始化状态下也可以录入凭证,但是不能进行凭证过账等操作。结束初始化才表示财务系统开始正式启用,启用系统是初始化的最后一步。

1. 科目数据初始化录入

公司在启用账套前有过业务发生,必然会存在科目初始数据。科目初始数据的录入根据账套的启用期不同而有所不同。如果是年初启用账套,则只需录入各个科目的期初余额;如果是年中启用账套,则不仅要录入各个科目的期初余额,还需要录入截至账套启用期间的各个会计科目的本年累计借方发生额、本年累计贷方发生额、损益类科目的实际损益发生额。

2. 固定资产初始数据录入

金蝶 KIS 固定资产管理系统以固定资产卡片管理为基础，帮助企业实现对固定资产的全面管理，包括固定资产的新增、清理、变动，按国家会计准则的要求进行计提折旧工作。它能够帮助管理者全面掌握企业当前固定资产的数量与价值，追踪固定资产的使用状况，加强企业资产管理，提高资产利用率。

在企业启用固定资产系统前，通常有很多固定资产已经使用了若干期，企业已经有了手工的固定资产台账。因此，为了保证数据的完整性，在正式启用系统前，需要将这些固定资产的历史数据在初始化时录入系统中。

固定资产卡片各项基本信息参数的说明如表 2－28 所示。

表 2－28 固定资产卡片基本信息参数说明

数据项	说 明	是否必填项
资产类别	固定资产类别在基础数据中维护，此处可以按 F7 键选择，一旦选定类别后，该类别的相关属性将会自动带入到卡片的对应数据项中，例如使用年限等信息。	是
资产编码	固定资产的编码必须唯一，如果对固定资产类别分别设置了编码规则，此处可根据选定的资产类别的编码规则，显示编码前缀，用户直接录入后续代码即可。	是
名称	固定资产的名称。由于在报表查询中篇幅有限，一般只显示固定资产的编码和名称，而企业中固定资产同名的情况很多，为了在查询时便于区分，建议可在名称中增加如规格型号、产地等信息。	是
计量单位	此处可以按 F7 键从公用基础资料的计量单位中选择，也可手工录入。	否
数量	选择设置固定资产的数量，默认为 1，其小数位数可在系统参数中设置。	是
入账日期	在初始化录入时，入账日期只能是初始化以前的日期，系统默认为初始化期间之前一期的最后一天。	是
存放地点	存放地点在基础数据中维护，此处可以按 F7 键选择。	否
使用状况	使用状况在基础数据中维护，此处可以按 F7 键选择。此时选择的卡片的使用状况，将影响以后卡片的每期折旧。	是
变动方式	变动方式在基础数据中维护，此处可以按 F7 键选择。	是
供应商	供应商在系统公用的基础数据中维护，此处可以按 F7 键选择，也可手工录入。	否
附属设备	资产如果有附属设备，录入时点击“附属设备”，进入附属设备清单编辑界面，可以进行附属设备的新增、修改、删除等操作。附属设备涉及的主要属性说明如下： 设备编号：由系统按资产编码加“01，02，03…”自动生成，如资产编码为 JZW0501033，附属设备编号为 JZW050103301，JZW050103302 等，该编号也可由用户自己确定，并直接录入即可。 登记日期：默认为当前日期，并可以由用户录入。 存放地点：默认为主设备的存放地点，也可以由用户选择其他的存放地点。	否

固定资产卡片各项原值与折旧参数的说明如表 2－29 所示。

表 2－29 固定资产卡片原值与折旧参数说明

数据项	说　明
原币金额	原币金额为固定资产折旧的入账原值，此项目是计提折旧的要素之一，同时提供外币核算的功能。具体操作为：在"币别"处选择外币，然后手工填入汇率；本币金额会根据"原币金额×汇率"计算后自动填列；"原币金额"即固定资产的入账原值，为"年初原值＋本年原值调增－本年原值调减"。
本币金额	本币金额为折合本位币后的入账原值。
购进原值	默认与"原币金额"一致，可根据实际情况更改。如果购进的是已经使用过的旧固定资产，则其购进时的原有价值可能比入账原值要高。该项属于备注信息，不参与折旧计算。
购进累计折旧	如果购进的是新设备，该项无须填写；如果购进的是旧设备，购入时必有一定的折旧金额。该项也是备注信息，不参与折旧计算。
原币调整	初始化时不需考虑的项目，后期固定资产原值调增或调减时使用。
预计使用期间数	预计使用期间数根据固定资产类别中设置的使用年限自动计算得出，用户可根据实际情况修改。
开始使用日期	固定资产开始使用日期，指入企业账的日期，并非是入金蝶账的日期。
已使用期间数	根据开始使用日期与当前账套启用期计算的已使用期间数，可自行修改。
累计折旧	录入截至启用期间共提取的折旧额。
预计净残值	系统根据固定资产类别中设置的净残值率自动计算得出，用户可以根据实际情况修改。
净值	根据"原币金额－累计折旧"，系统自动计算得出。
净额	根据"原币金额－累计折旧－减值准备"，系统自动计算得出。
折旧方法	根据固定资产类别中的设置自动显示，可以更改。点击"折旧方法"可查看各种折旧方法的计算公式。
计算折旧	卡片录入完成并保存后，点击"计算折旧"，可显示预计下期折旧率与折旧额，用户可以此判断各折旧要素录入的准确性。

固定资产卡片各项初始化数据参数的说明如表 2－30 所示。

表 2－30 固定资产卡片初始化数据参数说明

数据项	说　明
年初原值	开始使用日期为以前年度的固定资产，年初时的入账原值。由"原值与折旧"页签中"原币金额－本年原值调增＋本年原值调减"自动计算得出。
年初累计折旧	开始使用日期为以前年度的固定资产，年初已计提的累计折旧额。由"原值与折旧"页签中"累计折旧－本年累计折旧调增＋本年累计折旧调减－本年已提折旧"自动计算得出。
年初减值准备	开始使用日期为以前年度的固定资产，年初已计提的减值准备。由"原值与折旧"页签中"减值准备－本年减值准备调增＋本年减值准备调减"自动计算得出。

（续表）

数据项	说　明
本年原值调增	如果固定资产开始使用日期为当前年度，则本年固定资产原值增加，需在本年原值调增中录入其原值。或者本年度资产评估后固定资产增值等情况发生，则调增的金额同样需在本年原值调增中反映。
本年原值调减	如果固定资产当前年度出售或报废，则本年固定资产原值减少，需在本年原值调减中录入其原值。或者本年度资产评估后固定资产减值等情况发生，则调减的金额同样需在本年原值调减中反映。
本年累计折旧调增	本年度补提的累计折旧金额。
本年累计折旧调减	本年度冲回的累计折旧金额。
本年减值准备调增	本年度启用期前发生的固定资产减值准备计提金额。
本年减值准备调减	本年度启用期前发生的固定资产减值准备冲回金额。
本年已提折旧	本年度正常计提的累计折旧金额。
年初数量	开始使用日期为以前年度的固定资产，年初时的数量。由“基本信息”页签中“数量一本年数量”调整得出。
本年数量调整	反映本年数量的调增或调减。
该固定资产已报废	针对固定资产已经报废，或者是年初未清理而启用期间以前已进行清理的资产，如果是这两种资产就需要勾选这个选项，启用账套后不论该固定资产是否有净值都不参与计提折旧。如果勾选该选项，则“基本信息”页签中的数量与“原值与折旧”页签中的原币、累计折旧金额必须为0。

2.5.3 财务初始数据录入·操作指南

（1）“初始化”→“科目初始数据”，首先选择“币别”，然后在相应的栏目中输入数据。

（2）“固定资产”→右侧的账簿报表下“资产类别”→点击【新增】，输入相关信息，完成后单击【新增】或【关闭】。

（3）固定资产和累计折旧在固定资产系统中输入，预付账款、应收账款、预收账款、应付账款在应收/应付系统中输入。

（4）“初始化”→“科目初始数据”，在“币别”下选择“综合本位币”，点击【平衡】，完成后单击【关闭】。

（5）“初始化”→“启用财务/业务系统”，点击【开始】，完成后单击【确定】。

注意：

（1）业务编号主要用于账套启用后往来业务的核销处理。通过“业务编号不相同核销”选项控制。如果不选该选项，业务记录和业务编号不同，不可硬进行核销的处理，系统提供了严格的控制。如选择该选项，则对业务编号是否相同不进行控制。

（2）如果科目下挂核算项目，但未启用往来业务核算，则在“核算项目初始余额录入”窗口直接录入各核算项目的余额即可，无业务编号需要选择及录入。

（3）在新增固定资产卡片界面单击【新增复制】按钮，可以快速新增一项资产，系统自动将资产编码顺序加 1,修改局部信息之后,进行保存即可。

(4) 固定资产卡片录入过程中,卡片内某项必录的数据项目暂无资料,可以先暂时保存卡片,单击【暂存】按钮即可。属于暂存的卡片资料内容不全,因此不能在卡片管理中查询到。可在查明资料后,在“固定资产卡片及变动-新增”窗口中点击“暂存记录”,从暂存记录表中选择暂存的卡片记录后单击【确定】,系统会将上次的数据恢复到当前新增界面中,用户可以继续将卡片资料录入完整并保存。

(5) 有外币业务的情况下,必须切换到综合本位币状态下再试算平衡。

(6) 借贷方差额为 0 则为平衡,只有平衡后方可启用账套。

(7) 如果科目数据为外币业务,要选择“美元”和“欧元”币别才能录入,数据录入后在“人民币”状态下是无法看到的,必须选择“综合本位币”才能查看到“银行存款”的总额。

项目 3

应收应付管理

3.1 应收应付管理 · 工作任务

根据师生教学做及学生独立做提供的企业所发生的应收应付业务，在金蝶财务软件中运用应收应付管理模块进行各种单据的核销业务、凭证生成及报表查询。

一、应收应付管理 · 工作任务 · 师生教学做

（一）核销业务

博大电子有限公司发生如下应收应付业务：

1. 收款单

7 月 3 日，收到美国艾特电子有限公司 2012 年 8 月 16 日 500 000 美元的货款，当天汇率为 6.45，存入建行。

7 月 12 日，与中通电子公司的销售合同出现问题，经双方协商决定取消合同，并退还 2013 年 3 月 5 日的预收款 1 250 000 元，通过工行进行转账处理。

2. 付款单

7 月 18 日，通过建行支付来福公司 2012 年 4 月 16 日货款 1 750 000 元，由于此批货物现大幅度降价，来福公司给予 5%的优惠处理。

3. 其他收款单

7 月 22 日，出售给华威科技有限公司一批废旧纸箱，收到 2 000 元现金。

4. 其他付款单

7 月 22 日，与亚克公司签订协议，为销售电脑投入平面广告，需支付广告费 3 600 元；7 月 28 日，在所有广告发布时通过建行转账支付。

5. 核销单

7 月 30 日，发现期初将赛博公司 2013 年 2 月 18 日发生的一笔应收款 100 000 元错录到宏腾网络公司，进行应收款转账处理，然后对赛博公司做预付款冲应收款处理。

操作步骤：

1. 收款单

此业务反映的是对期初外币应收业务进行后续收款，可直接通过“收款单”处理。

在金蝶 KIS 财务软件系统主界面，选择“应收应付”主功能，再点击“收款单”子功能，打开“收款单据[新增]”窗口。在“收款单据[新增]”窗口，选择客户，并设置日期、收款类型、币别、汇率、结算账户等信息，如图 3-1 所示。然后点击工具栏中的【选源单】按钮，设置查询条件，单击【确定】，进入收款源单序时簿界面，如图 3-2 所示。选中源单记录，点击工具栏中的【返回】按钮，可将源单信息携带至收款单表体中，在对应行填入本次核销金额“500 000”，然后点击工具栏中的【合计】按钮，将“本次核销金额”合计至“表头收款金额”中，完成效果如图 3－3 所示。单击【保存】完成收款单的录入。完成后必须进行审核操作，只有审核后的单据才能参与后续的业务处理，可以由制单人点击【审核】按钮直接审核，也可以由其他主管人员进行审核，主要根据用户权限来控制。

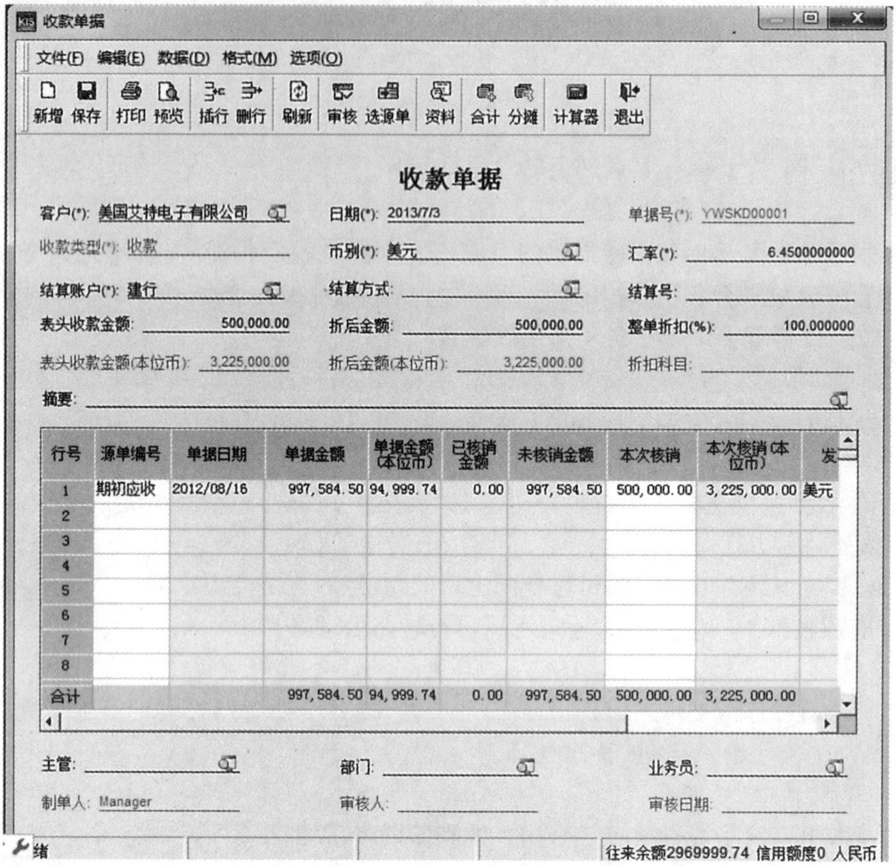

图 3－1 期初外币收款

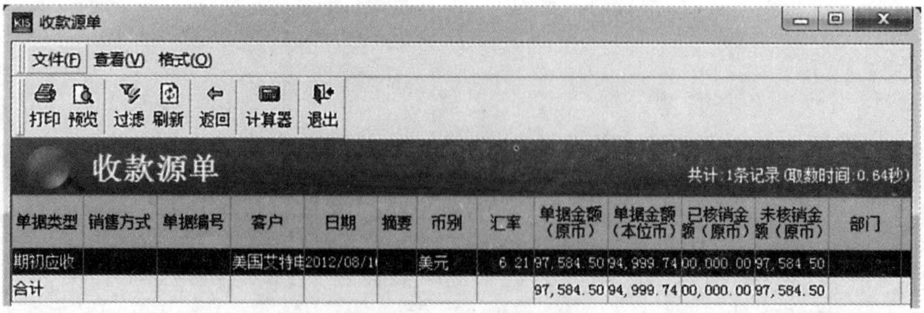

图 3－2 收款源单

如果要查询已录入的收款单，则在应收应付界面点击右侧“账簿报表”下的“收款单据序时簿”，然后设置过滤条件并确定后，可进入“收款单据序时簿”窗口，进行收款单据查询，如图 3－4 所示。此界面还可以进行收款单的修改、删除、审核等操作。

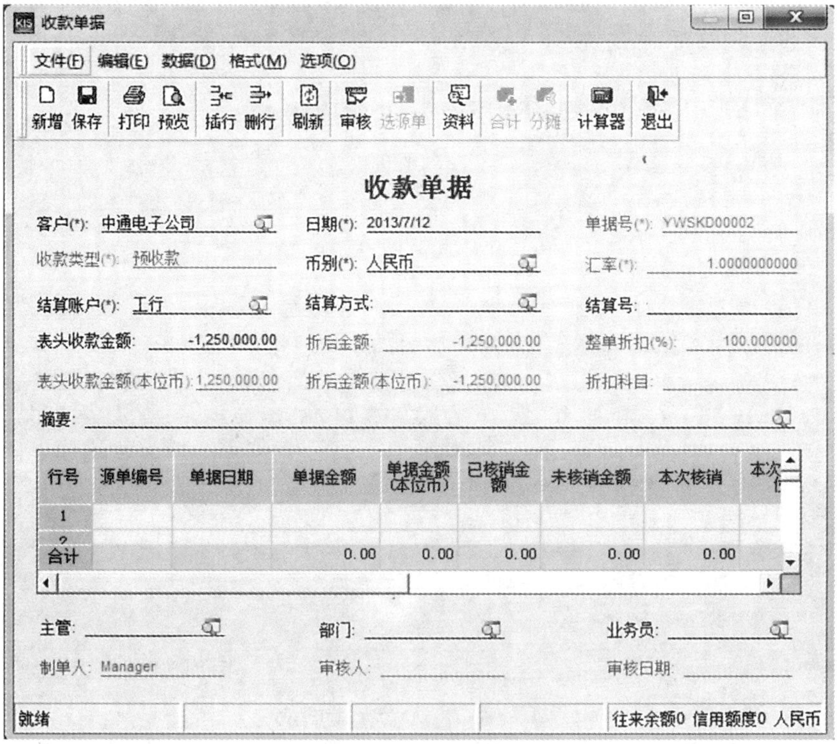

图3-3 预收款退款单录入

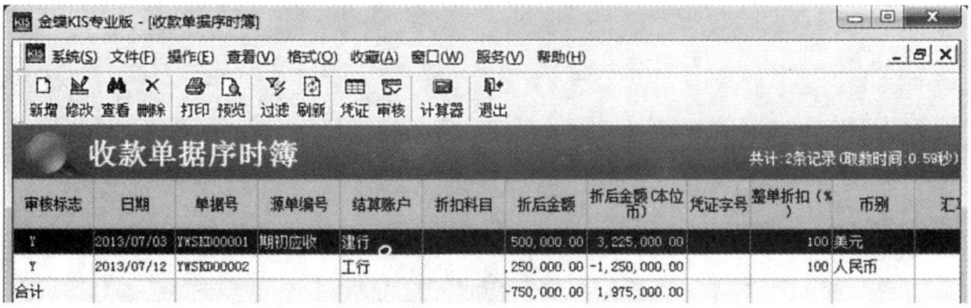

图3-4 收款单据序时簿

2. 付款单

此笔业务是对期初应付款进行付款处理的业务，可直接通过“付款单”处理。

在金蝶KIS财务软件系统主界面，选择“应收应付”主功能，再点击“付款单”子功能，打开“付款单据[新增]”窗口。点击“付款类型”下拉列表，选择“付款”，然后选择客户、日期等信息，点击工具栏中的【选源单】按钮，选取期初付款源单，操作步骤与收款单一致，完成各项基础数据的录入。根据案例资料，供应商给予5%的优惠，在付款单中可以进行整单折扣处理。在右上角“整单折扣(%)”中录入付款折扣“95”，再点击工具栏中的【合计】按钮，系统根据本次核销金额×整单折扣自动计算出折后金额，此时可录入折扣科目，如图3-5所示。

3. 其他收款单

本案例中，收到客户的非主营业务收入的款项，在金蝶KIS财务软件系统中可以通过“其他收款单”处理。此项收款属于其他业务收入，不涉及后续的收款业务，因此“单据类型”选择

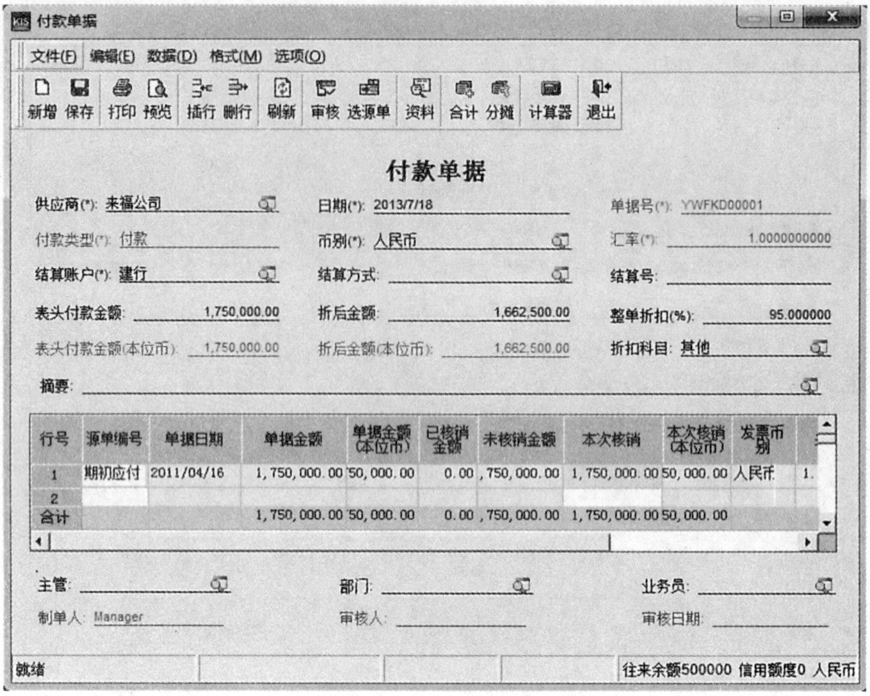

图 3-5 付款单整单折扣

"收款结算",并选择收入类别,录入收款金额,如图 3-6 所示。如果在基础资料中未维护收入类别,则单据不能保存,系统给出相应提示,如图 3-7 所示。

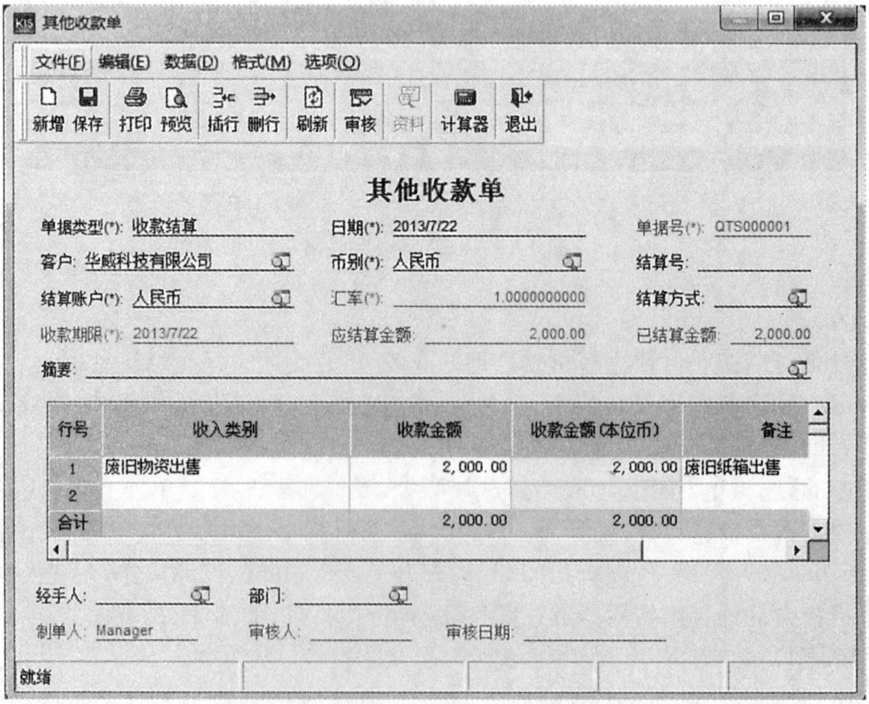

图 3-6 其他收款单——收款结算

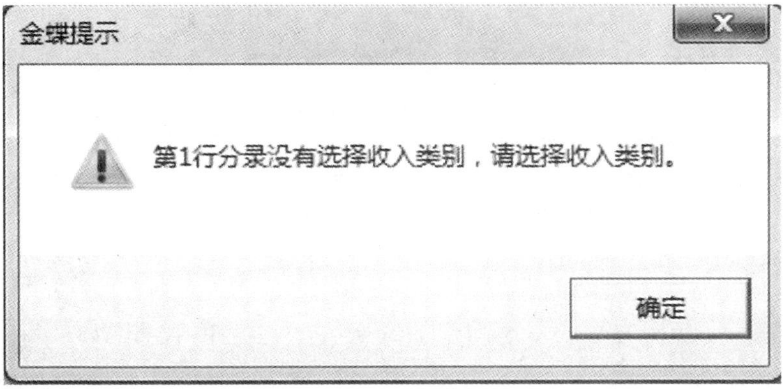

图 3-7　金蝶提示信息(1)

其他收款单中“客户”为非必录项，所以其他收款单不仅可以处理与客户之间的其他收款业务，也可以处理其他的日常收款业务。

4. 其他付款单

7 月 22 日，与亚克公司签订广告协议，为反映该笔应付款项，博大电子有限公司制作其他付款单处理，因涉及后续付款业务，因此，此处“单据类型”选择“其他应付”，如图 3-8 所示。

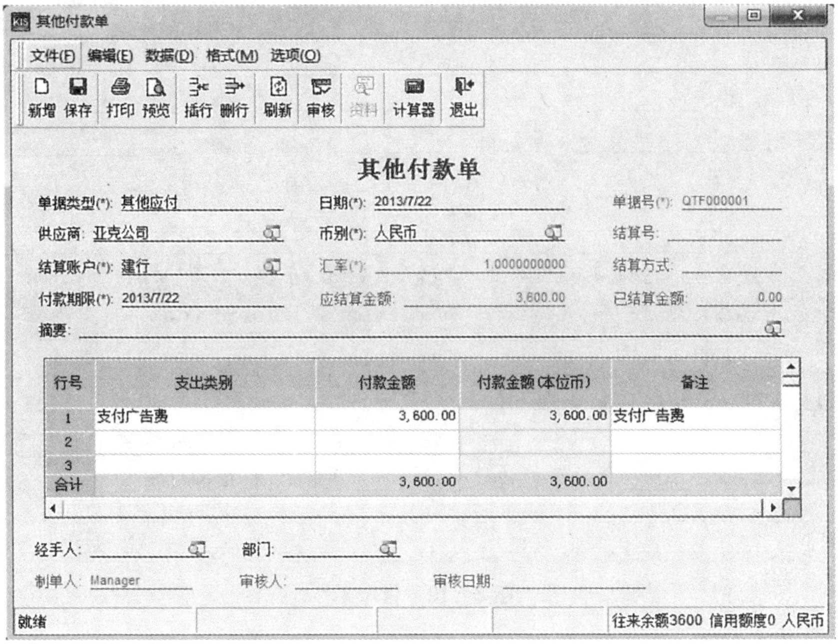

图 3-8　其他付款单——其他应付

单据类型为“其他应付”的其他付款单，保存并审核后，由于单据已结算金额为 0，该笔数据相当于应付款项，会生成一笔应付账款，后续仍需做付款或核销处理。在单据审核时，系统会给出提示，如图 3-9 所示。

根据案例资料，6 月 28 日在所有广告发布时通过建行转账支付，此时，需做一张付款单，可关联其他付款单进行业务处理，如图 3-10 所示。

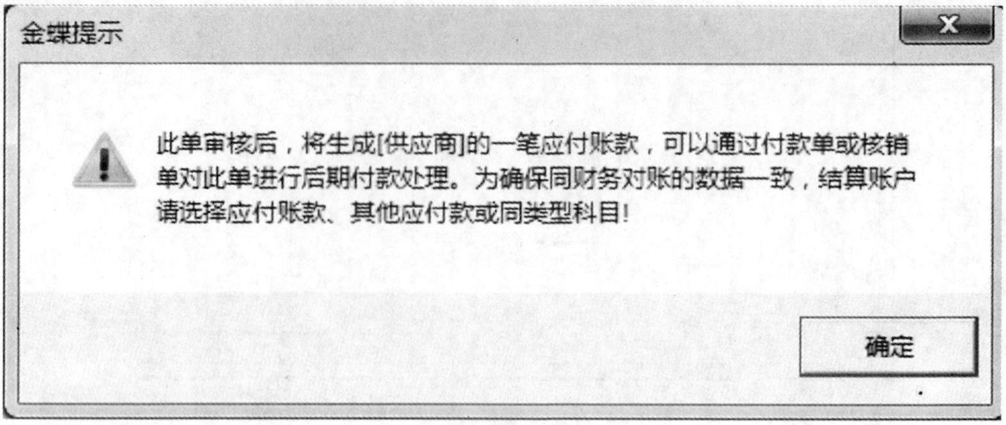

图 3－9　金蝶提示信息(2)

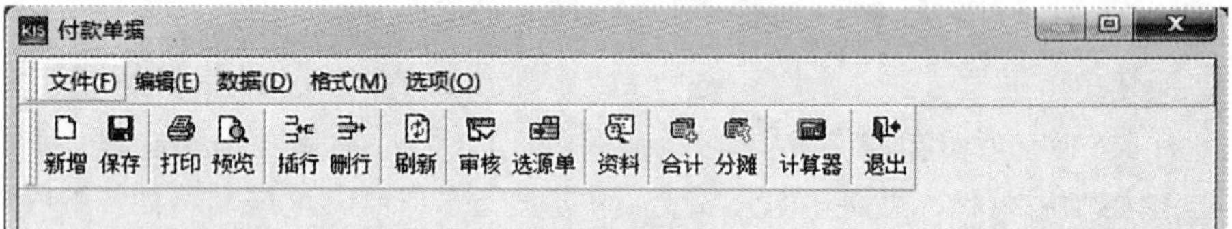

图 3－10　付款单

5. 核销单

在金蝶 KIS 财务软件系统主界面，选择“应收应付”主功能，再点击“往来核销”子功能，打开“往来核销”窗口。选择“核销类型”为“应收转应收”，此时往来核销界面会根据选择的核销类型发生变化，选择“转出客户”为“宏腾网络公司”，“转入客户”为“赛博公司”，然后在应收单上半部分表体中进行源单选择，源单为转出客户的应收单据，核销金额可根据实际情况进行修改，本案例为全部转销，如图 3－11 所示。单据保存并审核后，应收款即转到赛博公司。

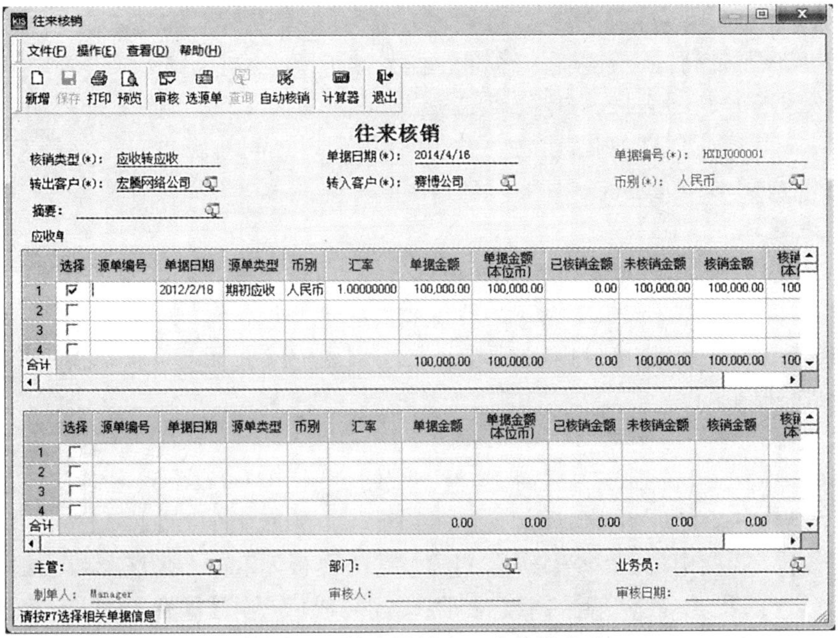

图 3－11　往来核销——应收转应收

接下来，将转入赛博公司的应收款与期初的预收款做核销处理。在“往来核销”窗口，选择“核销类型”为“预收冲应收”，此时往来核销界面会根据选择的核销类型发生变化。由于预收款与应收款都是与客户之间发生的往来，因此只需选择“客户”为“赛博公司”，然后在预收单据表体中进行预收源单的选择，本案例为期初预收单。在应收单据表体中进行应收源单的选择，此时选择的单据为上述从宏腾网络公司转入的期初应收单。由于预收单与应收单的未核销金额不一致，也可手工修改，如图 3－12 所示。

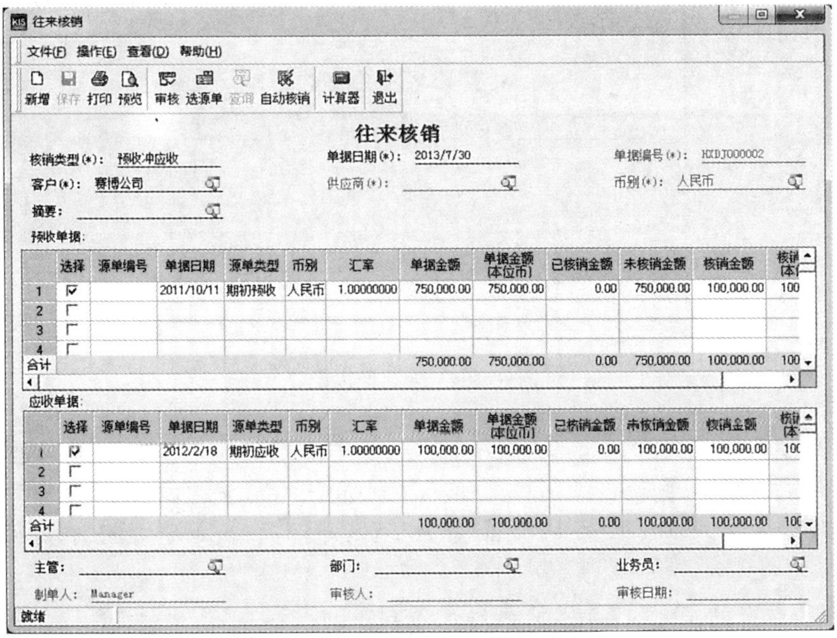

图 3－12　往来核销——预收冲应收

应付转应收、预付冲应付与案例业务处理方法类似，只是针对的是供应商的业务。应收冲应付、应付冲应收是针对同一种情况，比如三角债：客户A公司欠我公司10 000元，我公司又欠供应商B公司10 000元，且A、B公司之间也存在业务往来（或者实际上是同一家公司），此时通过应收冲应付或应付冲应收，可将A公司与B公司之间的应收应付业务进行核销，即我公司与A、B公司互不相欠。

（二）生成凭证

月末需要对本期的核销单据生成凭证进行处理，即将应收应付系统各种业务单据按凭证模板生成凭证，可根据凭证模板上选定的科目属性生成不同的凭证，如本位币凭证、外币凭证等。单据上的核算项目信息也可传递到凭证，还可对生成的凭证进行查询和修改，并能实现单据和凭证之间的联查。

1. 凭证模板设置

在金蝶KIS财务软件系统主界面，选择"应收应付"主功能，再点击"凭证模板"子功能，进入凭证模板界面。以"收款单"为例，点击左侧事务类型中的"收款"，然后双击右侧收款单模板，或单击工具栏中的【修改】按钮，打开"凭证模板"窗口。在该窗口可进行借贷方科目、金额的定义，以及凭证字、摘要的设置等，设置完成后单击【保存】即可保存该凭证模板，如图3－13所示。

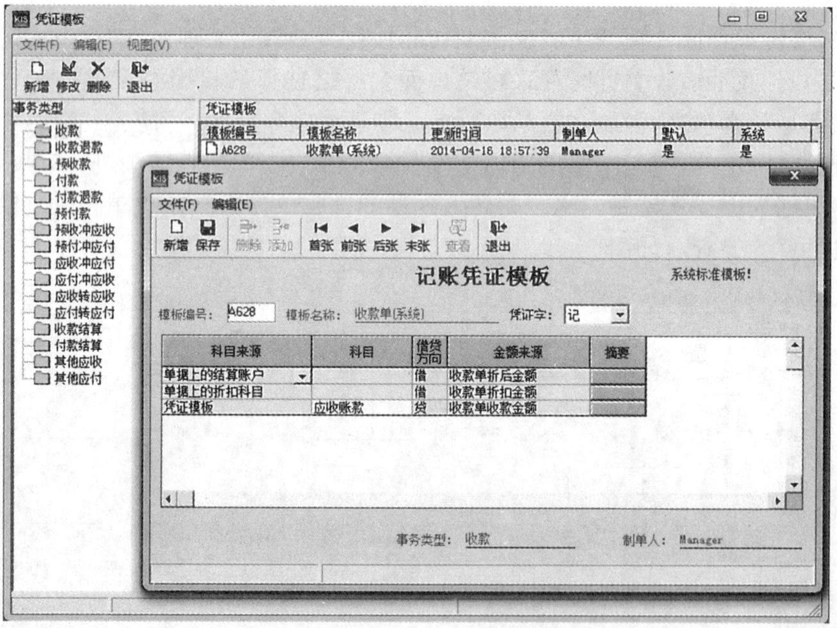

图3－13　凭证模板设置

科目来源说明：

不同的单据，根据单据信息的不同，可能存在不同的科目来源，可以根据科目来源的字面描述进行选择后使用。收款单的科目来源分为三种：凭证模板、单据上的结算科目、单据上的折扣科目。

凭证模板：选择此来源时，须在科目栏录入固定的科目，可按F7键查找。当收款单选择此模板时，生产凭证时该分录行固定为此科目。

单据上的结算科目：不需设置固定的科目，系统会在生成凭证时根据不同的收款单，取单据头中设置的结算账户对应的科目。

单据上的折扣科目：不需设置固定的科目，系统会在生成凭证时根据不同的收款单，取单据头中设置的折扣科目。

默认核算项目与单据字段的对应关系：

科目下挂多核算项目是金蝶 KIS 总账系统的重要特色之一，但是在应收应付系统中，由于核算项目只涉及客户和供应商，故系统默认设置收款类科目对应核算项目为客户，付款类科目对应核算项目为供应商。系统在生成凭证时，可根据核算项目与单据字段的对应关系，将对应字段值填入科目的默认核算项目栏中。

系统预设的各业务单据凭证模板科目不一定正确，用户在生成凭证前应先检查每种单据类型的凭证模板设置是否正确。

2. 生成凭证

设置好凭证模板后，在金蝶 KIS 财务软件系统主界面，选择“应收应付”主功能，再点击“生成凭证”子功能，选择具体事务类型后，进入单据序时簿界面，如图 3－14、图 3－15 所示。

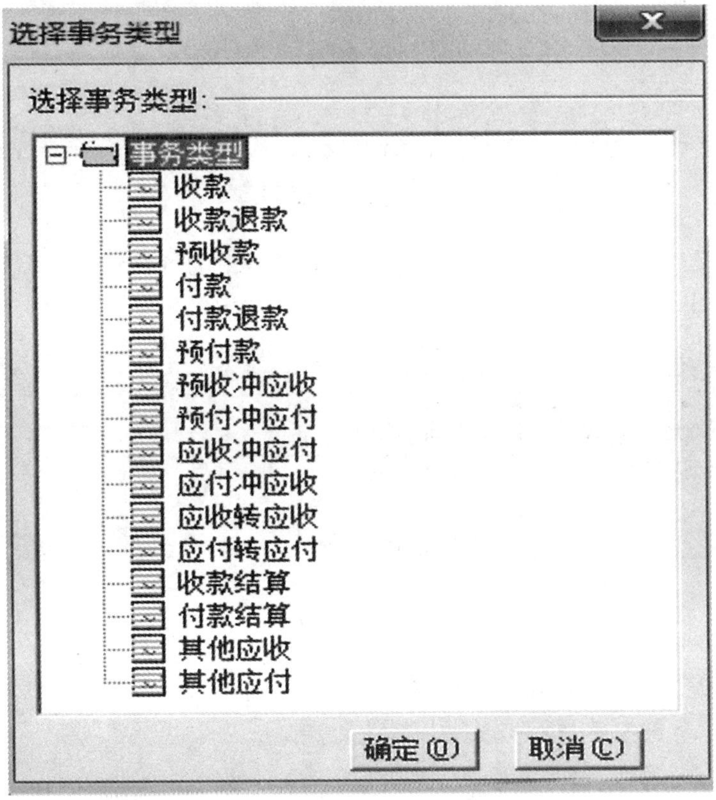

图 3－14　选择事务类型

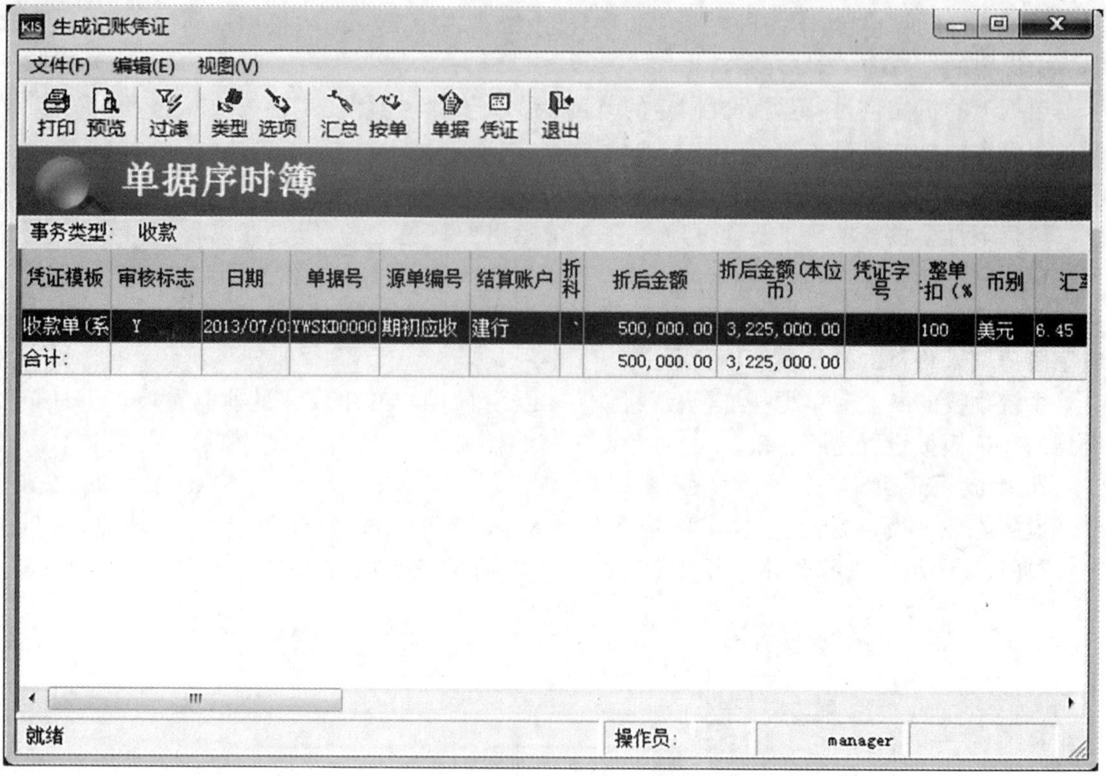

图 3-15　单据序时簿

单据生成凭证时提供了选项功能，对生成凭证过程中的各种情况进行设置，包括异常处理、默认模板、科目合并选项等，如图 3-16 所示。

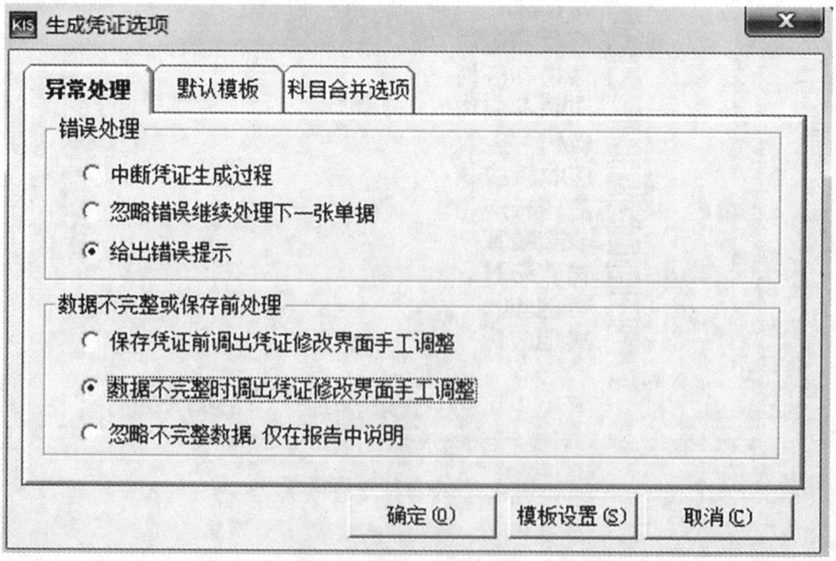

图 3-16　选项设置

生成凭证选项各参数的说明如表 3-1 所示。

表 3 - 1　生成凭证选项参数说明

类别	选　项	描　　述
错误处理	中断凭证生成过程	在按单生成多张凭证时，生成某一张凭证时出现错误，则中断退出，即使其他单据可生成凭证也不再处理。
	忽略错误继续处理下一张单据	在按单生成多张凭证时，生成某一张凭证时出现错误，忽略错误，继续生成其他单据的凭证。
	给出错误提示	出现错误时给出提示。
数据不完整或保存前处理	保存凭证前调出凭证修改界面手工调整	生成凭证保存前直接调出凭证修改界面，由用户自行确认并保存。
	数据不完整时调出凭证修改界面手工调整	在生成凭证时，若凭证科目、核算项目等必录事项从凭证模板或单据上取不到，则调出不完整的凭证，由用户补录。
	忽略不完整数据，仅在报告中说明	遇到上述情况时，并不调出凭证，只是在报告中说明。
默认模板	默认模板	点击“模板设置”，可切换到凭证模板设置界面。
科目合并选项	借方相同科目合并	选择该选项，凭证借方存在相同科目则合并反映（核算项目和单位必须相同）。
	贷方相同科目合并	选择该选项，凭证贷方存在相同科目则合并反映（核算项目和单位必须相同）。

选项设置完成后，在单据序时簿界面，可以选择工具栏中的【按单】或【汇总】按钮生成凭证。

系统当前提供两种方式生成凭证。

（1）按单生成凭证。如果选择按单生成凭证，则对于选择的单据以一对一方式生成凭证，即一张单据就生成一张凭证。在一个单据类型里面选择了多张单据，使用这种模式生成凭证时，系统为每一张单据生成对应的一张凭证，在单据上记录各自不同的凭证号。

（2）按单据类型汇总生成凭证。如果选择按单据类型汇总生成凭证，则可以实现对于同一个单据类型中的单据汇总生成一张凭证。注意对于选项中科目合并的支持定义，凭证借贷方存在相同科目则合并反映（核算项目和单位必须相同）。

根据案例资料，收款单按单生成凭证。在单据序时簿界面，点击选择需生成凭证的单据，再点击工具栏中的【按单】按钮，系统根据设定的凭证模板完成凭证生成过程，如图 3 - 17 所示。

数据不完整时调出凭证界面，维护完整后，单击【保存】按钮，即单据生成凭证完成。

“生成凭证”功能主要是将各种核算单据生成凭证。但是，此处只能过滤出当期的单据来生成凭证，不允许用以后期间单据生成凭证。进入应收应付系统后，点击“凭证管理”可以查询、修改应收应付系统生成的凭证，这些功能将在总账系统进行详尽的描述。

根据表 2 - 1 中系统参数资料设置，财务参数中勾选了“不允许修改/删除业务系统凭证”。因此，如果需要删除应收应付系统中各业务单据生成的凭证，只能在应收应付系统的“凭证管理”子功能中进行，总账系统不允许进行修改或删除。

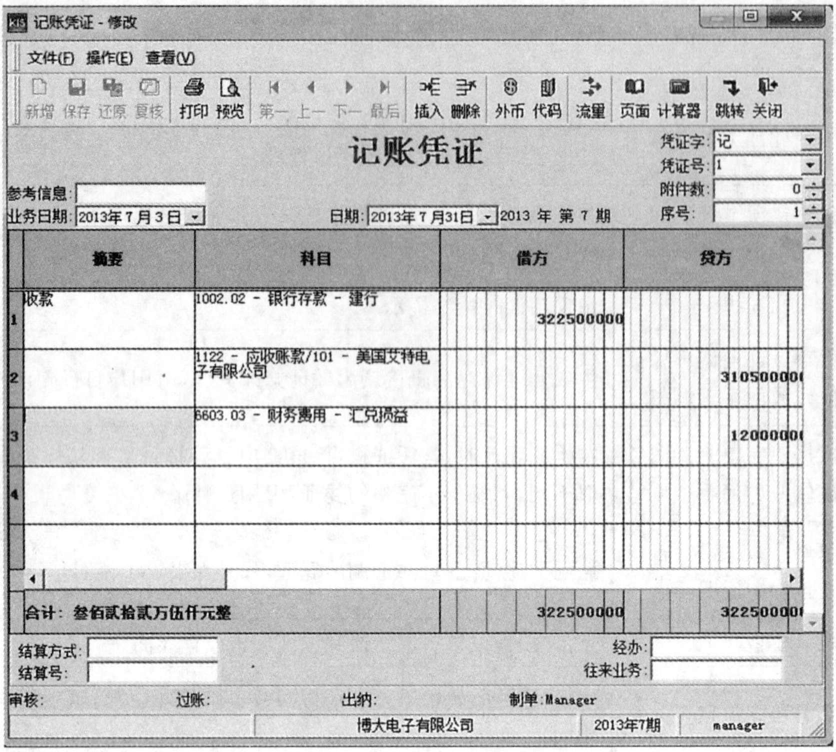

图 3－17　按单生成凭证

（三）报表查询

1．应收(付)账款明细表

在应收(付)账款明细查询中，用户可对某笔所关心的业务进行现有资金情况的查询，也可查看全部业务的现有资金情况。金蝶 KIS 财务软件系统的应收(付)账款明细表提供了较为丰富的过滤条件，可供用户查询任何所需的数据，如图 3－18、图 3－19 所示。

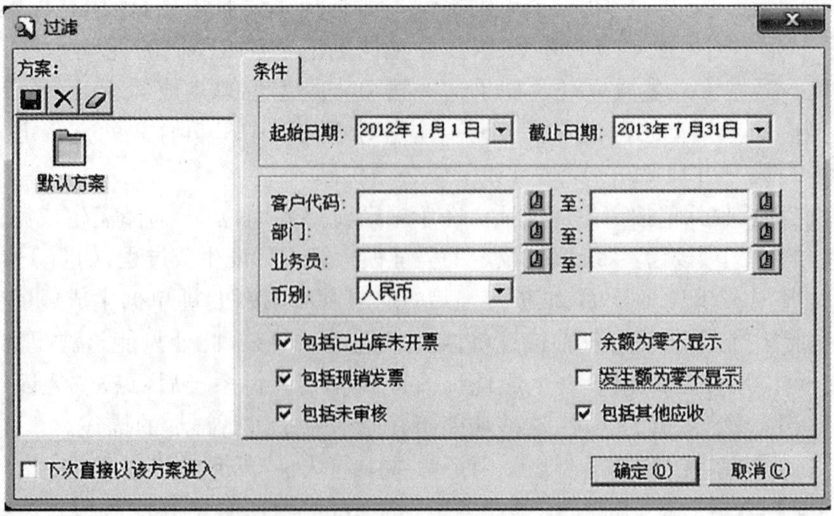

图 3－18　应收账款明细表过滤条件设置

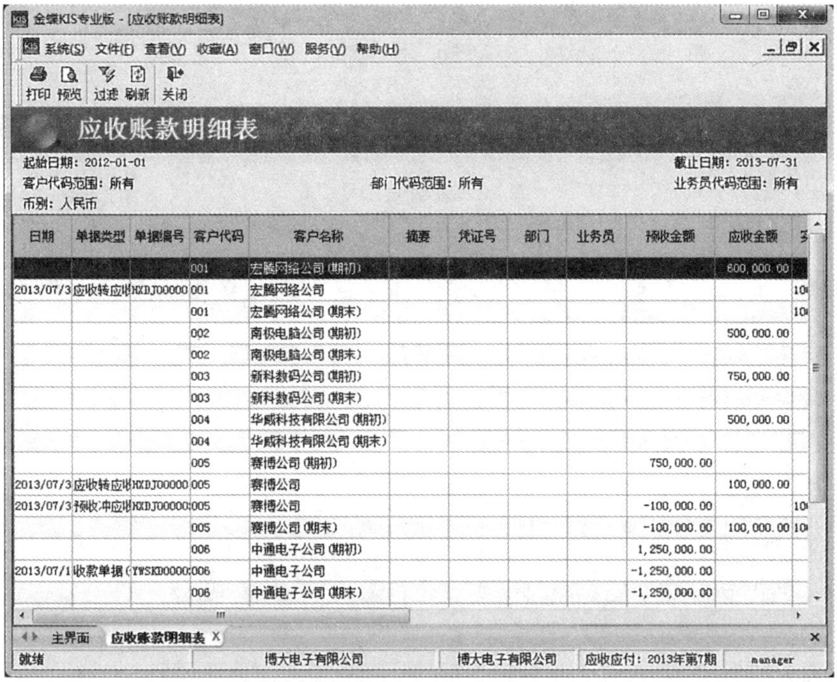

图 3-19　应收账款明细表

2. 往来对账单

往来对账单是用于用户与客户和供应商对账的业务明细报表。往来对账单可以对发票的付款情况进行查询和跟踪，是查看发票后续流程最方便的报表文件。同时，金蝶 KIS 财务软件系统的往来对账单还可以设置显示单据体中的商品明细记录，使对账时更加清晰明了，如图 3-20、图 3-21 所示。

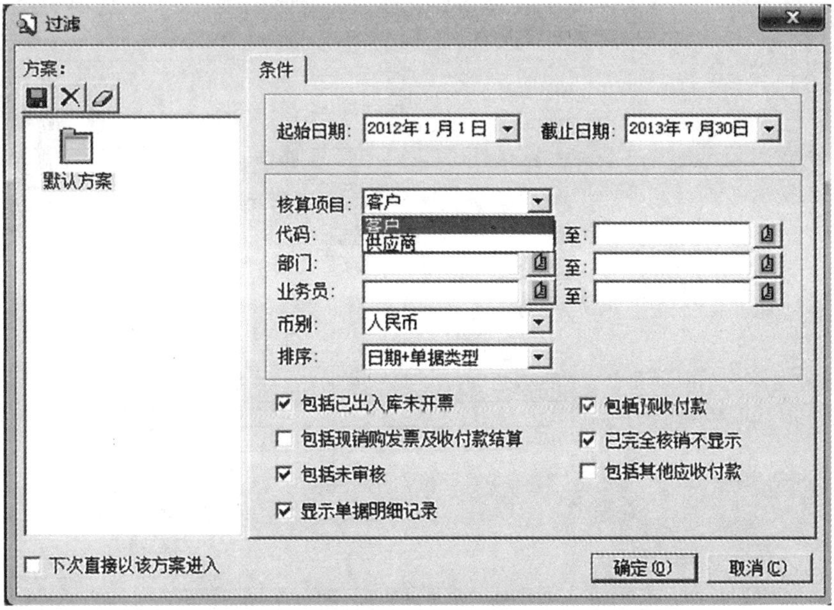

图 3-20　往来对账单过滤条件设置

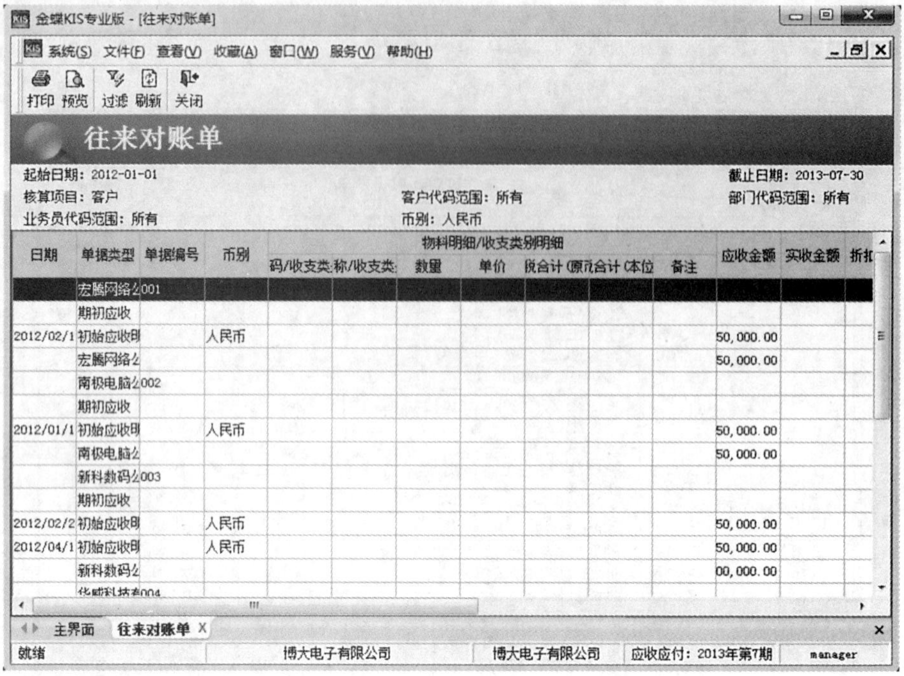

图 3-21 往来对账单

3. 账龄分析表

账龄分析表主要是用来对往来核算项目余额的时间分布进行分析。账龄分析表可以对核算项目的账龄进行计算，每一个核算项目或核算项目组合只会处于一个唯一的账龄段中。用户可以通过过滤条件设置不同的账龄分组条件，如图 3-22、图 3-23 所示。

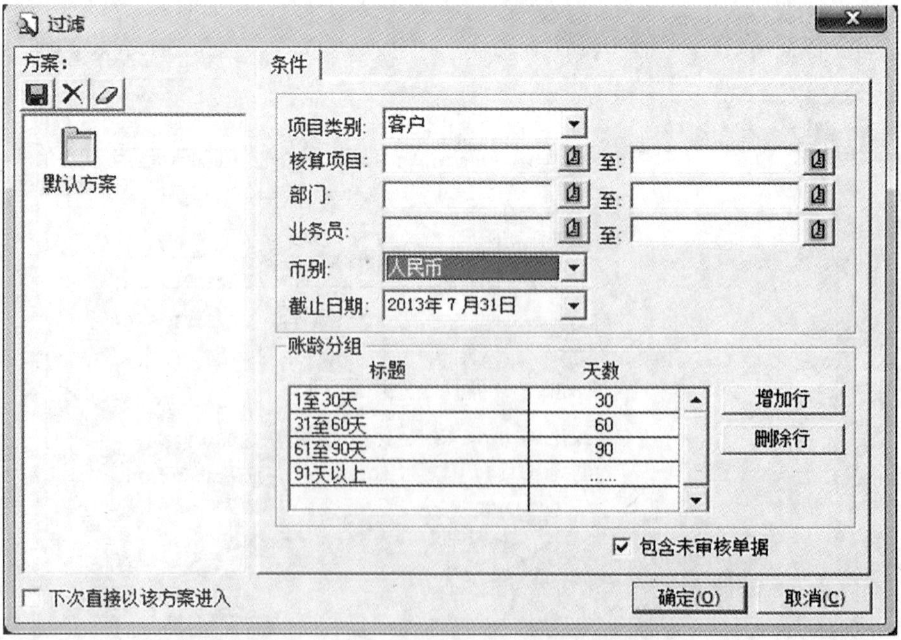

图 3-22 账龄分析表过滤条件设置

金蝶KIS专业版 - [账龄分析表]

系统(S) 文件(F) 查看(V) 收藏(A) 窗口(W) 服务(V) 帮助(H)

打印 预览 过滤 刷新 关闭

账龄分析表

应收账款

核算项目：客户　　客户代码范围：所有　　部门代码范围：所有

业务员代码范围：所有　　币别：人民币　　截止日期：2013-07-31

往来单位代码	往来单位名称	金额	1至30天	31至60天	61至90天	91天以上
001	宏腾网络公	500,000.00				500,000.00
002	南极电脑公	500,000.00				500,000.00
003	新科数码公	750,000.00				750,000.00
004	华威科技有	500,000.00				500,000.00
005	赛博公司	-650,000.00				-650,000.00
006	中通电子公		1,250,000.00			-1,250,000.00
	合　计	1,600,000.00	1,250,000.00			350,000.00

图3-23　账龄分析表

如果单据上“付款期限”为当天，则直接取当天为账龄分析起始日期，账龄为查表时间和制单时间的差额；如果单据上“付款期限”为后续日期，则账龄分析起始日期以付款期限开始分析，账龄为查表时间和付款期限的差额。即查表时间小于等于付款期限，则此笔业务不进入账龄分析。

已进行往来核销处理的业务在账龄分析中不再显示。

二、应收应付管理·工作任务·学生独立做

(1) 1月21日，收到鑫宇风华公司支付货款的转账支票一张，金额7 000元，工商银行支票号为10456747。

借：银行存款——工行存款　　7 000.00

　贷：应收账款——[04]鑫宇风华公司　　7 000.00

中国工商银行

转账支票存根

23046871

10456747

附加信息

（印章：武汉鑫宇风……财务专……）

出票日期 2015年01月21日

收款人：武汉华强科贸

金　额：￥7 000.00

用　途：欠货款

单位主管：吴天　　会计：李勇

复核：谢琴　　记账：罗家英

中国工商银行 进账单(回单或收账通知)1

2015 年 01 月 21 日　　　　第 846 号

付款人	全　称	鑫宇风华公司	收款人	全　称	武汉华强科贸有限责任公司
	账　号	73549583		账　号	32156546
	开户银行	工商银行洪山支行		开户银行	中国工商银行洪山支行

人民币(大写)	千	百	十	万	千	百	十	元	角	分
柒仟元整				¥	7	0	0	0	0	0

票据种类	转账支票	银行章 收款人开户行盖章
票据张数		中国工商银行洪山支行 2015.01.21 结算专用章
备注:前欠货款		

此联是收款人开户银行交收款人的回单或收账通知

(2) 1 月 22 日,收到美家商场付货款转账支票一张,金额 4 000 元,工商银行转账支票号为 84756783。

借:银行存款——工行存款　　4 000.00

　贷:应收账款——[01]美家商场　　4 000.00

中国工商银行

转账支票存根

23046871

84756783

附加信息

出票日期 2015 年 01 月 22 日

收款人:武汉华强科贸

金　额:¥4 000.00

用　途:欠货款

单位主管:梁光　　会计:李勇

复核:汪清　　记账:杨和

中国工商银行 进账单(回单或收账通知)1

2015 年 01 月 22 日　　　　第 849 号

付款人	全　称	武汉美家商场	收款人	全　称	武汉华强科贸有限责任公司
	账　号	67538907		账　号	32156546
	开户银行	工商银行洪山支行		开户银行	中国工商银行洪山支行

人民币(大写)	千	百	十	万	千	百	十	元	角	分
肆仟元整				¥	4	0	0	0	0	0

票据种类	转账支票	银行章 收款人开户行盖章
票据张数		中国工商银行洪山支行 2015.01.22 结算专用章
备注:货款		

此联是收款人开户银行交收款人的回单或收账通知

(3) 1 月 25 日，收到美家商场预付货款的转账支票一张，金额 80 000 元，工商银行转账支票号为 93876384。

借：银行存款——工行存款　　　　80 000.00

　贷：预收账款——[01]美家商场　　　　80 000.00

中国工商银行

转账支票存根

23046871

93876384

附加信息

出票日期 2015 年 01 月 25 日

收款人：武汉华强科贸

金　额：¥80 000.00

用　途：预付货款

单位主管：吴玲　　会计：罗峰

复核：谢琴　　记账：陆慧

中国工商银行 进账单(回单或收账通知)1

2015 年 01 月 25 日　　　　第 850 号

<table>
<tr><td rowspan="3">付款人</td><td>全　称</td><td>武汉美家商场</td><td rowspan="3">收款人</td><td colspan="3">全　称</td><td colspan="7">武汉华强科贸有限责任公司</td></tr>
<tr><td>账　号</td><td>67538907</td><td colspan="3">账　号</td><td colspan="7">32156546</td></tr>
<tr><td>开户银行</td><td>工商银行洪山支行</td><td colspan="3">开户银行</td><td colspan="7">中国工商银行洪山支行</td></tr>
<tr><td colspan="2" rowspan="2">人民币(大写)</td><td colspan="2" rowspan="2">捌万元整</td><td>千</td><td>百</td><td>十</td><td>万</td><td>千</td><td>百</td><td>十</td><td>元</td><td>角</td><td>分</td></tr>
<tr><td></td><td></td><td>¥</td><td>8</td><td>0</td><td>0</td><td>0</td><td>0</td><td>0</td><td>0</td></tr>
<tr><td colspan="2">票据种类</td><td>转账支票</td><td colspan="11" rowspan="3">银行章
收款人开户行盖章
中国工商银行洪山支行
2015.01.25
结 算 专 用 章</td></tr>
<tr><td colspan="2">票据张数</td><td></td></tr>
<tr><td colspan="3">备注：预付货款</td></tr>
</table>

此联是收款人开户银行交收款人的回单或收账通知

(4) 1 月 23 日，开出一张 3 000 元的转账支票，付华泰批发部货款，工商银行支票号为 10456322。

借：应付账款——[03]华泰批发部　　　　3 000.00

　贷：银行存款——工行存款　　　　3 000.00

中国工商银行
转账支票存根
23046871
10456322

附加信息________________

出票日期 2015 年 01 月 23 日

收款人:武汉华泰批发部 金　额:¥3 000.00 用　途:购货款

单位主管:吴婷　　　　会计:黎浪潼
复核:谢泉　　　　记账:罗晶莹

(5) 1 月 24 日,开出一张 21 000 元的转账支票,付天华集团公司货款,工商银行支票号为 10456324。

借:应付账款——[01]天华集团公司　　　　21 000.00
　贷:银行存款——工行存款　　　　21 000.00

中国工商银行
转账支票存根
23046871
10456324

附加信息________________

出票日期 2015 年 01 月 24 日

收款人:武汉天华集团 金　额:¥21 000.00 用　途:购货款

单位主管:吴婷　　　　会计:黎浪潼
复核:谢泉　　　　记账:罗晶莹

3.2 应收应付管理·理论知识

应收应付模块是实现全程业务控制的关键点,系统将应收应付模块分为应收和应付业务流程和其他收付款流程。其中,应收含预收款和应收款业务类型,应付含预付款和应付款业务类型。不同业务类型其业务的处理过程有差异，所以对应在系统中也会有不同的业务处理流程。本案例以应收应付流程下的单据及具体业务流程为例，讲解具体的应用方式。

一、收款单

收款单据是向客户收取商品赊销货款或预收货款的业务行为，此单据可处理企业销售收款、销售预收款、销售退款等收款业务，收款单还可以处理一张应收单分次收款，或一张收款单同时处理几张应收单的业务，以及支持多收抹零和携带币别等业务。

收款后的退款业务是通过收款单将收款类型选择为“收款退款”进行处理的，单据录入的操作方法与收款业务相同。但预收款的退款业务与收款后的退款业务不同，而是与预收款类似，是通过收款单将收款类型选择为“预收款”进行处理的。预收单不能关联源单，只需录入表头收款金额，预收款的处理是录入正数，而预收退款的处理是录入负数。

选择的源单除期初应收单外，其他源单必须是审核状态。预收款业务与收款业务共用表体，即进入收款单后，要先在收款类型中选择预收款。同时，表体是不能录入数据的，只允许在表头的收款金额处录入。

收款单据各数据项的说明如表 3－2 所示。

表 3－2　收款单据数据项说明

数据项	说　明
收款类型	分为三种：收款、预收款和收款退款。收款是赊销发票发生的，选择此类型，则对以前的应收账款进行处理；预收款是在销售业务发生之前先收到对方预付的全部或部分货款，选择此类型时表体不可用；收款退款是在对应收账款收款后发生的全部或部分退款，用于处理非退货情况的退款，选择此类型时只可以选择与收款源单关联，退款部分可继续收款。
结算账户	用来记录凭证模板中收款金额的科目来源，负责记录收款账户是现金还是银行等。
收款金额	为整单表体的实收金额合计，收款类型选择预收款后，此处即为金额唯一录入地址。
折后金额	“整单折扣”、“折后金额”、“折扣科目”三项用来共同完成整单折扣功能。整单折扣×收款金额＝折后金额，即输入折扣后自动计算出折后金额。打开单据时整单折扣默认为100％，折后金额＝收款金额，折扣科目灰显。
整单折扣	输入折扣金额可自动反算出整单折扣，整单折扣＝（折后金额/收款金额）×100％，打开单据时整单折扣默认为100％，允许大于100％，实现零头多收的情况。
折扣科目	折扣科目用于放置折扣金额，可直接调用会计科目界面，由操作员指定存放科目。只有存在折扣的情况下此项才能够录入。如果单据有折扣，此项目必填。
选源单	此处负责调入期初数据、赊购发票和其他收款单，并显示对应的单据类型和单据编号。单据表体的“源单编号”与“选源单”功能是一致的。
单据日期	指调入赊销发票的制单日期。
单据金额	所选单据的金额（价税合计金额）。
单据金额（本位币）	所选单据的制单时本位币金额（价税合计金额）。
已核销金额	所选单据的已结算金额。此处支持分次收款以及一次对多单收款。

（续表）

数据项	说　明
未核销金额	所选单据的未结算金额。
本次核销	本次对应此张单据的收款金额。利用表头工具栏的合计功能可以将实收金额合计反填到表头的收款金额处；同时，收款金额处的数值可以通过表头工具栏分摊功能按先后顺序分摊数值。
本次核销（本位币）	本次对应此张单据的收款金额对应本位币。如果是本币发票，则此处金额与实收金额相同；如果是外币发票，对应本币则是按当期系统默认汇率折算的金额。
发票币别	指当前所选发票的币别。收款单据中不允许混合收款，即表体的单据必须是同一种币别。
当期汇率	即当期的固定汇率。用于交叉收款时给予参照收款金额。

二、付款单

付款单据是向供应商提供商品赊购货款或预付货款的业务行为，此单据可处理企业采购付款、采购预付款、采购退款等付款业务。付款单还可以处理一张应付单分次付款，或一张付款单同时处理几张应付单的业务，以及支持多收抹零和携带币别等业务。

付款单不仅是财务人员付款的凭据，而且充当着到款核销的业务挂接功能。

选择的源单除期初应付单外，其他源单必须是审核状态。预付款业务与付款业务共用表体，即进入付款单后，要先在付款类型中选择预付款。同时，表体是不能录入数据的，只允许在表头的付款金额处录入。

三、其他收款单

其他收款单主要处理非主营业务收入的其他收款业务，是对收款过程的管理。其他收款单根据业务性质又分为收款结算单、其他应收单。

其他收款单中“客户”为非必录项，所以其他收款单不仅可以处理与客户之间的其他收款业务，也可以处理其他的日常收款业务。

四、往来核销

往来核销各数据项的说明如表 3－3 所示。

表 3－3　往来核销数据项说明

数据项	说　明
客户、供应商	核销单主要是对往来单位之间的收付款核销。在预付冲应付时，客户项灰显不必填入；在预收冲应收时，供应商项灰显不必填入。
核销类型	分为六种：预付冲应付、预收冲应收、应付冲应收、应收冲应付、应收转应收、应付转应付。分别处理收款、付款间的各类核销业务。
表头币别	指核销结算使用哪种货币。系统默认为本位币，用户可以修改。如果是预付冲应付、预收冲应收，则此币别控制的是预收付款。选择应收冲应付和应付冲应收时，币别控制的是核销所选发票币别。

（续表）

数据项	说　明
表头汇率	即当前币别的汇率，取自币别基础资料信息，用户可以根据实际情况改为业务发生日汇率。
选源单	此处负责调入期初数据、赊购发票和其他收付款单，并显示对应的单据类型和单据编号。单据表体的"源单编号"与"选源单"功能是一致的。
单据日期	指调入单据的制单日期。
源单类型	指调入单据的单据类型。
单据金额	所选单据的金额（价税合计金额）。
单据金额（本位币）	所选单据的制单时本位币金额（价税合计金额）。
已核销金额	所选单据的已结算金额。此处支持分次核销以及一次对多单核销。
未核销金额	所选单据的未结算金额。
核销金额	本次对应此张单据的核销金额。此处核销金额必须上下合计相等，否则不能保存。
核销金额（本位币）	本次对应此张单据的核销金额对应本位币。如果是本币发票，则此处金额与实付金额相同；如果是外币发票，对应本币则是按当期系统默认汇率折算的金额。如果是预收付款单，则对应本币是按表头汇率折算的。
表体币别	指当前所选发票或预收付款单的币别。核销单据中不允许混合核销，即表体的单据必须是同一种币别。
表体汇率	即当期的固定汇率。用于交叉核销时给予参照核销金额。

五、生成凭证

生成凭证选项各参数的说明如表3-4所示。

表3-4　生成凭证选项参数说明

类　别	选　项	描　述
错误处理	中断凭证生成过程	在按单生成多张凭证时，生成某一张凭证时出现错误，则中断退出，即使其他单据可生成凭证也不再处理。
	忽略错误继续处理下一张单据	在按单生成多张凭证时，生成某一张凭证时出现错误，忽略错误，继续生成其他单据的凭证。
	给出错误提示	出现错误时给出提示。
数据不完整或保存前处理	保存凭证前调出凭证修改界面手工调整	生成凭证保存前直接调出凭证修改界面，由用户自行确认并保存。
	数据不完整时调出凭证修改界面手工调整	在生成凭证时，若凭证科目、核算项目等必录事项从凭证模板或单据上取不到，则调出不完整的凭证，由用户补录。
	忽略不完整数据，仅在报告中说明	遇到上述情况时，并不调出凭证，只是在报告中说明。

（续表）

类　别	选　项	描　述
默认模板	默认模板	点击“模板设置”，可切换到凭证模板设置界面。
科目合并选项	借方相同科目合并	选择该选项，凭证借方存在相同科目则合并反映（核算项目和单位必须相同）。
	贷方相同科目合并	选择该选项，凭证贷方存在相同科目则合并反映（核算项目和单位必须相同）。

3.3　应收应付管理·操作指南

应收应付模块是金蝶 KIS 专业版 10.0 中改善较大的业务模块之一，主要为采购、销售系统发票而进行后续处理。该模块可以方便客户随时查看当前往来单位的收付款情况，追溯每笔业务的全程跟踪过程，有效避免财务处理应收应付带来的信息反馈同实际业务管理脱节这类问题。在金蝶 KIS 专业版 10.0 中还新增了其他应收应付类型的其他收款单和其他付款单。

项目 4

固定资产管理

4.1 固定资产管理・工作任务

根据师生教学做和学生独立做中两家公司提供的业务资料，在金蝶财务软件固定资产管理模块完成固定资产的增加、变动、清理和固定资产折旧计提与费用分摊业务。

一、固定资产管理・工作任务・师生教学做

1. 固定资产增加

由于公司生产业务扩大，7 月 10 日从建设银行转账购入两台机器设备。其中：一台为打磨机，购入原值 120 000 元，使用年限为 5 年，折旧方式采用平均年限法；另一台为检测仪，购入原值为 240 000 元，使用年限 5 年，折旧方法为动态平均年限法。使用部门为生产部门，分摊比例为 DVD 车间- 1/音箱车间- 2/功放车间- 2，两台固定资产汇总生成一张凭证。

2. 固定资产清理

7 月 12 日，公司将一条生产线售出，收到 1 100 000 元，存入工行。同时发生清理费用 2 000 元，用现金支付，按单生成凭证。

3. 固定资产反清理

7 月 12 日，因售出的固定资产退回，进行反清理处理。

4. 固定资产变动

期末，办公楼的可变现净值为 2 000 000 元，生产线的可变现净值为 5 000 000 元，打磨机的可变现净值为 100 000 元，对需要进行减值准备的固定资产计提减值准备。

5. 计提折旧

期末，计提本期累计折旧，其中货车 7 月份工作量为 1 000 吨。

操作步骤：

1. 固定资产增加

在金蝶 KIS 财务软件系统主界面，选择“固定资产”主功能，再点击“固定资产增加”子功能，系统弹出“固定资产卡片及变动—新增”设置窗口。参照初始化卡片录入的方式和要点，将案例中固定资产的资料录入固定资产卡片中。打磨机卡片录入结果如图 4 - 1、图 4 - 2、图 4 - 3 所示。

对于业务基本相同的固定资产可以使用“新增复制”功能，减少固定资产录入工作，提高工作效率。由于 6 月 10 日购入的两台机器设备的资产类别、使用部门和年限一致，只有购入原值与折旧方法不同。在已保存的卡片界面，单击【新增复制】按钮，系统在保存录入的卡片的同时，自动将录入的打磨机信息携带到新增的卡片中。我们根据案例资料修改资产名称、购入原值和折旧方式，修改完成后单击【确定】按钮，保存卡片并返回到“固定资产管理”窗口，新增的固定资产即显示在列表中，如图 4 - 4 所示。

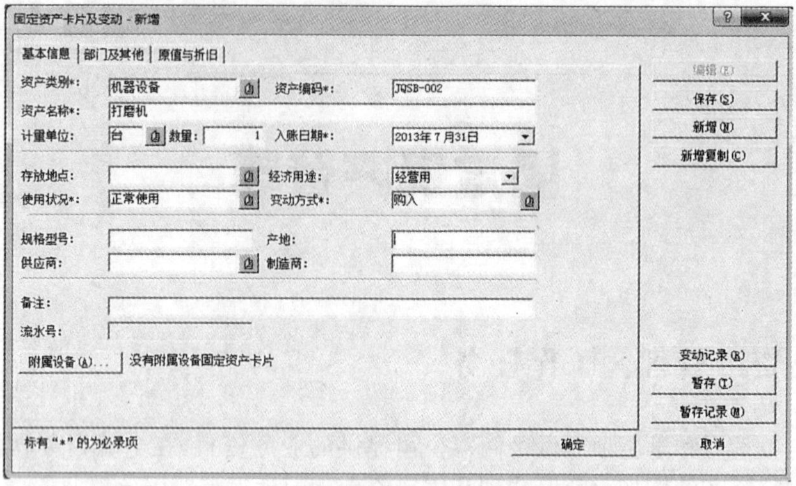

图 4-1　新增卡片选项卡——基本信息设置

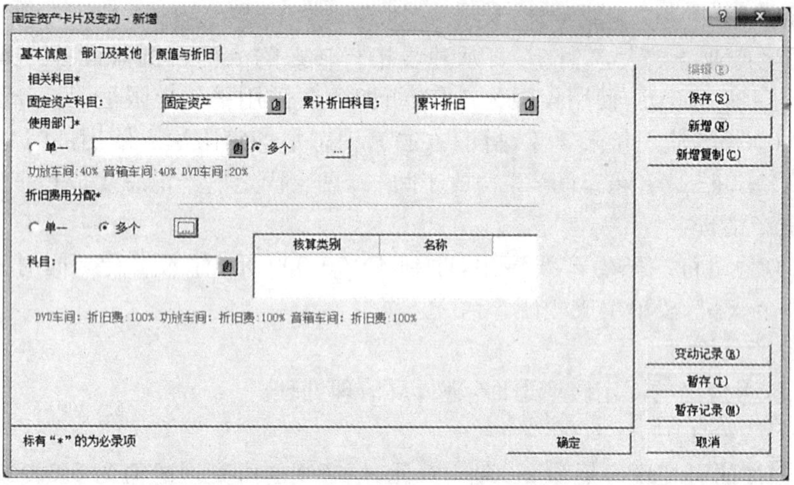

图 4-2　新增卡片选项卡——部门及其他设置

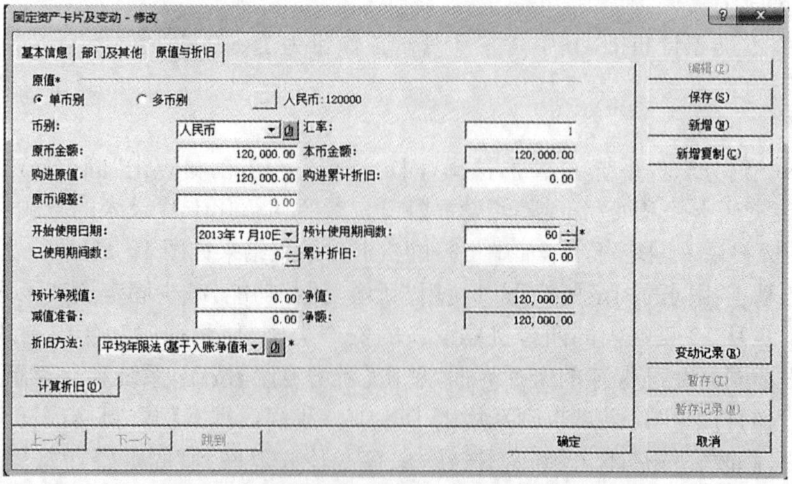

图 4-3　新增卡片选项卡——原值与折旧设置

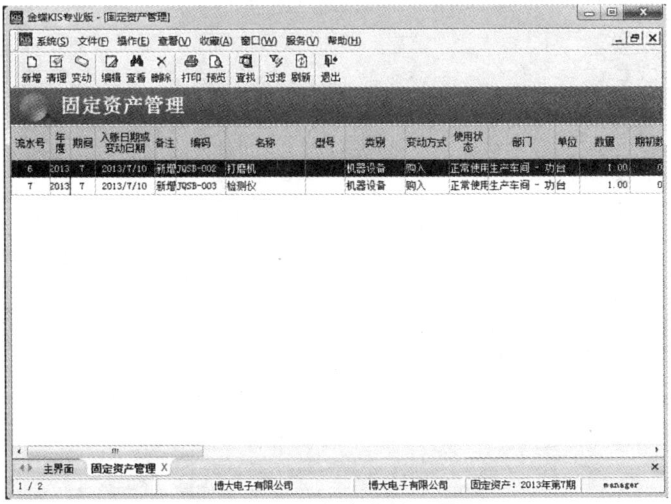

图 4－4　固定资产管理界面

在固定资产系统中，可以直接将固定资产新增、减少、变动的信息生成转账凭证传递到总账。生成凭证的方式可以选择“按单”生成，也可以选择“汇总”生成。按单生成凭证是指将每张固定资产卡片生成一张单独的凭证；汇总生成凭证是指将所选中的固定卡片合并生成一张凭证。本期新增的卡片我们使用汇总生成凭证。

在金蝶 KIS 财务软件系统主界面，选择“固定资产”主功能，再点击“凭证管理”子功能，设置过滤条件后进入固定资产会计分录序时簿界面。在此界面中选中需要生成凭证的固定资产卡片，按住键盘上的 Shift 或 Ctrl 键可选择多条卡片记录。再点击工具栏中的“汇总”，在生成凭证向导中单击【开始】，系统提示“凭证不完整，是否手工修改?”。单击【是】，调出凭证录入界面，将凭证补充完整并保存，如图 4－5、图 4－6、图 4－7 所示。

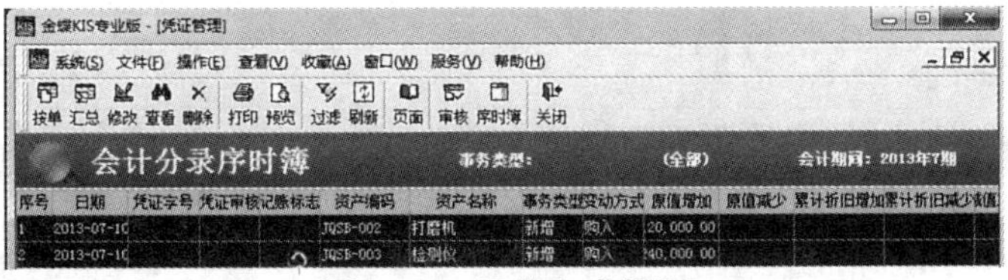

图 4－5　汇总生成凭证

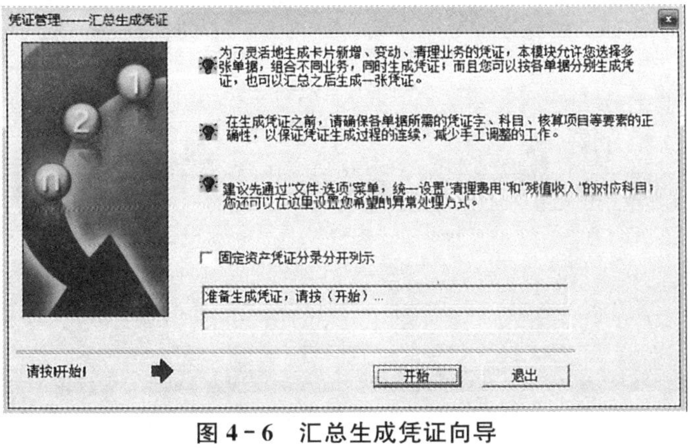

图 4－6　汇总生成凭证向导

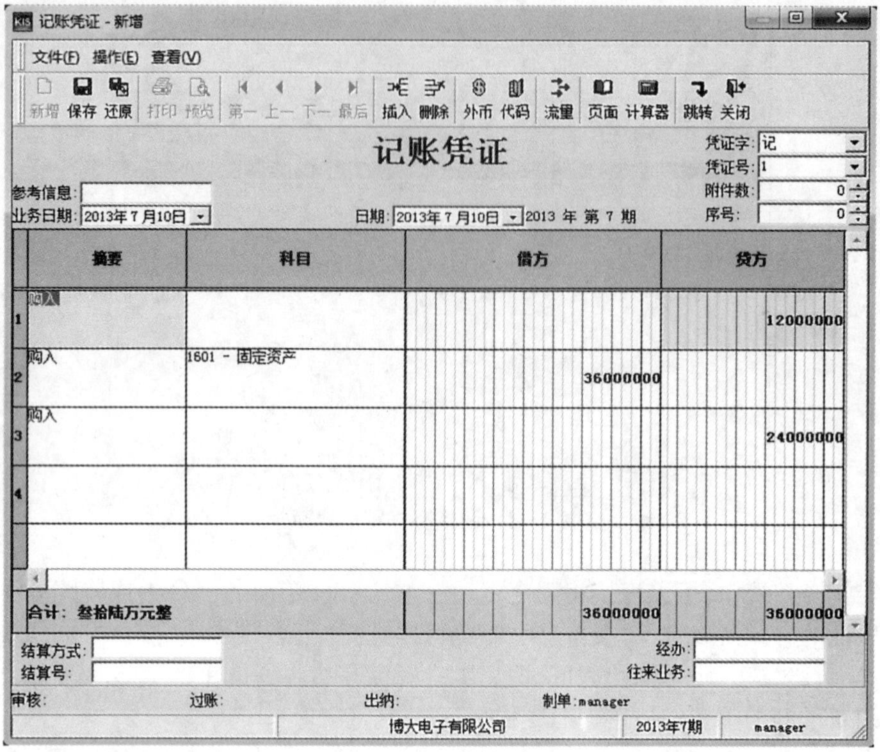

图 4－7　调出凭证界面

固定资产对方科目是根据卡片中变动方式所设置的对方科目自动获取的，如图 4－8 所示。如果对方科目不固定，可以不需要设置变动方式中的对方科目；如果各变动方式对应的科目固定，则在变动方式中维护并保存后，凭证可以直接生成。

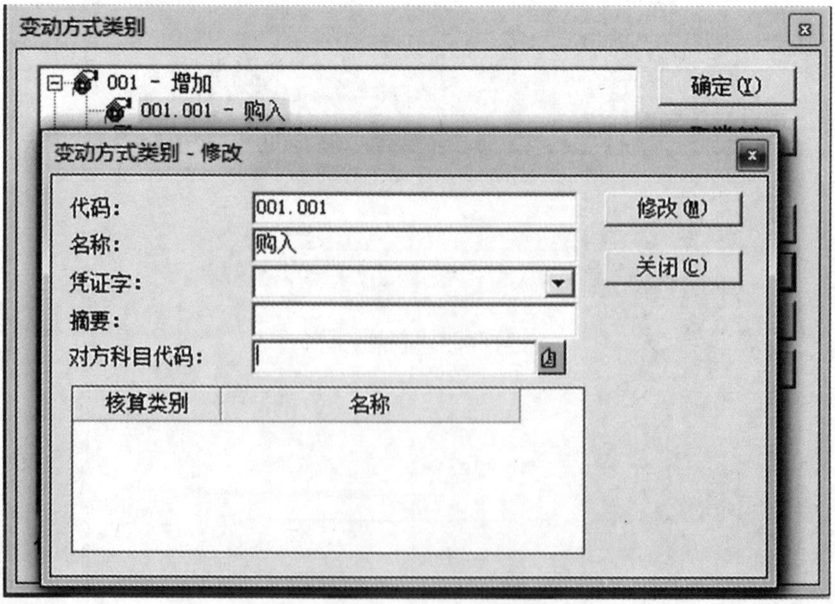

图 4－8　变动方式维护

变动记录生成凭证后，在凭证管理界面该记录为淡绿色（未生成凭证前显示为粉红色），且显示其凭证字号，如图 4－9 所示。在会计分录序时簿中可查询该固定资产对应的凭证信息。

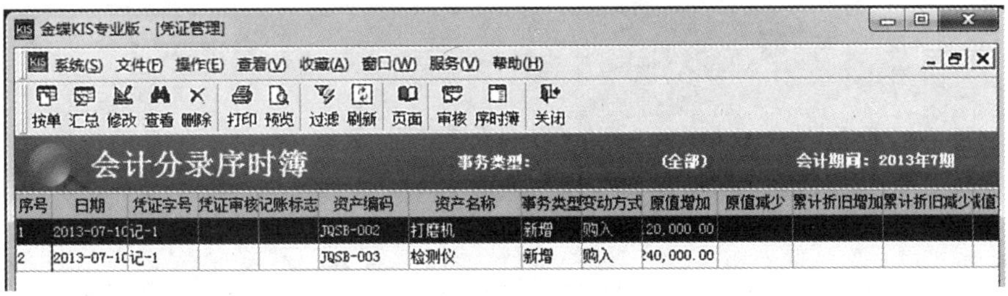

图 4－9　显示凭证信息

2. 固定资产清理

将固定资产出售或转让时，在金蝶 KIS 财务软件系统中我们是通过固定资产清理来实现的。在金蝶 KIS 财务软件系统主界面，选择“固定资产”主功能，再点击“固定资产变动”子功能，进入固定资产管理界面。点击“生产线”这张固定资产卡片，再点击工具栏中的“清理”，打开“固定资产清理-新增”窗口，录入清理数量、残值收入、清理费用、摘要，并从变动方式中选择固定资产减少的方式，如出售。录入完毕后保存，系统会给出提示，单击【确定】即可，如图 4－10、图 4－11、图 4－12 所示。

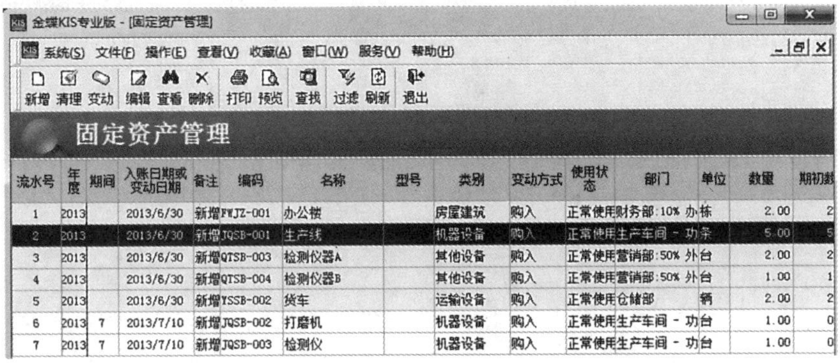

图 4－10　固定资产减少操作

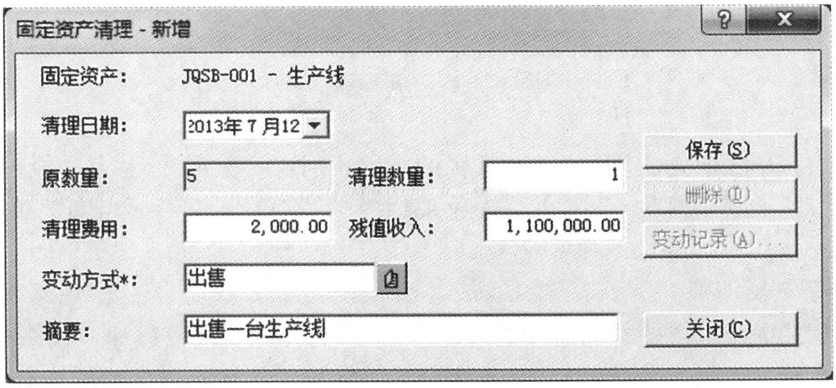

图 4－11　部分清理

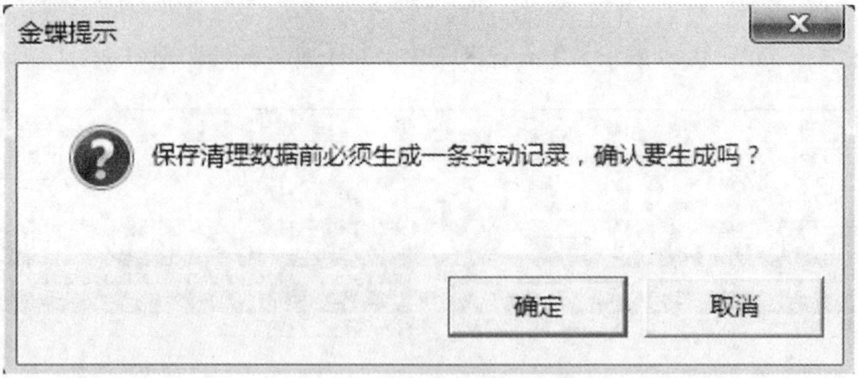

图 4－12　提示保存清理记录

单击【确定】按钮后，可以看到“固定资产管理”窗口新增了一条变动记录，如图 4－13 所示。

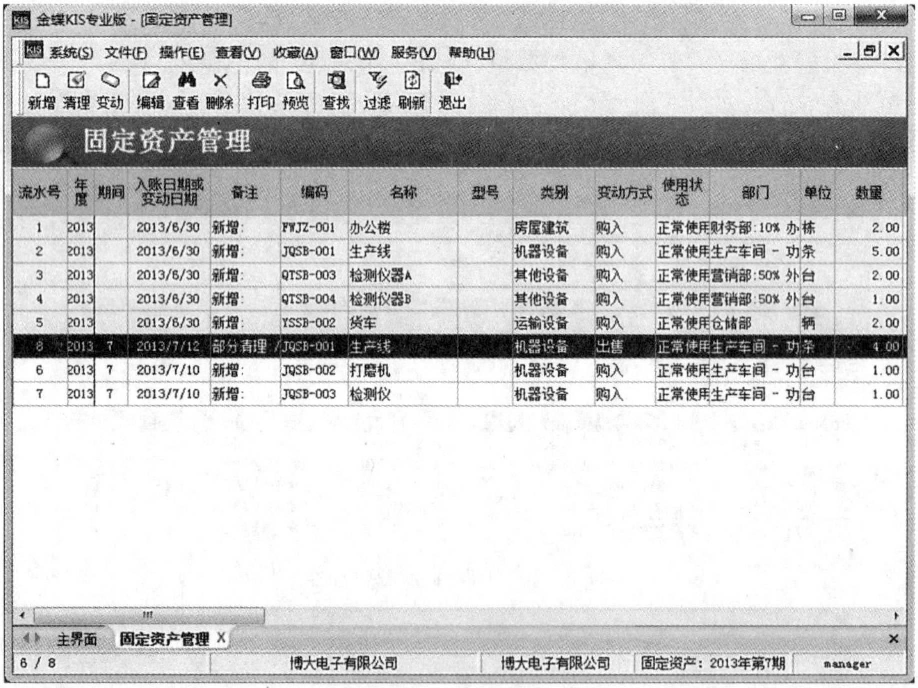

图 4－13　生成变动记录

固定资产按单生成凭证与汇总生成凭证的步骤相似，在“固定资产”主功能窗口，点击“凭证管理”子功能，选择清理的记录，再点击菜单栏中的“按单”即可生成凭证。此处不再重复介绍。

3. 固定资产反清理

由于退回的固定资产是本期清理的固定资产卡片，因此我们可以通过反清理进行操作。固定资产的反清理就是通过删除之前的清理记录来完成的。删除清理记录与删除新增、变动记录不同，如果直接在固定资产管理界面单击【删除】按钮，系统提示如图 4－14 所示。

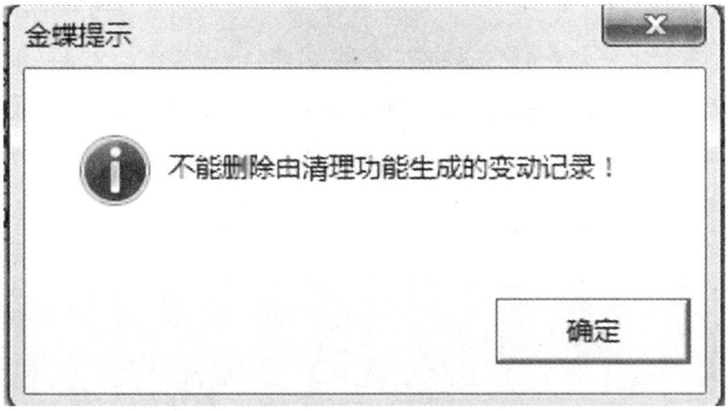

图 4-14　金蝶提示

在“固定资产”主功能窗口，点击“固定资产变动”子功能，进入固定资产管理界面。点击选择“生产线”的部分清理记录，然后点击“清理”，调出之前清理的记录，再单击右侧【删除】按钮，出现系统提示，单击【是】即可完成反清理操作，如图 4-15 所示。

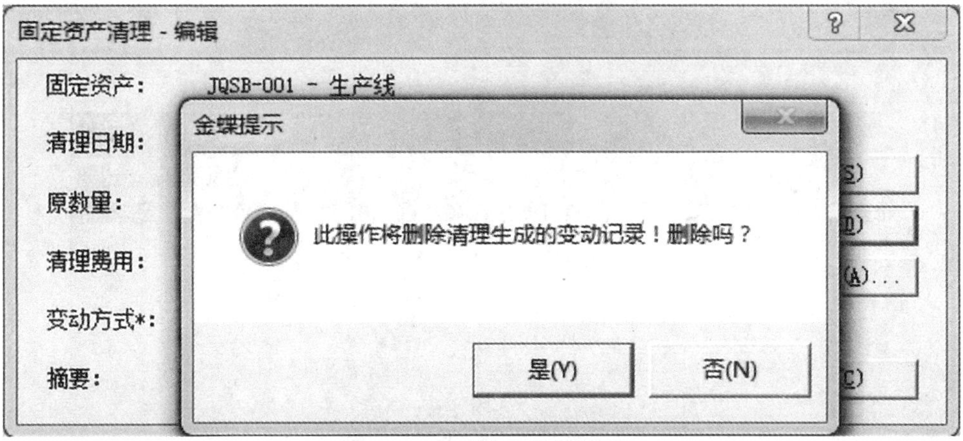

图 4-15　反清理操作提示

但由于本期清理的固定资产卡片已经生成凭证，要反清理首先需要将生成的固定资产凭证删除，否则系统会有提示，如图 4-16 所示。

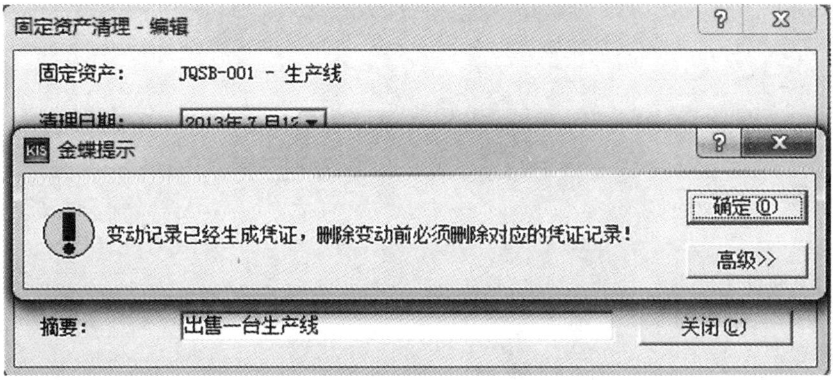

图 4-16　删除清理记录信息提示

固定资产系统生成凭证不能在账务处理中删除，必须在固定资产凭证管理界面中删除。在“固定资产”主功能窗口，点击“凭证管理”子功能，进入凭证管理界面。选择清理记录，再单击工具栏中的【删除】按钮，系统提示“确认删除当前选择的凭证?”，点击【是】即可删除凭证。或者在凭证管理界面，点击工具栏中的“序时簿”，进入会计分录序时簿界面，选中凭证后单击【删除】按钮可实现同样的效果。

4. 固定资产变动

因固定资产的可变现净值低于账面净值，所以需要对固定资产计提减值准备。要在系统中进行固定资产减值准备的处理，可利用系统提供的变动功能来实现。

根据案例资料，可算出办公楼和生产线要计提的减值准备分别为 248 000 元和 900 000 元。点击“固定资产变动”子功能，进入固定资产管理界面。选择“办公楼”的卡片记录，再点击工具栏中的“变动”，在固定资产卡片“原值与折旧”页签中录入减值准备的金额。由于折旧要素发生变动，折旧的计提相应有所改变，因此需要选择折旧方法为动态的折旧方法，单击【确定】按钮，可生成变动记录，如图 4－17、图 4－18 所示。根据上述操作，分别完成办公室和生产线减值准备的计提。

图 4－17　固定资产变动

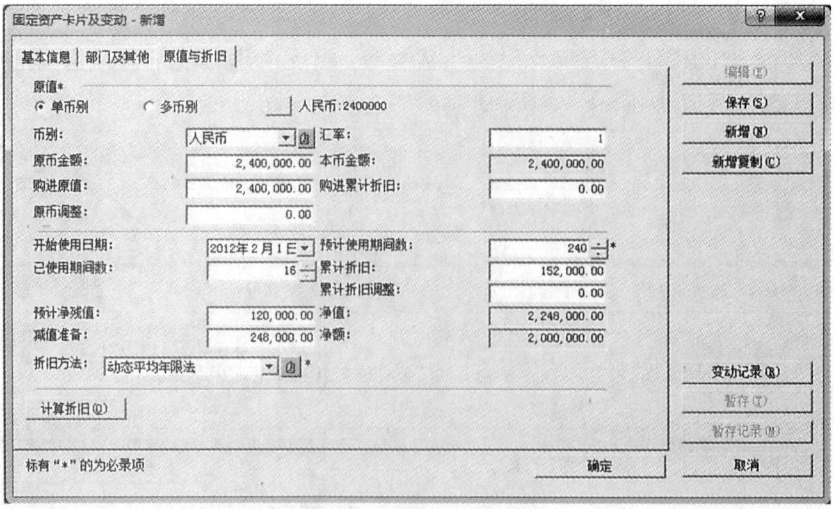

图 4－18　录入减值准备数据

因打磨机是本期新增的固定资产，对当期录入的固定资产卡片，不能在当期变动。此外，由于该卡片已生成凭证，因此需要先将对应凭证删除，再直接通过“编辑”功能修改卡片数据。进入固定资产管理界面，选中该固定资产卡片，点击“编辑”，在“原值与折旧”页签中录入减值金额，保存即可，如图 4－19、图 4－20 所示。

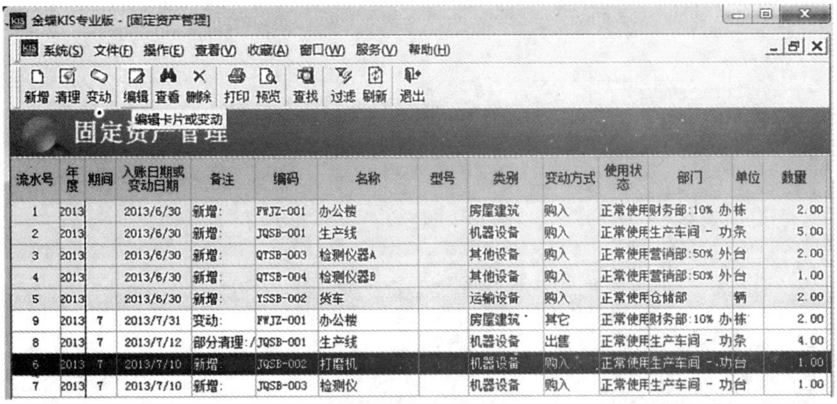

图 4－19　编辑本期新增固定资产卡片

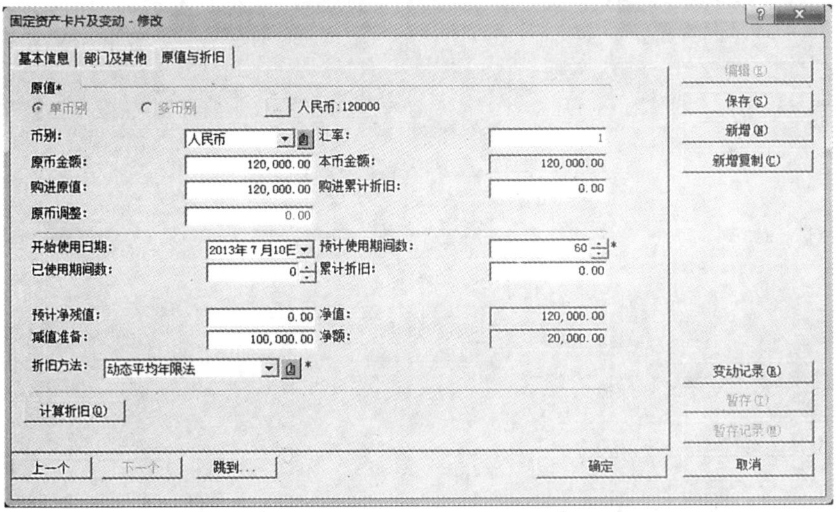

图 4－20　本期新增固定资产录入减值准备

5. 计提折旧

在“固定资产”主功能窗口，点击“工作量管理”子功能，进入工作量管理界面。录入货车本期工作量“1 000”，点击工具栏中的“保存”，如图 4－21 所示。

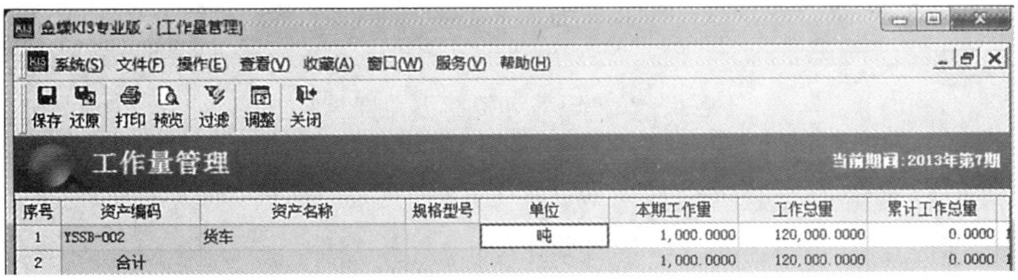

图 4－21　录入工作量

在本期所有固定资产业务处理完成后，即可计提固定资产折旧。在金蝶 KIS 财务软件系统主界面，选择“固定资产”主功能，再点击“计提折旧”子功能，弹出“计提折旧”窗口。单击【下一步】设置折旧凭证的摘要和凭证字，然后单击【下一步】按钮，再单击“计提折旧”按钮，系统开始进行折旧的计算工作。计提完成后，将提示生成折旧凭证的凭证字号等信息，如图 4－22、图 4－23、图 4－24 所示。

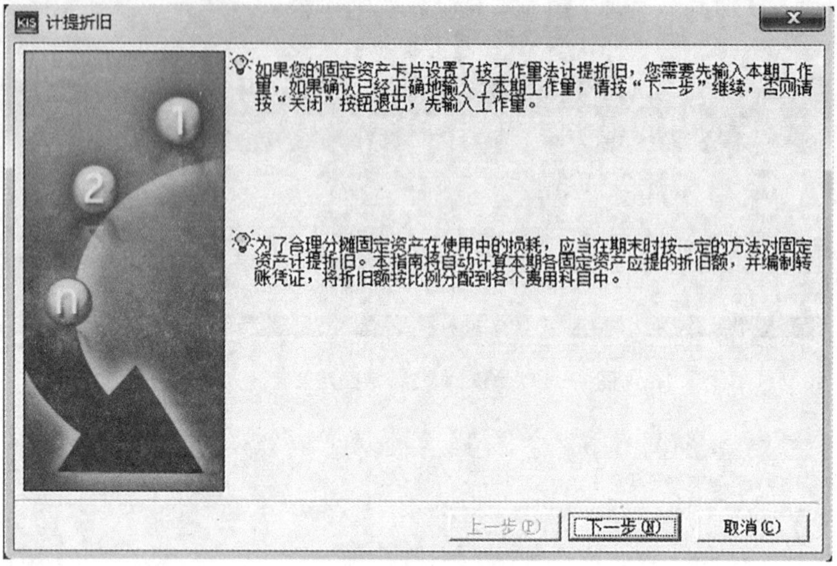

图 4－22　计提折旧向导

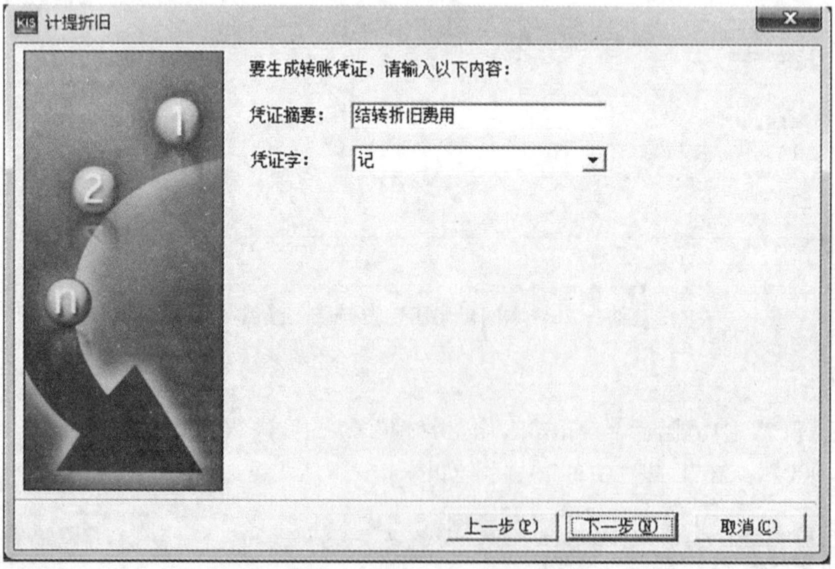

图 4－23　设置计提折旧凭证信息

6. 期末进行固定资产与总账对账

固定资产系统实现了固定资产业务处理和总账财务处理的无缝连接。为了防止用户不通过固定资产系统，直接在总账系统中录入固定资产凭证，导致固定资产业务与财务数据核对不

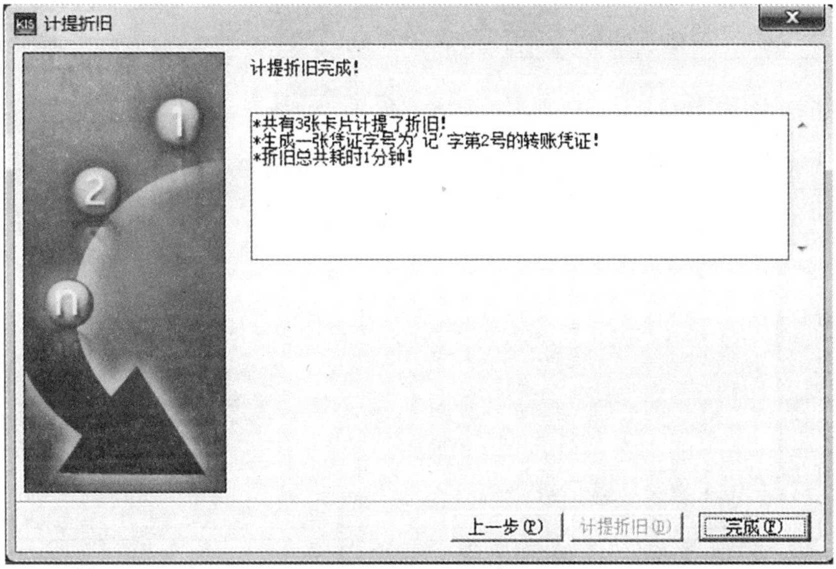

图 4－24　生成凭证提示信息

上,系统提供了自动对账功能,帮助用户将固定资产系统的业务数据与总账系统的财务数据进行核对,及时发现错误。

进行固定资产系统和总账系统对账的操作步骤如下:

(1) 在"固定资产"主功能窗口,点击"与总账对账"子功能。

(2) 在"对账方案"窗口单击【增加】按钮,在"固定资产原值科目"、"累计折旧科目"、"减值准备科目"页签分别设置所对应的总账系统的科目,科目设置完成后,录入方案名称并单击【确定】按钮,进行方案保存并回到"对账方案"窗口。

(3) 在"对账方案"窗口,选择对账方案和对账会计期间,可以对不同期间的账务进行核对。

(4) 如果对账要包括总账系统未过账的凭证,则选择"包括未过账凭证"选项;设置完成后,单击【确定】,系统将会给出自动对账报表,如图 4－25、图 4－26、图 4－27 所示。

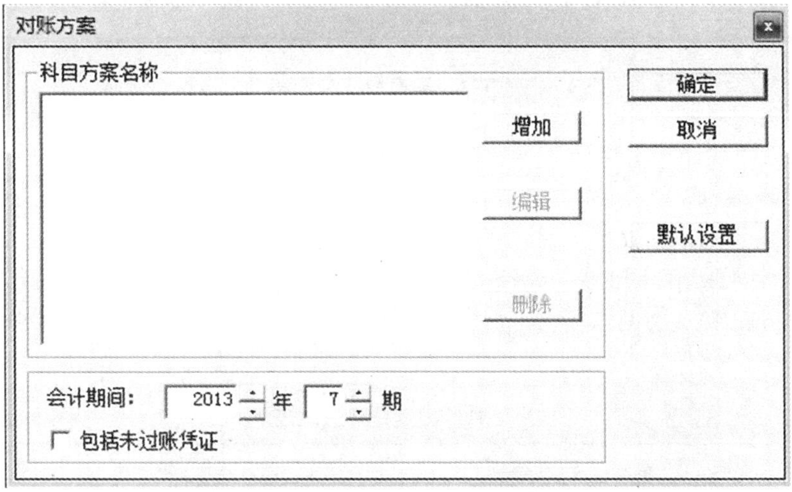

图 4－25　对账方案

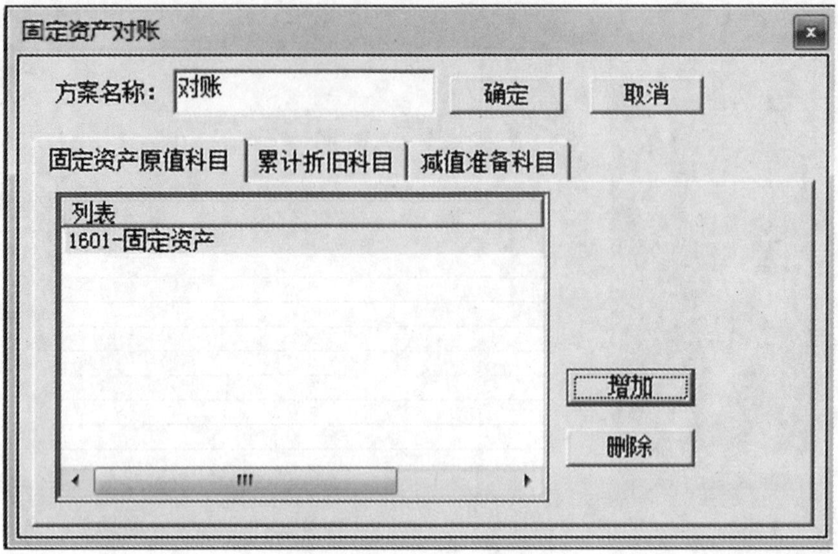

图 4-26　设置对账方案

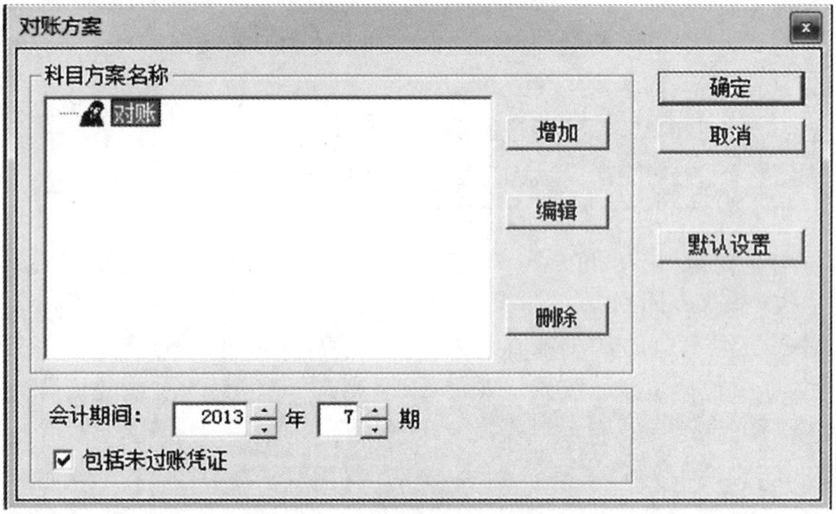

图 4-27　设置对账过滤条件

二、固定资产管理·工作任务·学生独立做

1. 固定资产增加

(1) 1 月 25 日，用中行美元账户存款购买计算机一台，价格 3 000 美元，当天汇率为 1 美元=6.45 元人民币，同时用工行存款支付关税 3 000 元，运费 9 340 元，工行转账支票号 456325，中行转账支票号 151521。折旧按原值和预计使用期间计提折旧，详细资料见表 12。

表 12　固定资产信息表

卡片编号	固资编码	固资名称	固资类别	原值	使用状态	增加方式	使用部门	折旧费用科目
009	TY03	HP 服务器	通用设备	31 690	使用中	购入	财务部	管理费用——折旧费

① 支付相关款项(在"账务处理"模块直接录入)。

借:在建工程 12 340

贷:银行存款——工行存款 12 340

借:在建工程 19 350

贷:银行存款——中行存款(3 000 美元) 19 350

② 增加固定资产(在"固定资产"模块中自动生成,不需要录入)。

借:固定资产 31 690

贷:在建工程 31 690

(2) 1 月 26 日,用工商银行存款购入办公用空调一台(转账支票号 456326),折旧计算按原值和预计使用期间计提折旧,具体资料见表 13。

表 13 固定资产信息表

卡片编号	固资编码	固资名称	固资类别	原值	使用状态	增加方式	使用部门	折旧费用科目
010	DQ02	海尔空调	电气设备	20 000	使用中	购入	财务部	管理费用——折旧费

① 支付相关款项("账务处理"模块处理)。

借:在建工程 20 000

贷:银行存款——工行存款 20 000

② 如下凭证在"固定资产"模块中自动生成,不需要录入。

借:固定资产 20 000

贷:在建工程 20 000

2. 固定资产变动

1 月 31 日,将固资编码为 TY01 的固定资产出售,款未收到,暂时只作清理凭证。下面的会计分录在"固定资产"模块中自动生成,不需要录入。

借:固定资产清理 8 771.25

累计折旧 4 728.75

贷:固定资产 13 500

3. 计提折旧

(1) 1 月 29 日,录入长安运输车本期工作量:3 000 千米。

(2) 1 月 30 日,按固定资产的使用部门计提折旧。下面的凭证自动生成,不需要手工录入。

借:管理费用——折旧费(财务部) 964.28

——折旧费(行政部) 985.84

销售费用——折旧费(销售部) 291.95

——折旧费(采购部) 1 585.44

贷:累计折旧 3 827.51

4.2 固定资产管理·理论知识

在企业日常经营中,固定资产主要有新增、清理及变动等业务,并且每个会计期末要按照国家会计准则的要求进行计提折旧工作。另外还需要对固定资产的数量和价值进行管理，掌握固定资产的使用状况，加强企业的资产管理，提高资产利用率。

金蝶 KIS 专业版 10.0 固定资产管理系统以固定资产卡片为基础管理，帮助企业实现对固定资产的全面管理。固定资产的变动方式类别、使用状态类别、卡片类别、存放地点基础资料均采用树型结构，进行多级管理。在系统中可以完整处理固定资产的增加、变动、清理和固定资产折旧计提与费用分摊业务。

一、固定资产变动处理

(1) 固定资产的变动处理是针对以前会计期间入账的固定资产卡片资料的变动，对当期录入的固定资产卡片，不能在当期变动，直接通过编辑修改。

(2) 本期新增的固定资产卡片发生减值时，如果对应的固定资产卡片已生成凭证，则需要先删除凭证，再编辑修改固定资产减值准备，修改完成后重新生成凭证即可。

(3) 使用平均年限法(基于入账原值和入账预计使用期间)计提折旧的固定资产发生原值、累计折旧、减值准备、预计净残值变动时，需要将折旧方法改为动态平均年限法，否则以后期间的折旧额将不会发生改变。其他方法类似，变动与折旧要素相关的信息后，折旧方法改为对应的动态折旧方法。

(4) 本期新增的固定资产不参与折旧计提。

(5) 本期固定资产变动，下期才会生效。

二、固定资产折旧

(1) 固定资产系统生成的凭证，包括计提折旧生成的凭证，只能在固定资产系统中删除，总账系统不能对其进行删除。

(2) 计提折旧的凭证传递到总账系统，可以进行查询、修改和审核。

(3) 序时簿中的"参考信息"字段显示为"固定资产折旧"，"业务描述"字段显示为"计提折旧"。

(4) 计提折旧一定要在固定资产所有业务处理完成后再进行。如果计提折旧后又对固定资产卡片进行了操作，在账务处理期末结账时会提示"本期还未完成计提折旧工作，不能结账!"。此时，在前面折旧凭证为审核未过账状态下，重新计提一次折旧即可。

4.3 固定资产管理·操作指南

(1) 新增固定资产，跟初始新增卡片类同。当月新增的固定资产当月不计提折旧要到下月计提折旧。

(2) 减少固定资产。注意：减少固定资产的卡片只能回到清理界面删除!

(3) 固定资产变动，当月新增的固定资产当月是不能进行变动的；当月变动的固定资产也要到下月生效。

(4) 固定资产凭证制作。

按单生成凭证：一张固定资产卡片只做一张凭证。

汇总生成凭证：多张固定资产卡片做一张凭证(按 Shift 或 Ctrl 键选择)。

(5) 固定资产变动步骤：固定资产→固定资产变动。

(6) 固定资产卡片生成凭证步骤：固定资产→凭证管理。

(7) 计提折旧凭证,系统自动生成(此凭证一定是在固定资产完成相应数据后再执行,即固定资产模块的最后一笔业务处理)。

步骤:固定资产→计提折旧→下一步→下一步→计提折旧→完成。

(8) 固定资产凭证的修改与删除。步骤:固定资产→凭证管理→在过滤界面确定进入→序时簿→在凭证过滤界面确定进入即可查看到固定资产模块生成的所有凭证,可在此对固定资产生成的凭证进行修改和删除(固定资产模块生成的凭证在账务处理的凭证管理是可见的,但不能进行修改和删除操作)。

工资核算

5.1 工资核算·工作任务

根据师生教学做和学生独立做中两家企业提供的工资明细表及人员变动情况，在金蝶财务软件工资核算系统中完成工资系统基础资料的设置、工资系统的业务操作及工资报表的查询。

一、工资核算·工作任务·师生教学做

在工资管理中建立工资类别，币别为人民币。从总账系统引入所有职员和部门。

根据表 5－1 的数据，完成工资数据的录入与计算。

表 5－1 博大电子有限公司工资明细表

部门名称	职员姓名	基本工资	奖金	提成	标准工时工资	工时	计时工资	住房公积金	餐补	应发工资	社保	计费科目
财务部	李倩	6 000	1 000					360	150	7 510	220	管理费用
财务部	宋杰	3 500	800					225	150	4 675	220	管理费用
办公室	孙建	4 000	1 000					240	150	5 390	220	管理费用
采购部	赵明	3 000	800					180	150	4 130	220	管理费用
外贸部	刘辉煌	3 000	800					180	150	4 130	220	销售费用
营销部	刘健	2 000	600	2 000				120	150	4 870	220	销售费用
营销部	张杰	2 000	600	1 800				120	150	4 670	220	销售费用
营销部	李斌	2 500	600	2 200				180	150	5 630	220	销售费用
仓储部	彭宇一	2 800	800					168	150	3 918	220	管理费用
功放车间	王力	1 500			20	60	1 200	90	150	2 940	220	制造费用
音响车间	钱唯	1 500			20	55	1 100	90	150	2 840	220	制造费用
DVD 车间	杜林	1 500			20	64	1 280	90	150	3 020	220	制造费用
信息部	程彬	4 500	800					270	150	5 720	220	管理费用

注：(1)所得税按应发工资计算；于月末进行工资费用分配并生成凭证。

(2) 所得税基本扣除数为 2 000 元。

(3)职员变动：7 月 30 日，办公室人员孙建的银行账号发生变动，由 1234567890 变为 9876543210。

操作步骤：

1. 工资类别管理

在进入工资管理系统之后，首先应建立或者选取一个工资类别，然后才进行相关功能的操作。博大电子有限公司本月的工资核算只需建立一个类别即可，所以我们新建一个"在职人员工资管理"类别。以财务部"李倩"的身份和密码"111"登录账套，单击桌面左下角的【开始】，逐步选择"程序"→"金蝶 KIS"进入金蝶 KIS 财务软件系统主界面。选择"工资管理"主功能，再点击右侧"账簿报表"下的"类别管理"，打开"类别管理"窗口。在"类别管理"窗口，单击【新建】按钮，输入自定义类别名称和币别，单击【确定】按钮即完成类别的新建（见图 5－1）。此时可以在"类别管理"中看到新增加的工资类别。

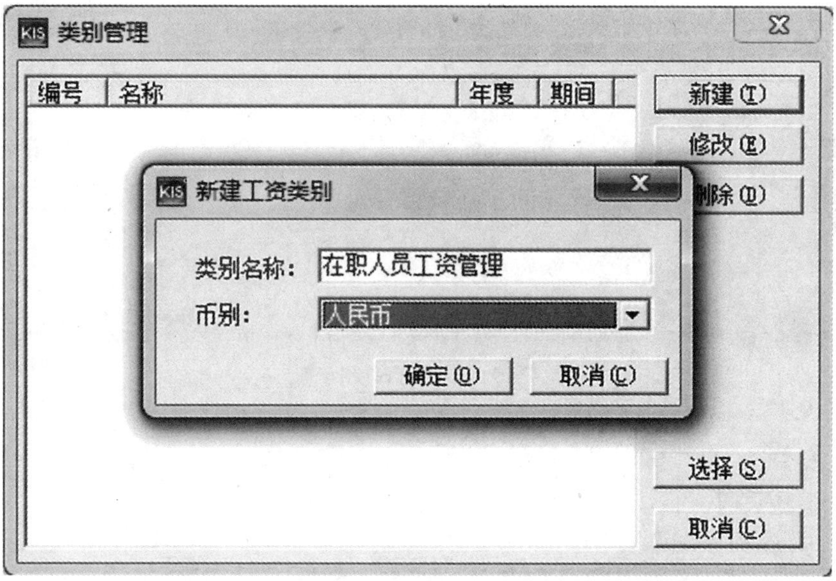

图 5－1　设置工资类别

2. 部门

在工资管理系统，点击右侧"账簿报表"中的"部门"，如果是登录金蝶 KIS 财务软件系统后初次进入工资管理系统，需要选择工资类别后方可进行相关操作。在部门设置窗口，可以点击工具栏中的【新增】按钮增加部门，也可以点击【引入】按钮，将总账系统和其他工资类别中的"部门"资料引入进来。根据案例资料，部门采用引入的方式进行处理，如图 5－2 所示。

点击工具栏中的【引入】按钮，则窗口出现相关"导入数据源"的配置内容，选择"总账数据"，则右边空白处将出现"总账系统"内的"部门"数据。点击窗口左边的【全选】按钮，则右边空白处的所有部门底色变黑，表示已选择，然后点击窗口左边的【引入】按钮，则系统出现提示，如图 5－3 所示。单击【确定】按钮后所选择部门被导入工资管理系统中，同时此界面的部门数据被清除。

如果在"部门"窗口未找到图 5－3 所示的【导入】按钮，可能是由于此窗口太小，将其最大化即可。

返回到部门设置界面，部门导入结果如图 5－4 所示，单击【关闭】按钮，返回到工资管理系统主界面。

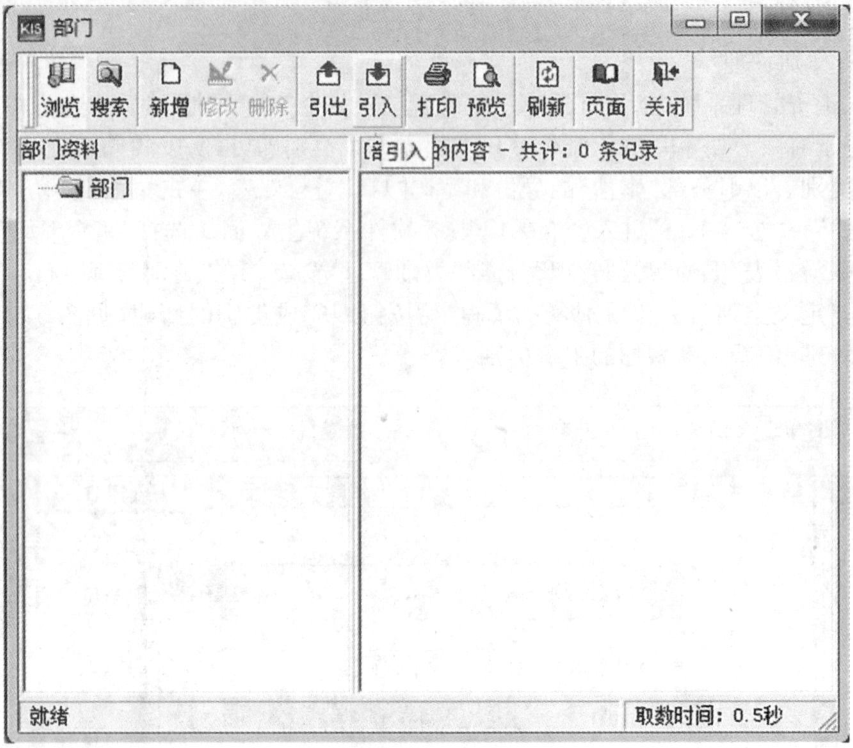

图 5-2　部门资料设置

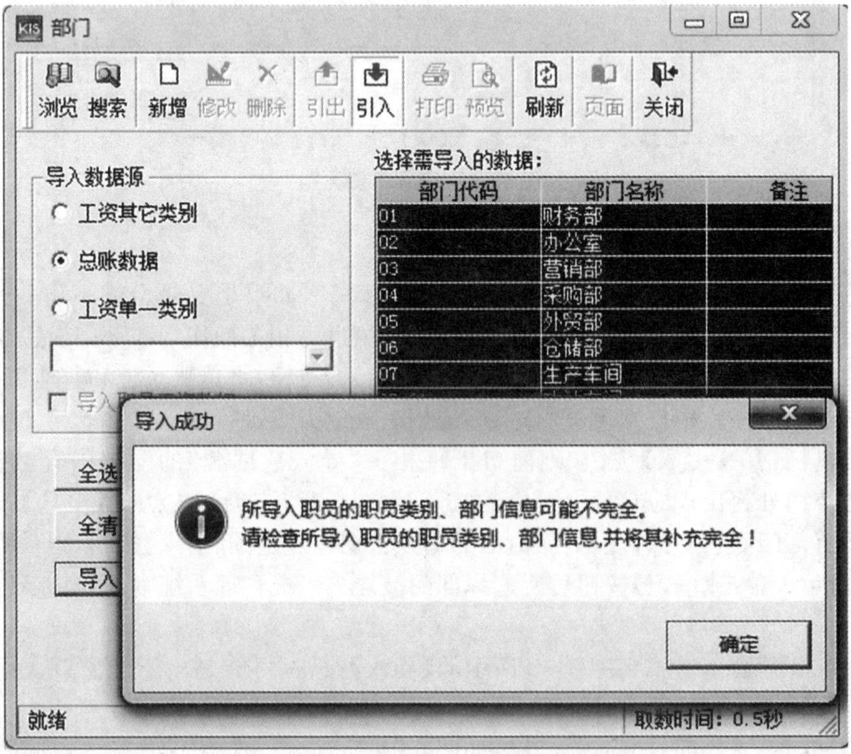

图 5-3　部门资料设置——导入部门

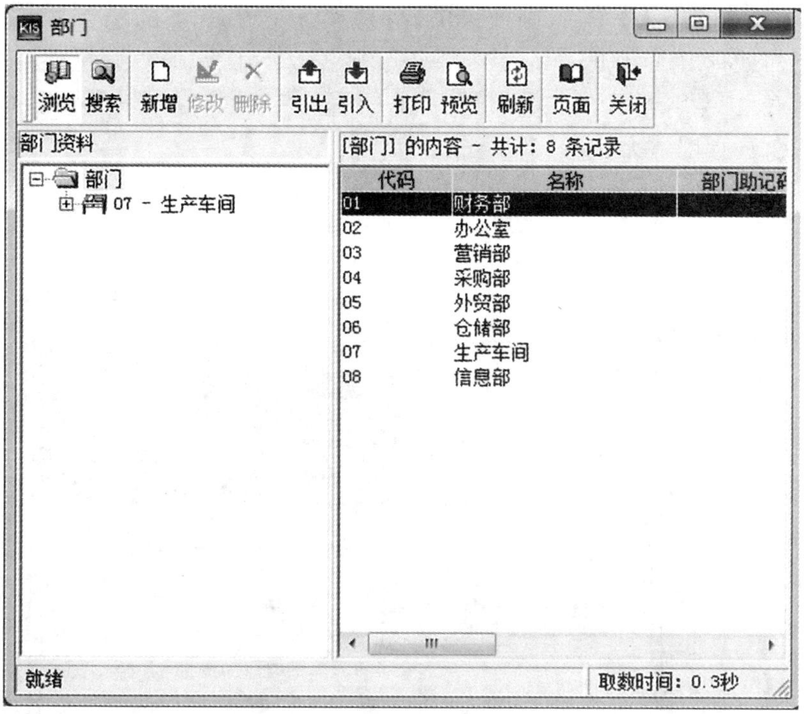

图 5-4　部门资料设置结果

3. 职员

在金蝶 KIS 财务软件系统主界面，选择“工资管理”主功能，再点击右侧“账簿报表”下的“职员”，打开“职员”窗口，如图 5-5 所示。

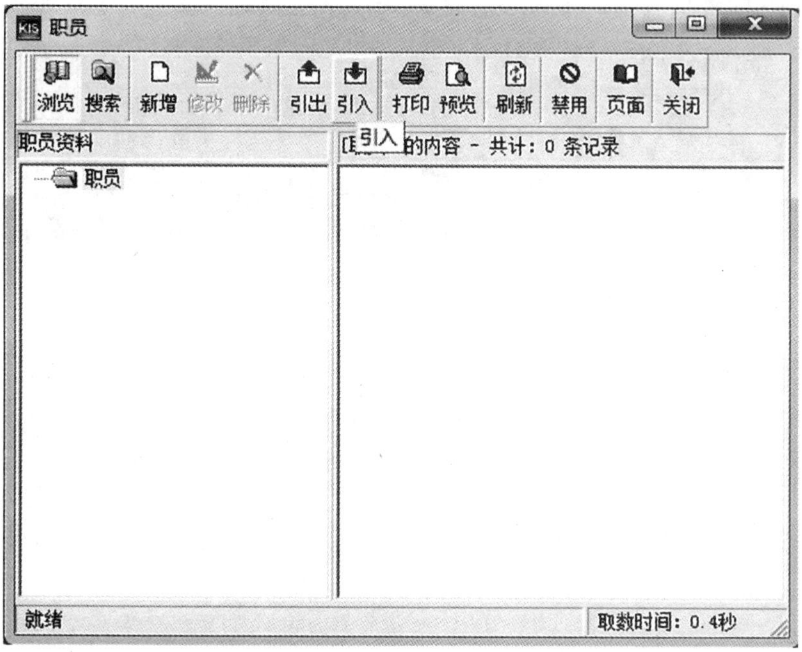

图 5-5　职员资料设置

单击工具栏中的【引入】按钮，则窗口出现相关"导入数据源"的配置内容，选择"总账数据"，则右边空白处将出现"总账系统"内的"职员"数据。点击窗口左边【全选】按钮，则右边空白处所有职员底色变黑，表示已选择，如图 5-6 所示。点击窗口左边中部的【导入】按钮，则所有职员被导入工资管理系统中。

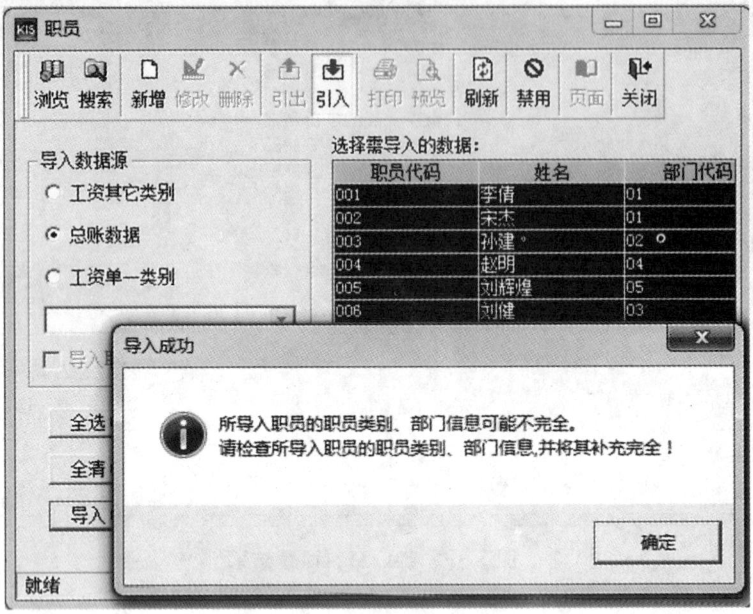

图 5-6　职员资料导入界面

在"职员"窗口，职员导入结果如图 5-7 所示，单击【关闭】按钮，返回到工资管理系统主界面。职员是从总账中引入的，可能有些信息没有设置，如银行名称和个人账号可能没有录入，需要补上。

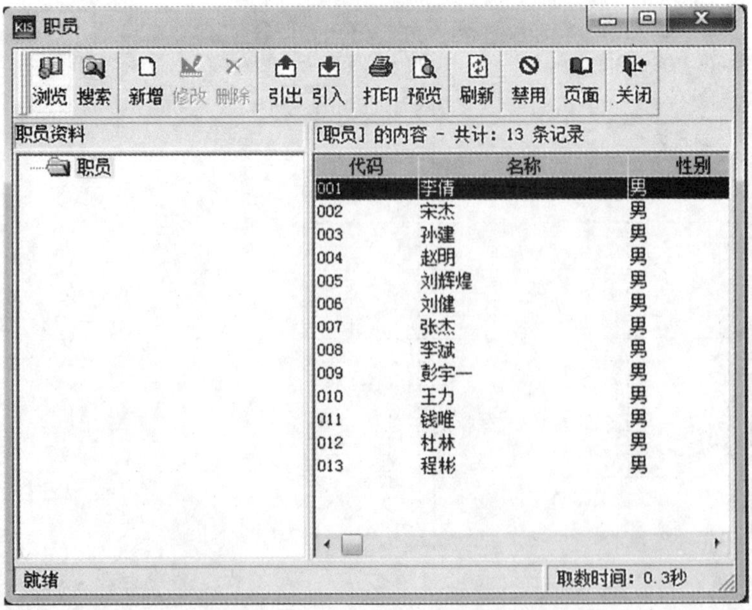

图 5-7　职员资料设置结果界面

当总账资料不完善的时候，不要急于引入工资系统。因为引入后，再在工资系统中修改职员的基本信息，都会被认为是一种“职员变动”，应在职员变动中进行，系统将对所有历史的信息进行保留。

4. 银行

博大电子有限公司发放工资的银行为工行。在金蝶 KIS 财务软件系统主界面，选择“工资管理”主功能，再点击“账簿报表”下的“银行”，打开“银行”窗口，如图 5-8 所示。

图 5-8　银行资料设置

单击工具栏中的【新增】按钮，进入“银行-新增”窗口，在“代码”框中录入“01”，“名称”框中录入“工商银行”，“账号长度”框中录入“10”，如图 5-9 所示。单击【保存】按钮，保存录入的内容，然后单击【退出】按钮，返回“银行”管理窗口，新增的内容将出现在右侧的小窗口中，如图 5-10 所示。

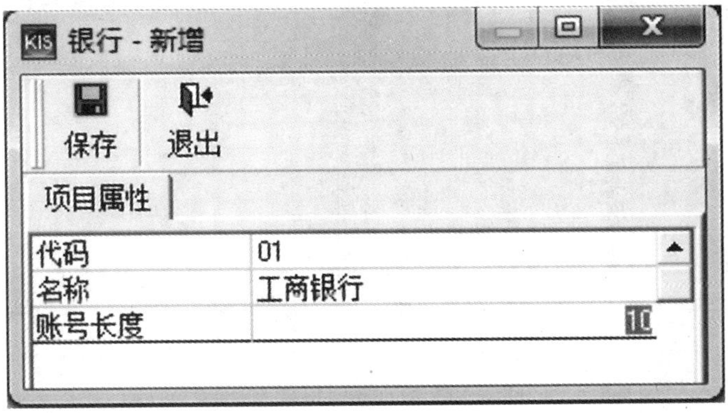

图 5-9　新增银行资料设置

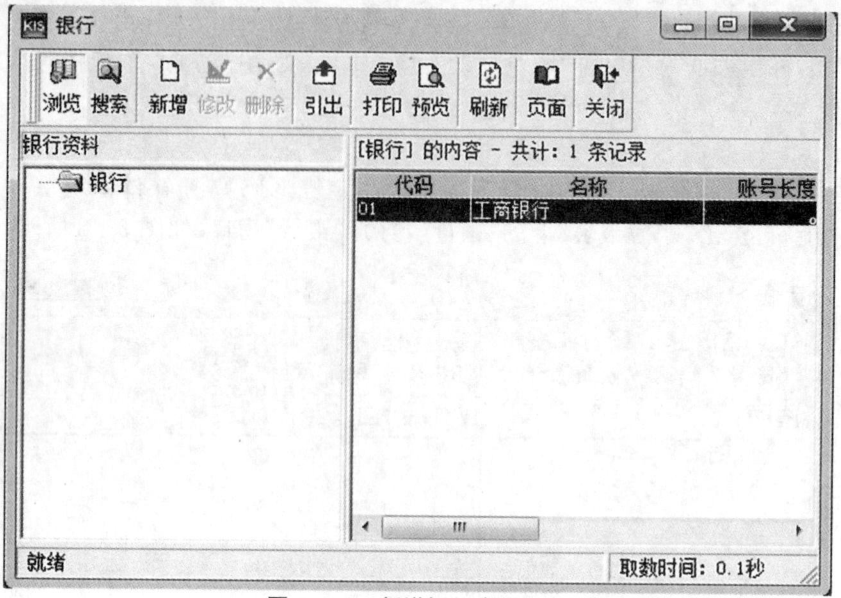

图 5-10　新增银行资料结果

单击【关闭】按钮，返回金蝶 KIS 财务软件工资系统主界面。

5. 项目设置

在金蝶 KIS 财务软件系统主界面，选择“工资管理”主功能，再点击“账簿报表”下的“项目设置”，打开“项目设置”窗口，如图 5-11 所示。

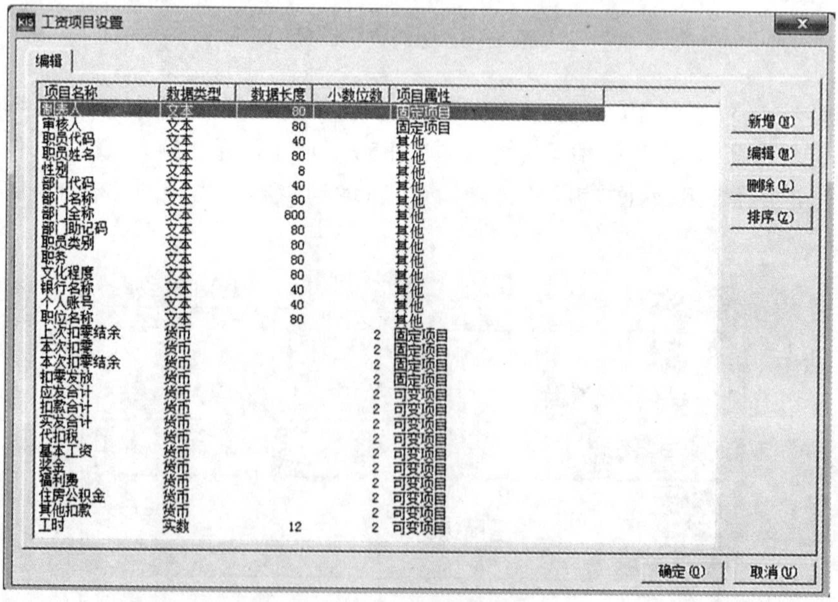

图 5-11　工资项目设置界面

在“工资项目设置”窗口，已有的工资项目不需要再设置。以新增“餐补”为例。点击右侧【新增】按钮，输入“项目名称”为“餐补”、“数据类型”为“货币”和“项目属性”为“可变项目”，如

图 5－12 所示。

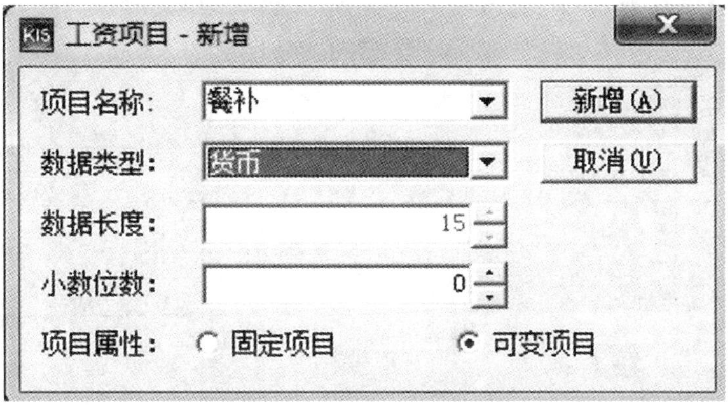

图 5－12　工资项目-新增

6. 工资公式设置

在金蝶 KIS 财务软件系统主界面，选择“工资管理”主功能，再点击右侧“账簿报表”下的“公式设置”，进入“工资公式设置”窗口，如图 5－13 所示。

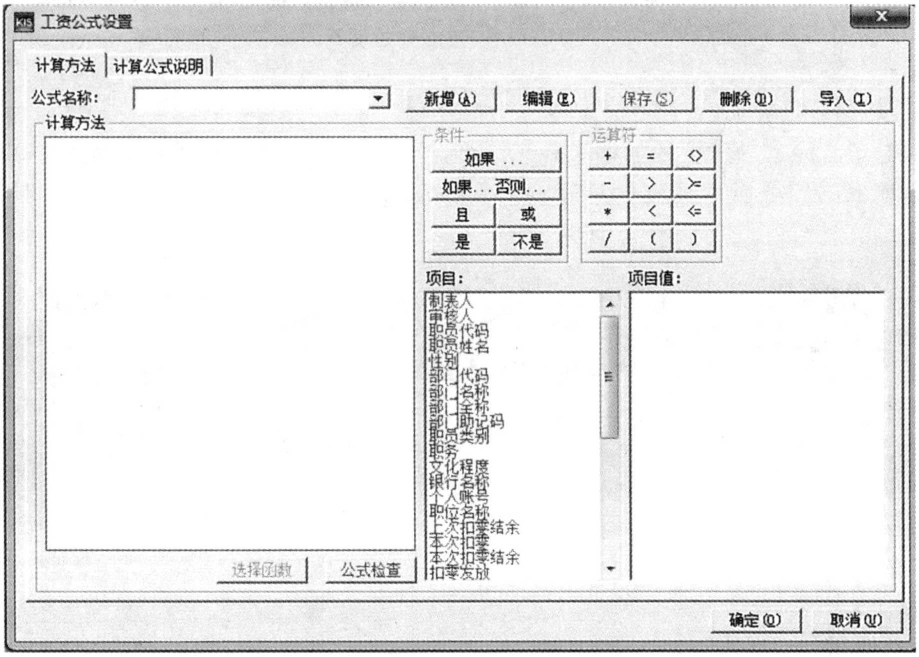

图 5－13　工资计算方法设置

在“工资公式设置”窗口，单击【新增】按钮，则相关录入窗口被激活，在“公式名称”框中录入“在职人员工资计算”，然后在“计算方法”框中编辑公式。设置公式前应在项目管理中定义好工资项目，这样工资项目才能在定义公式时被引用；否则，在进行公式检查时，系统将提示“工资项目或变量未定义”。双击右侧“项目”列表中的明细项目，可使其显示在“计算方法”框中，“条件”、“运算符”、“函数”均可单击选择。

根据案例资料编辑计算方法，然后单击【公式检查】按钮，系统提示“公式检查正确”，单击【确定】，然后单击【保存】按钮，即完成公式的设置，如图 5-14 所示。

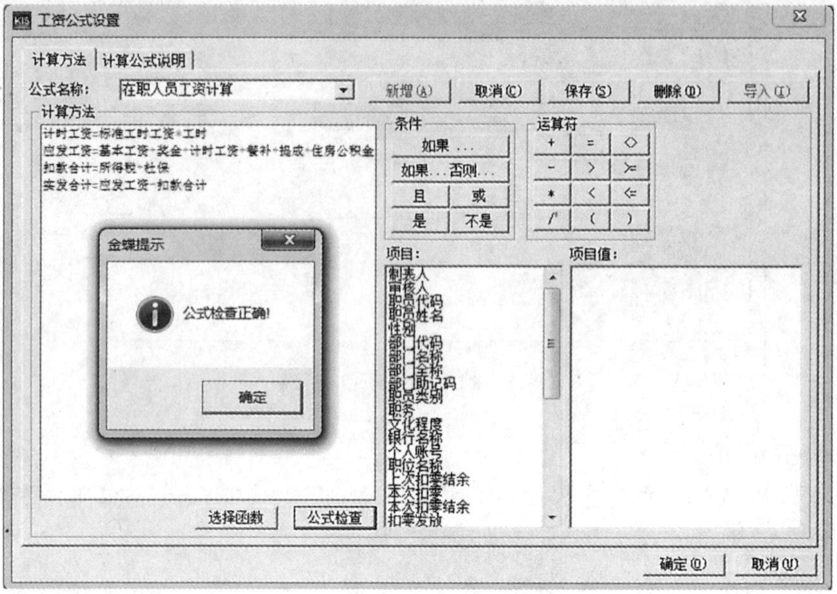

图 5-14 工资公式设置

7. 工资数据的录入

博大电子有限公司工资数据如表 5-1 所示。以财务科“李倩”的身份和密码“111”登录账套。在金蝶 KIS 财务软件系统主界面，选择“工资管理”主功能，再点击“工资录入”子功能，系统弹出“过滤器”窗口，如图 5-15 所示。

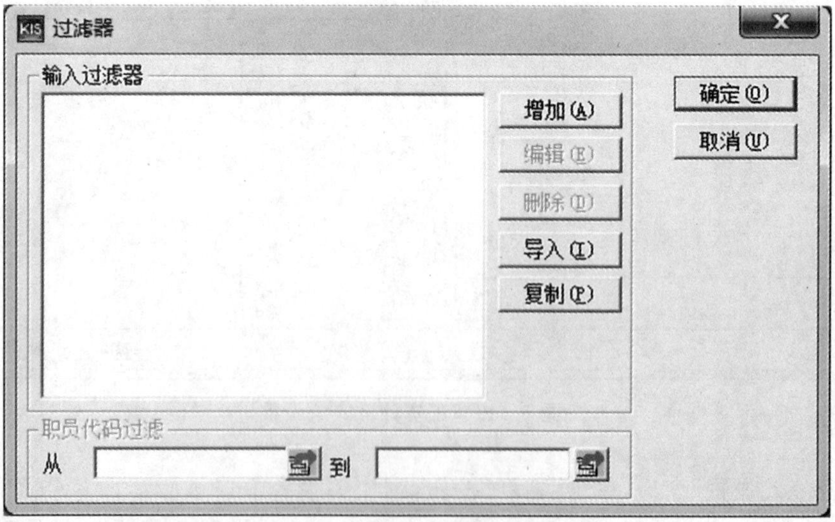

图 5-15 工资录入条件方案设置

在该窗口中单击【增加】按钮，系统弹出“定义过滤条件”窗口，设置过滤条件方案。在“过滤名称”框中输入“在职人员工资”；点击“计算公式”下拉列表框，选择“在职人员工资计算”；在

“工资项目”列表中，勾选工资数据录入时需要的工资项目，如部门代码、部门名称、职员代码、职员姓名、应发合计、实发工资、基本工资、所得税、奖金、其他扣款等。如果需要调整各工资项目在工资数据录入界面的顺序，可以单击【排序】进行设置，也可以直接通过窗口右边的【上移】和【下移】按钮来实现，如图5-16所示。

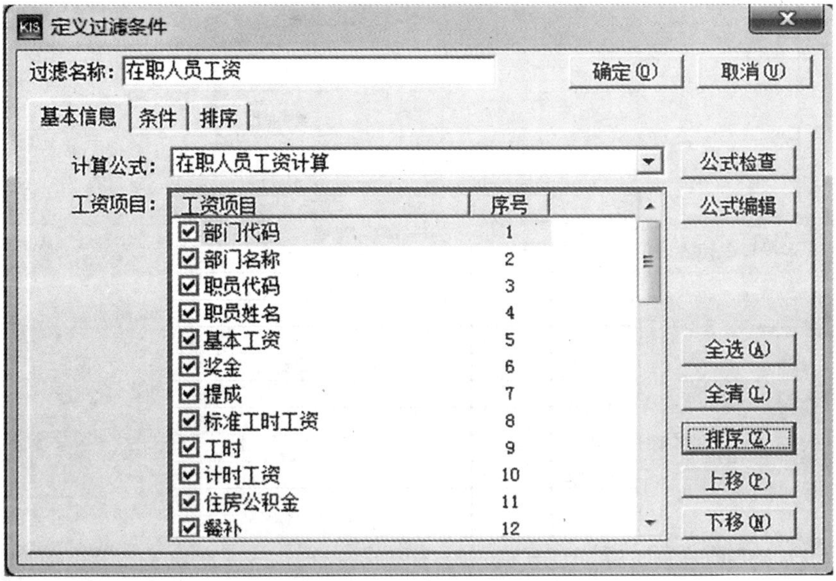

图5-16　工资录入条件方案

基本信息设置完成后，点击“条件”页签，可以进行过滤条件的设置。例如按部门进行筛选，如图5-17所示。过滤条件设置完成后，单击窗口右上角的【确定】按钮，即保存过滤方案并返回到“过滤器”窗口，自定义的在职人员工资过滤。条件设置完成，并出现在输入过滤器列表中，如图5-18所示。

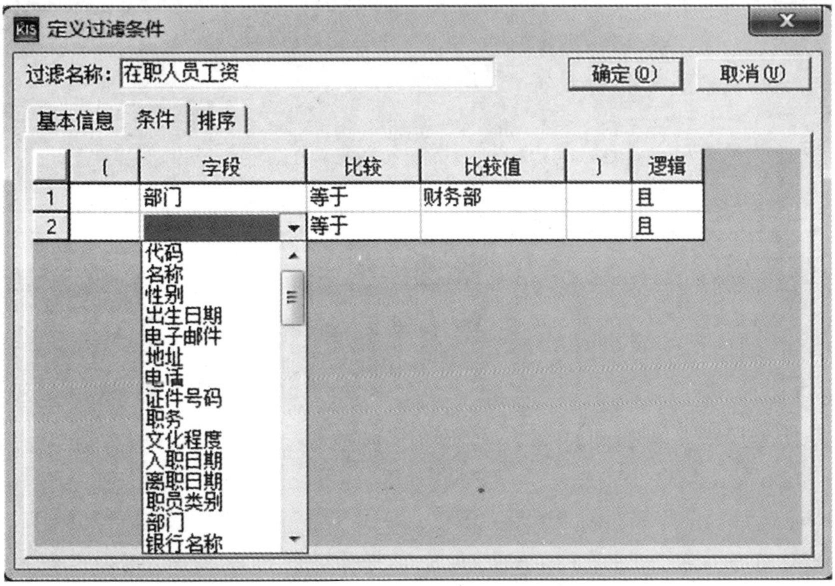

图5-17　过滤条件设置

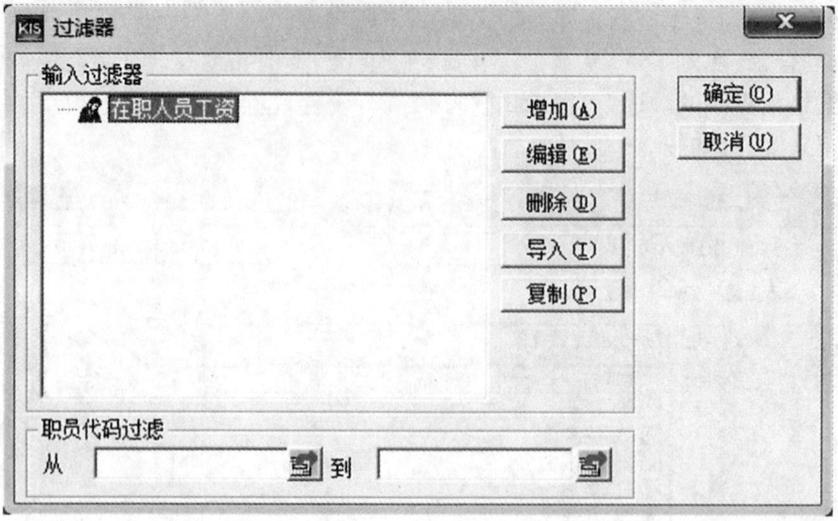

图 5－18　保存后的过滤方案

选择“输入过滤器”框中的“在职人员工资”，然后单击窗口右上角的【确定】按钮，进入“工资数据录入”界面，如图 5－19 所示。

图 5－19　工资录入窗口

8. 工资计算

工资计算即根据建立的不同计算方案，利用计算机进行高速运算，提高工资核算的工作效率。

在工资管理系统，点击“工资计算”子功能，进入“工资计算向导”窗口，如图 5－20 所示。选择需要计算的工资方案，单击【下一步】，进入工资计算界面。再单击【计算】按钮，即完成工资计算，且计算结果显示在空白处，如图 5－21 所示。

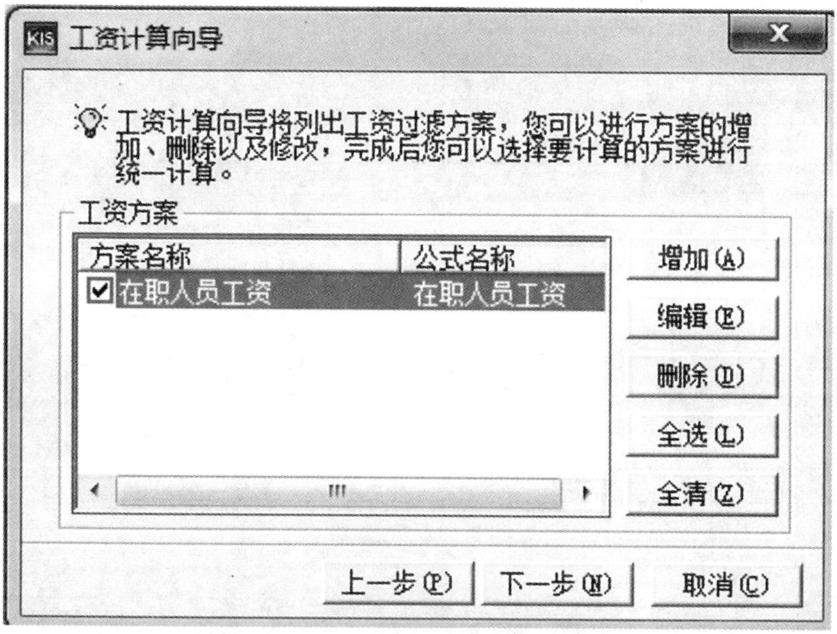

图5-20　工资计算向导

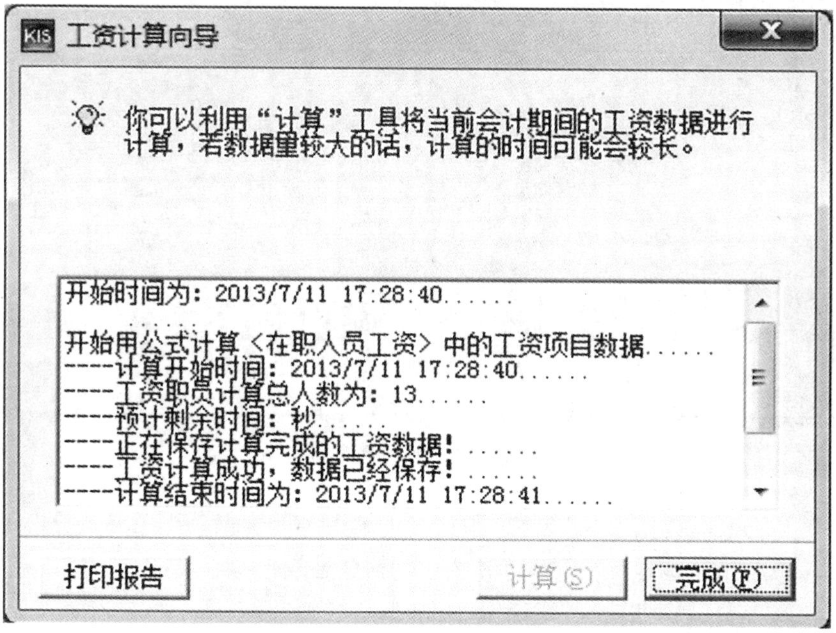

图5-21　工资计算

9. 所得税计算

所得税计算是在工资计算后进行的，因为所得税计算以计算后的工资为数据基础。所得税计算完成后，需要再进行一次工资计算，要重新计算扣除所得税后的员工实发工资。

根据案例资料，我们先进行所得税计算的设置。在工资管理系统，点击“所得税计算”子功能，打开“过滤器”窗口，选择系统默认的标准格式，再单击【确定】按钮，进入个人所得税数据录入界面，如图 5 - 22、图 5 - 23 所示。

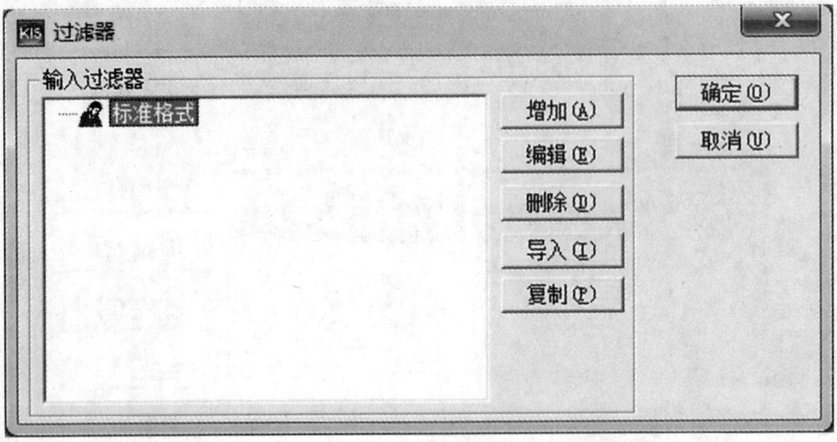

图 5 - 22　过滤器

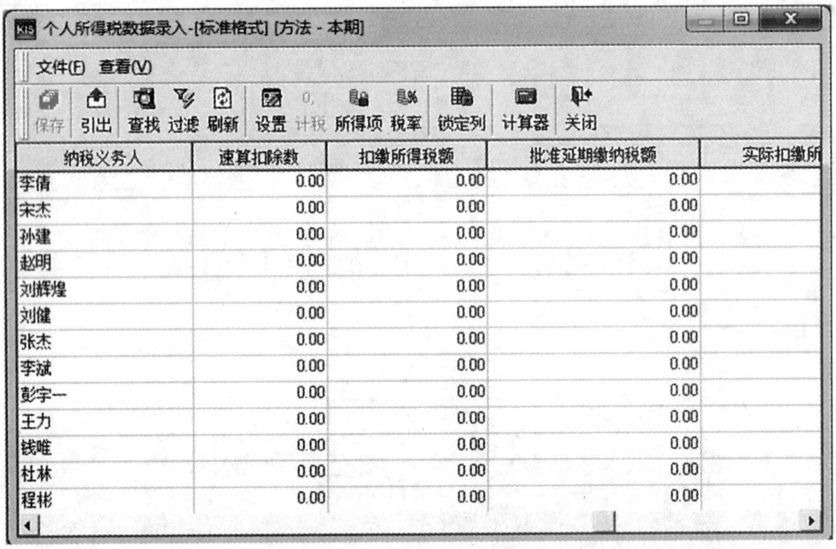

图 5 - 23　个人所得税数据录入

(1) 在“个人所得税数据录入”窗口，点击工具栏中的“所得项”，进入“所得项目计算”窗口。首次进入，系统默认为空。点击工具栏中的【新增】按钮，输入名称为“所得项”，第一行所得项目选择“应发工资”，属性选择“增项”。点击工具栏中的【新增一行】按钮，在第二行所得项目中选择“社保”，属性选择“减项”。属性中的“增项”表示计算所得税时作为基础的增项，“减项”表示计算所得税时作为基础的减项，如图 5 - 24 所示。单击【保存】按钮即可完成所得项目的设置。

(2) 个人所得税税率的设置。点击“个人所得税数据录入”窗口工具栏中的【税率】按钮，打开“个人所得税税率设置”窗口。单击【新增】按钮，系统提示“是否使用含税级距”，选择【是】，系统自动生成税率级距，如图 5 - 25、图 5 - 26 所示。输入税率名称为“税率”，然后单击【保存】按钮即可完成税率的设置。

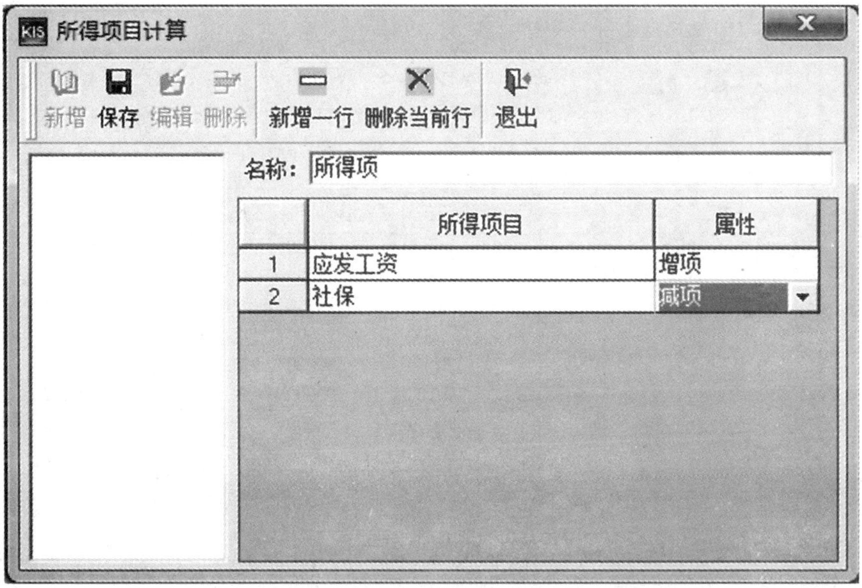

图 5-24　所得项目计算设置

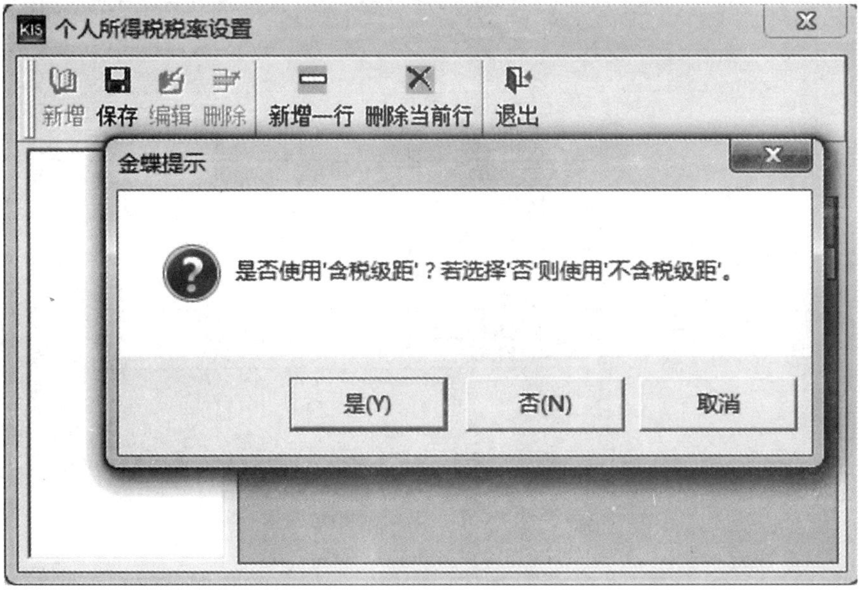

图 5-25　是否使用含税级距的提示

(3) 设置完所得税税率后，进行所得税计算的设置。点击“个人所得税数据录入”窗口工具栏中的【设置】按钮，打开“个人所得税初始设置”窗口。点击【新增】按钮，录入名称“个人所得税”，并选择已设置完成的税率类别、税率项目、所得计算，“基本扣除”中录入工资所得税起征点金额，如图 5-27 所示。

(4) 点击【保存】按钮，完成个人所得税初始设置；点击【退出】按钮，系统给出提示如图 5-28 所示；单击【确定】按钮，系统再次出现提示，如图 5-29 所示；单击【确定】按钮即可完成所得税的计算并填入到“个人所得税数据录入”窗口，如图 5-30 所示。

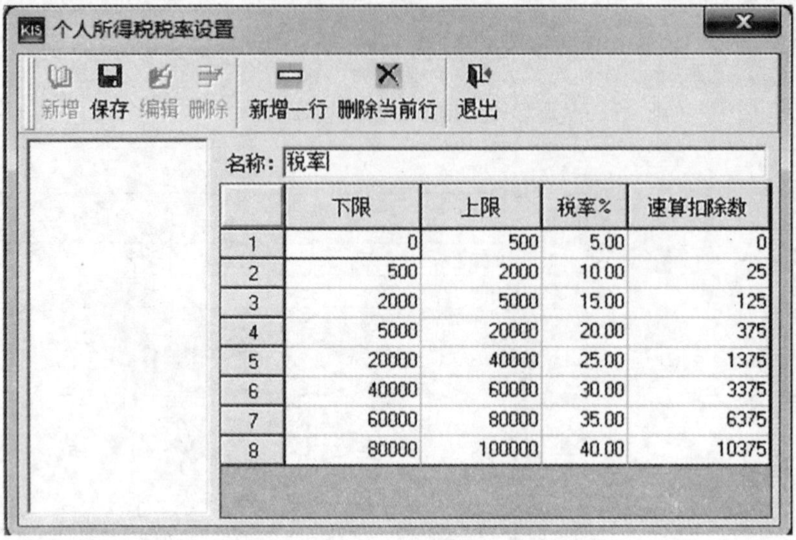

图 5－26　税率设置

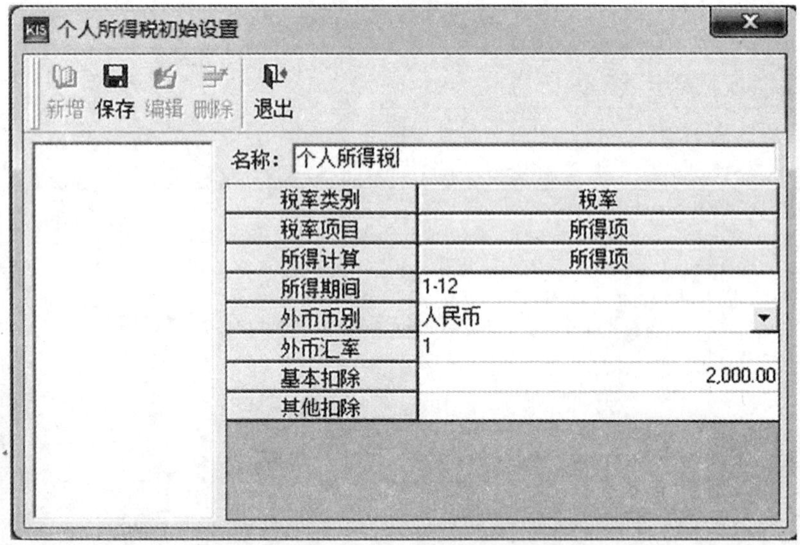

图 5－27　个人所得税初始设置

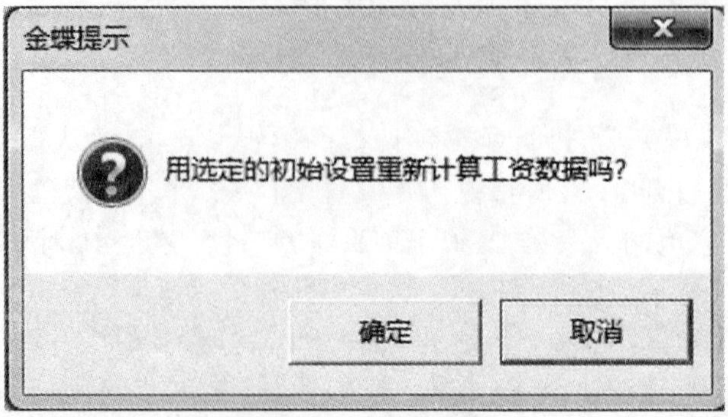

图 5－28　金蝶提示(1)

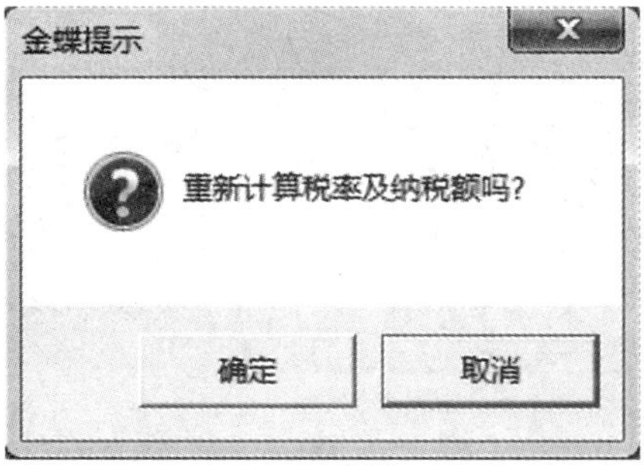

图 5-29　金蝶提示(2)

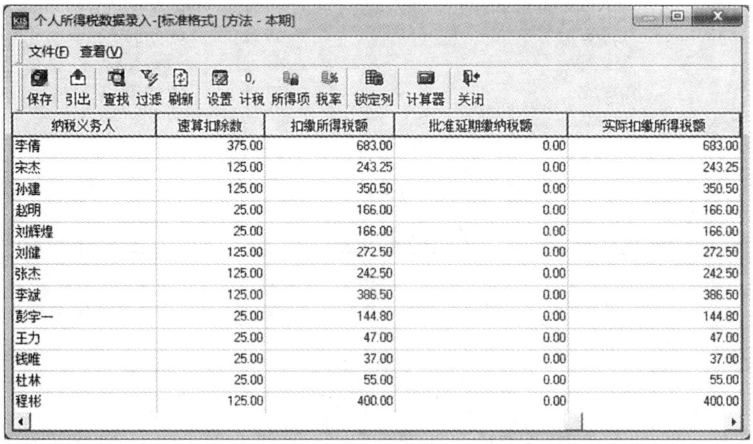

纳税义务人	速算扣除数	扣缴所得税额	批准延期缴纳税额	实际扣缴所得税额
李倩	375.00	683.00	0.00	683.00
宋杰	125.00	243.25	0.00	243.25
孙建	125.00	350.50	0.00	350.50
赵明	25.00	166.00	0.00	166.00
刘辉煌	25.00	166.00	0.00	166.00
刘健	125.00	272.50	0.00	272.50
张杰	125.00	242.50	0.00	242.50
李斌	125.00	386.50	0.00	386.50
彭宇一	25.00	144.80	0.00	144.80
王力	25.00	47.00	0.00	47.00
钱唯	25.00	37.00	0.00	37.00
杜林	25.00	55.00	0.00	55.00
程彬	125.00	400.00	0.00	400.00

图 5-30　个人所得税数据计算结果

(5) 所得税计算完成后,单击【保存】按钮,再返回到"工资数据录入"窗口中重新计算所得税。通过"区选"功能选择"所得税"列,单击【所得税】按钮,系统自动将所得税数据导入"所得税"一列中,如图 5-31、图 5-32 所示。

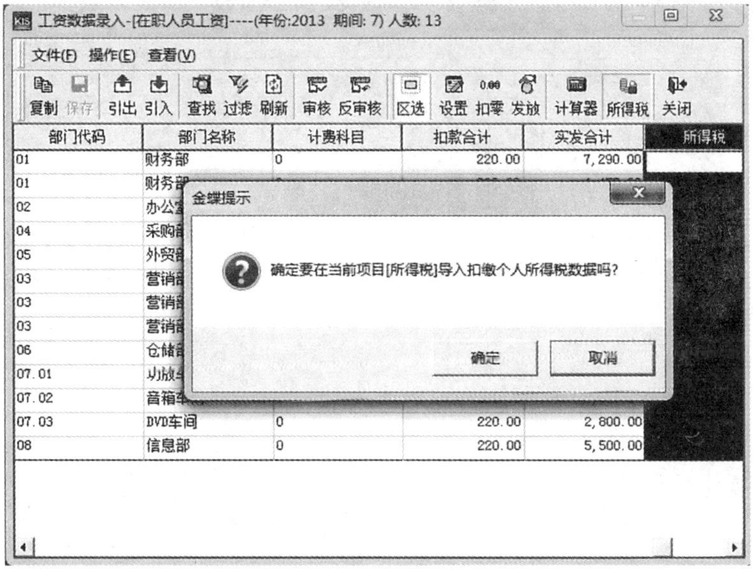

图 5-31　导入所得税

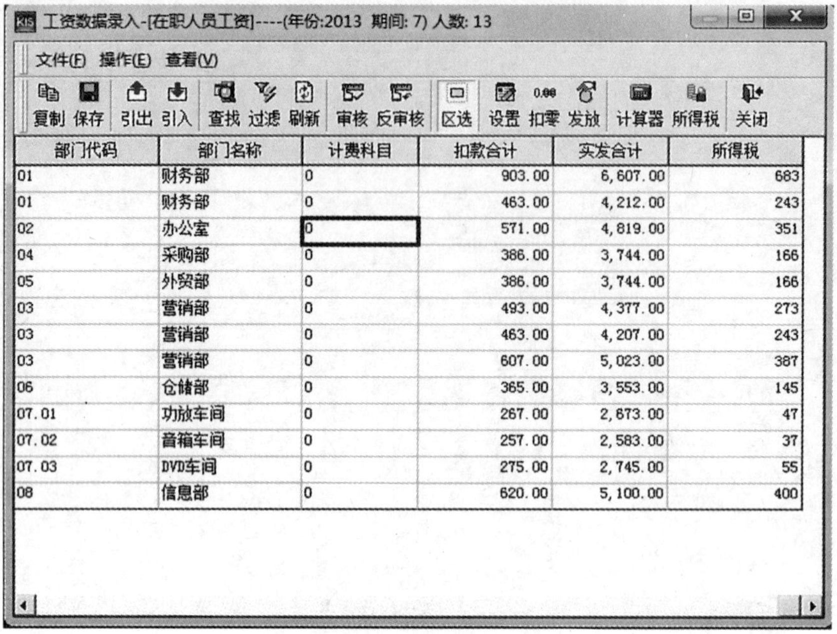

部门代码	部门名称	计费科目	扣款合计	实发合计	所得税
01	财务部	0	903.00	6,607.00	683
01	财务部	0	463.00	4,212.00	243
02	办公室	0	571.00	4,819.00	351
04	采购部	0	386.00	3,744.00	166
05	外贸部	0	386.00	3,744.00	166
03	营销部	0	493.00	4,377.00	273
03	营销部	0	463.00	4,207.00	243
03	营销部	0	607.00	5,023.00	387
06	仓储部	0	365.00	3,553.00	145
07.01	功放车间	0	267.00	2,673.00	47
07.02	音箱车间	0	257.00	2,583.00	37
07.03	DVD车间	0	275.00	2,745.00	55
08	信息部	0	620.00	5,100.00	400

图 5-32 所得税导入结果

10．工资费用分配

进行工资费用分配，首先应设置费用分配方案。在工资管理系统，点击“费用分配”子功能，打开“费用分配”窗口。单击右侧【新增】按钮，打开“费用分配-新增”窗口，录入“分配名称”、“摘要内容”、“分配比例”，根据部门设置其工资项目所对应的费用科目和工资科目。挂了核算项目的，要选择对应的核算项目，如图 5-33 所示。完成设置后单击右侧的【保存】按钮，该费用分配方案即可显示在费用分配列表中。

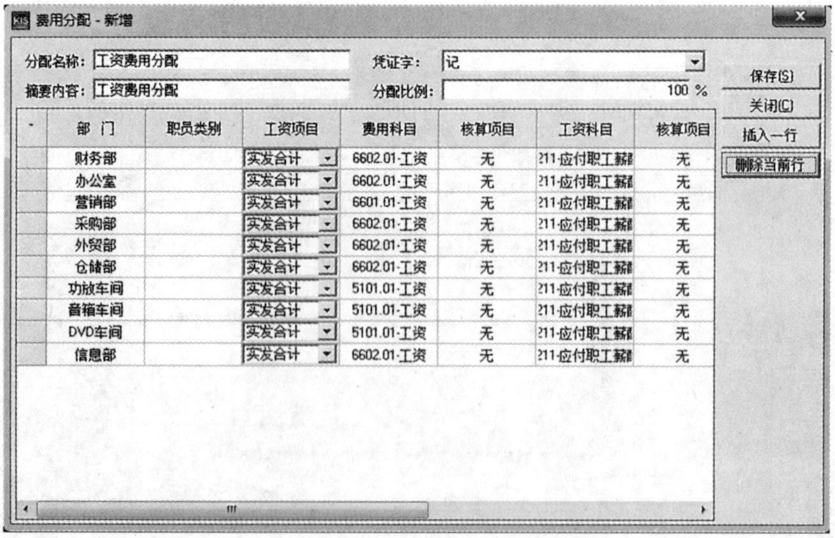

部门	职员类别	工资项目	费用科目	核算项目	工资科目	核算项目
财务部		实发合计	6602.01·工资	无	211·应付职工薪	无
办公室		实发合计	6602.01·工资	无	211·应付职工薪	无
营销部		实发合计	6601.01·工资	无	211·应付职工薪	无
采购部		实发合计	6602.01·工资	无	211·应付职工薪	无
外贸部		实发合计	6602.01·工资	无	211·应付职工薪	无
仓储部		实发合计	6602.01·工资	无	211·应付职工薪	无
功放车间		实发合计	5101.01·工资	无	211·应付职工薪	无
音箱车间		实发合计	5101.01·工资	无	211·应付职工薪	无
DVD车间		实发合计	5101.01·工资	无	211·应付职工薪	无
信息部		实发合计	6602.01·工资	无	211·应付职工薪	无

图 5-33 工资费用分配设置

完成工资费用分配方案的设置后，在“费用分配”窗口选中该方案，单击【生成凭证】按钮，系统提示“立即建立凭证吗?”单击【是】,系统给出生产凭证的提示信息,如图 5－34 所示。

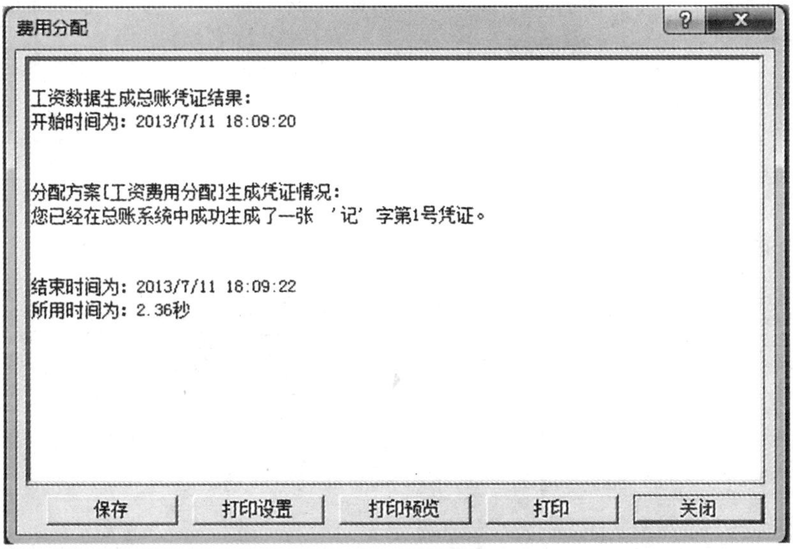

图 5－34　生成凭证

11. 职员变动

假设 6 月 30 日,办公室人员孙建的银行账号发生变动,由 1234567890 变为 9876543210。

此业务涉及的是职员变动。在金蝶 KIS 财务软件系统中,职员变动可以有两种方式:一种是在工资管理系统的职员中直接修改,另一种是通过职员变动功能处理。

在“职员”窗口中直接修改的操作步骤为:在工资管理系统,点击“账簿报表”下的“职员”,选择需要变动的职员,单击【修改】按钮直接修改,如图 5－35 所示。

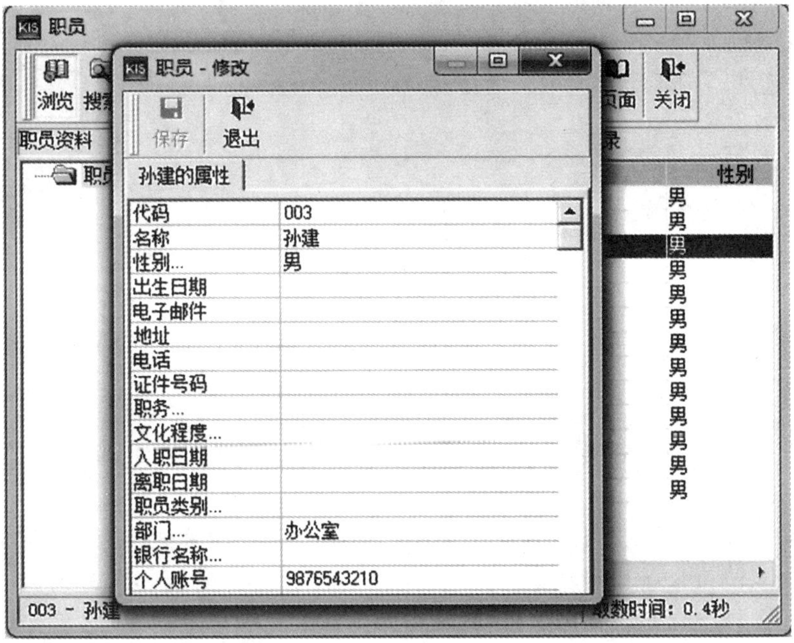

图 5－35　修改职员信息

通过职员变动修改信息的操作步骤为：在工资管理系统，点击"职员变动"子功能，打开"职员变动"窗口。单击【新增】按钮，选择需要变动的职员，在"职员项目"中选择需要变动的职员项目，在"变动参数"中录入修改后的数据，单击【确定】按钮即可完成职员变动，如图 5－36 所示。

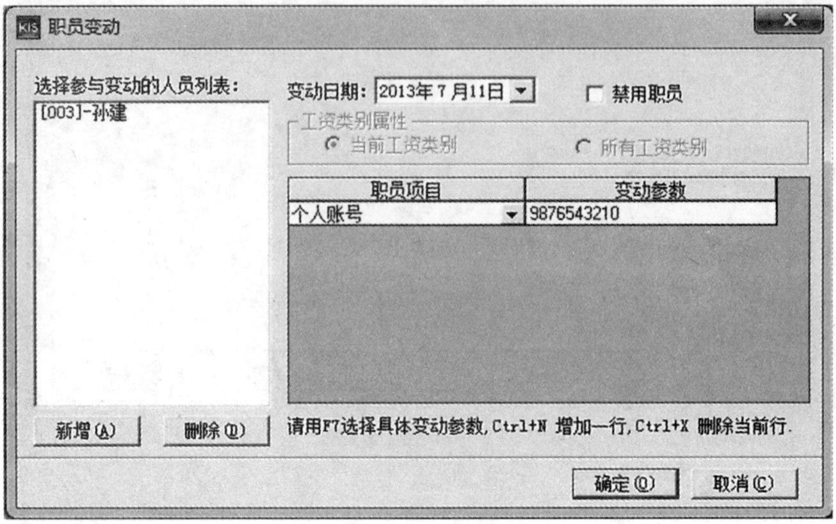

图 5－36　职员变动

12. 工资审核

在"工资数据录入"窗口，选中某一条记录，按住键盘上的 Shift 键或 Ctrl 键可选择多条记录，然后点击工具栏中的【审核】按钮，即可完成工资数据的审核。如果需要反审核，则进行同样的操作，点击工具栏中的【反审核】按钮即可。

工资审核不是必须操作项，由工资系统参数中的"结账前必须审核"选项控制。

二、工资核算・工作任务・学生独立做

1. 基础资料设置

类别名称：在职人员

部门：导入

职员：导入

币别：人民币

银行：工商银行

(1) 工资项目。

工资项目包括基本工资、职务工资、书报费、应发合计、病假天数、病假扣款、事假天数、事假扣款、养老保险、代扣税、扣款合计、实发合计。

(2) 计算公式。

① 职务工资：职务为"部门经理"的职务工资为 800 元，职务为"职员"的职务工资为 500 元，职务为"总经理"的职务工资为 1 500 元。

② 书报费：职员类别为"管理人员"的书报费为 80 元，职员类别为"经营人员"的书报费为 50 元。

③ 病假扣款:病假扣款=病假天数×基本工资/21×0.6。

④ 事假扣款=事假天数×基本工资/21。

⑤ 应发合计=基本工资+职务工资+书报费-病假扣款-事假扣款。

⑥ 养老保险=应发合计×0.05。

⑦ 计算个人所得税的扣税项目为“应发合计”,符合条件的每个职员需征收个人所得税,扣税标准:扣税起点每月 3 500 元。个人所得税的征收,会随着国家个人所得税法的改变而改变,具体请参照当时的法规确定。个人所得税计算方法举例见表 14。

表 14 工资、薪金所得适用个人所得税七级超额累进税率表

级 数	全月应纳税所得额(含税所得额)	税率(%)	速算扣除数(元)
1	不超过 1 500 元	3	0
2	超过 1 500 元至 4 500 元	10	105
3	超过 4 500 元至 9 000 元	20	555
4	超过 9 000 元至 35 000 元	25	1 005
5	超过 35 000 元至 55 000 元	30	2 755
6	超过 55 000 元至 80 000 元	35	5 505
7	超过 80 000 元	45	13 505

⑧ 扣款合计=养老保险+代扣税。

⑨ 实发合计=应发合计-扣款合计。

设置完成的公式如下:

如果 职务="部门经理" 则 职务工资=800
否则 职务工资=500
如果完
如果 职务="总经理" 则 职务工资=1 500
如果完
如果 职员类别="管理人员" 则 书报费=80
否则 书报费=50
如果完
病假扣款=病假天数×40
事假扣款=事假天数×基本工资/21
应发合计=基本工资+职务工资+书报费 病假扣款-事假扣款
养老保险=应发合计×0.05
扣款合计=养老保险+代扣税
实发合计=应发合计-扣款合计

2. 工资录入

基本工资及考勤资料,见表 15。

表 15　基本工资及考勤资料表

序号	职员代码	职员姓名	基本工资(元)	病假天数(天)	事假天数(天)
1	0101	张大维	4 000	1.5	
2	0102	杜小兵	3 000		2
3	0103	孙正	9 000		
4	0104	黄亮	3 500		5
5	0201	自己姓名	3 600		
6	0202	张红	4 200	0.5	3
7	0203	李杨	3 100		3
8	0204	赵兵	3 900	3	
9	0301	周力	4 500		2
10	0302	刘威	3 200	4	1
11	0303	于含笑	2 900	6	
12	0401	雷达	5 000	3	
13	0402	孙力	3 000		0.5
14	0403	杨真	2 500		

3. 工资费用分配

工资费用分配凭证项目设置如表 16 所示。

表 16　工资费用分配

部门	职员类别	工资项目	费用科目	核算项目类别及明细	工资科目	核算项目
行政部	管理人员	应发合计	管理费用——工资	(部门)行政部	应付职工薪酬——工资	无
财务部	管理人员	应发合计	管理费用——工资	(部门)财务部	应付职工薪酬——工资	无
销售部	经营人员	应发合计	销售费用——工资	(部门)销售部	应付职工薪酬——工资	无
采购部	经营人员	应发合计	销售费用——工资	(部门)采购部	应付职工薪酬——工资	无

5.2　工资核算·理论知识

企业在月末都要进行工资核算、工资发放和工资的费用分配。在平时要对职员信息等基础资料进行维护,以保证月末核算的准确。工资核算完后,还需进行所得税的计算与申报,制作各类管理报表。

工资管理系统采用多类别管理,可适应各类企业、科研单位与集团公司进行工资核算、工资发放、工资费用分配、银行代发等。工资管理系统能及时反映工资动态变化,实现完备而灵活的个人所得税计算与申报功能,并提供丰富实用的各类管理报表。工资管理系统的主要功能有工资类别管理、工资核算、个人所得税计算、工资费用分配等。

在企业中，工资核算是一项工作量大、准确性要求高、涉及面广的工作。每月计算工资、编制工资报表工作耗费了会计人员的大量时间和精力。金蝶 KIS 财务软件提供了多工资库处理功能，可以进行分工操作与集权控制，自动进行工资费用分配，自动计提福利费、工会经费，并自动生成转账凭证，同时自动计提个人所得税，进行银行代发，大大减轻会计人员的工作量，提高工作效率。

一、工资类别管理

在金蝶 KIS 工资系统中，将工资分类别进行核算，以方便运用多套工资方案的企业进行工资核算。其类别的划分可按部门、人员类别等任意选择。例如，企业退休职工和在职职工的工资核算方案是不同的，可以将职员定义为两个人员类别，然后分两个工资类别分开设置核算公式。工资分类核算还有以下优点：

(1) 满足企业按不同标准分工处理与集权控制，资料相对独立于其他系统，根据不同权限操作不同类别，保证财务信息的安全性。

(2) 可分不同时期对工资进行处理(如正式员工、合同工、退休人员分不同时期处理，计算标准不同)。

(3) 可对临时立项的项目进行核算。

(4) 满足企业分工的需要，可分类别录入数据，总账会计选择所有类别就可查看所有数据进行总控，达到了集权与分权的目的。

(5) 可将一个人归入多类别处理，如既在开发部有工资，又在某一开发项目中有工资。

二、部门

部门管理主要是用来建立企业部门的相关信息，同时作为以后工资费用分配的依据之一。工资系统的部门信息可以直接新增，也可以通过总账系统或其他工资类别引入。

三、职员

职员的操作步骤与部门相同。根据案例资料，从总账系统导入博大电子有限公司的现有部门人员。

四、币别

币别设置即设定工资支付时所使用的不同货币，如人民币、美元、港币等。在发放工资和计提个人所得税时可以选取不同的币种，如外企中以港币来发工资，此时的币别应选取港币。币别可以选取不同的记账汇率及不同的折算方式。在此不需要进行币别的增加、删减与修改等操作，此币别与总账等其他系统作为一个统一的整体使用，与类别无关，各类别信息共享，其操作参考总账系统中的币别设置。

五、项目设置

在项目设置中可以定义工资核算项目的全部信息，如职员代码、职员姓名、部门名称、应发合计、实发合计、代扣税等。

六、工资公式设置

博大电子有限公司的工资计算公式如下，在系统中定义工资公式。

计时工资＝标准工时工资×工时

应发工资＝基本工资＋奖金＋计时工资＋餐补＋提成＋住房公积金

扣款合计＝所得税＋社保

实发工资＝应发工资－扣款合计

5.3 工资核算·操作指南

(1) 新增工资类别:关闭工资类别→设置→工资项目设置→增加

(2) 部门档案→增加

(3) 打开工资类别:工资项目设置→增加

(4) 工资管理流程:工资变动→编辑→计算→汇总→银行代发→工资费用分摊→工资表→月末处理结账

注:新增工资项目后必须重建或者修改工资表。

项目 6

账务处理

6.1 账务处理 · 工作任务

根据师生教学做和学生独立做中两家企业发生的经济业务，利用金蝶财务软件进行凭证的录入、审核、修改、过账、结转损益、期末调汇、往来核销与期末结账等操作。

一、账务处理 · 工作任务 · 师生教学做

1. 7 月 2 日，从建设银行提取 30 000 美元（当日汇率为 7.30），从工商银行提取 50 000 元人民币分别作为备用金。

2. 7 月 9 日，博大电子有限公司向来福公司购买硬盘 100 个，单价为 500 元，此处不考虑税金，货款暂未支付。

3. 7 月 20 日，用现金支付 DVD 车间和功放车间工人工伤费用 1 000 元和 2 000 元，并将此凭证保存为模式凭证。

4. 7 月 25 日，公司举行文艺活动，财务部报销 1 000 元，营销部报销 5 000 元，生产车间报销 10 000 元，现金支付。

5. 期末，设置自动转账方案，将制造费用余额全部转入生产成本。

6. 期末，宋杰查询所有生成的记账凭证，并由财务负责人李倩对凭证进行审核和整理凭证断号。

7. 期末，财务负责人对凭证进行过账、往来核销、期末调汇、结转损益的处理操作，本月月底美元汇率为 6.49。

8. 期末，财务负责人进行结账。

操作步骤：

1. 7 月 2 日，从建设银行提取 30 000 美元（当日汇率为 7.30），从工商银行提取 50 000 元人民币分别作为备用金。

点击"账务处理"→"凭证录入"，进入"记账凭证新增"界面，为了方便凭证的录入，可以使用系统提供的相关选项功能，点击菜单"查看"→"选项"，系统弹出"凭证录入选项"参数配置窗口，进行设置后单击【确定】即可。在 KIS 专业版 10.0 中新增了"金额录入按千分位显示"选项，如图 6-1 所示。

根据案例中相关内容录入提现凭证。第一行摘要栏中录入"提取备用金"，会计科目选择"库存现金—美元"，因为涉及外币核算，单击【外币】按钮转换到外币凭证格式，输入汇率及原币金额后，本位币金额会自动计算出来，如图 6-2 所示。

2. 7 月 9 日，博大电子有限公司向来福公司购买硬盘 100 个，单价为 500 元，此处不考虑税金，货款暂未支付。

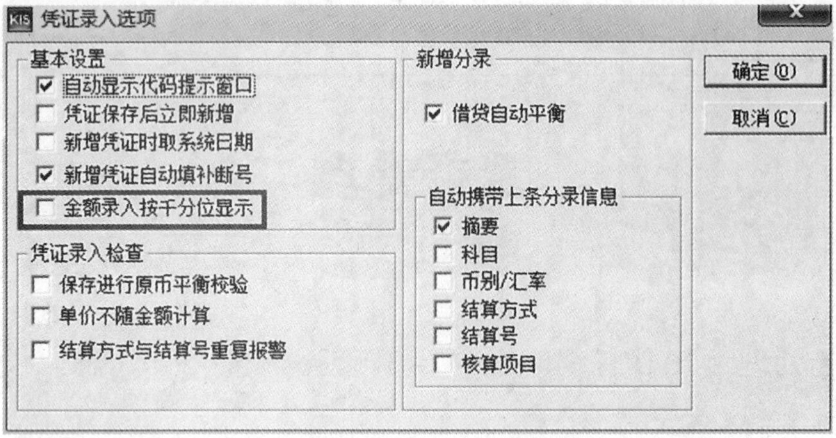

图 6－1　凭证录入选项

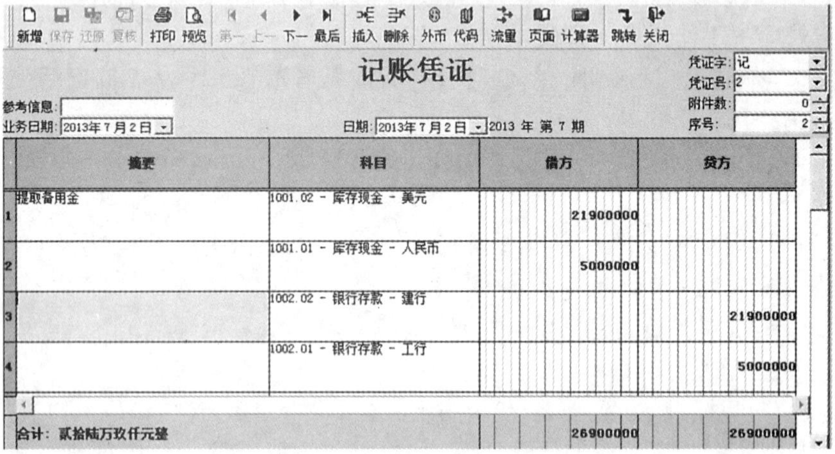

图 6－2　外币凭证录入界面

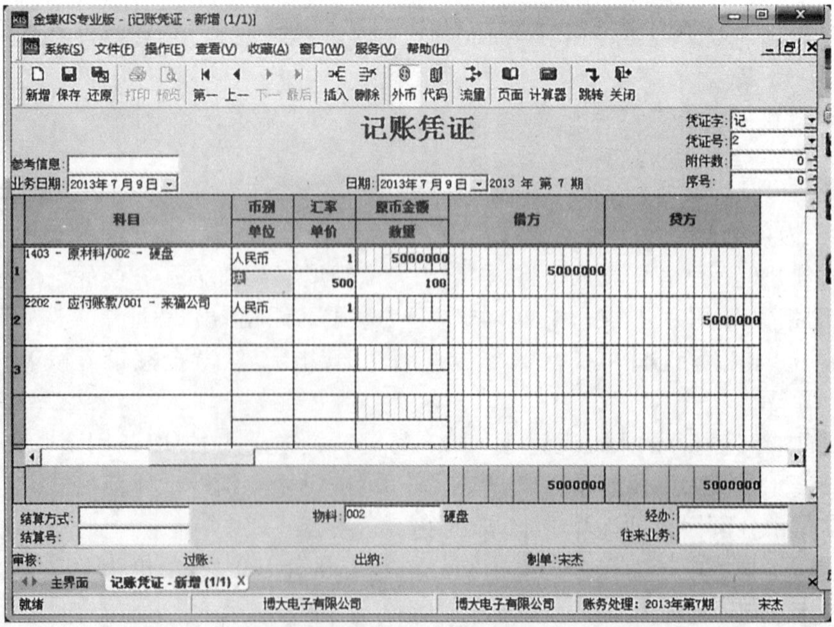

图 6－3　带核算项目、数量金额核算科目的凭证录入

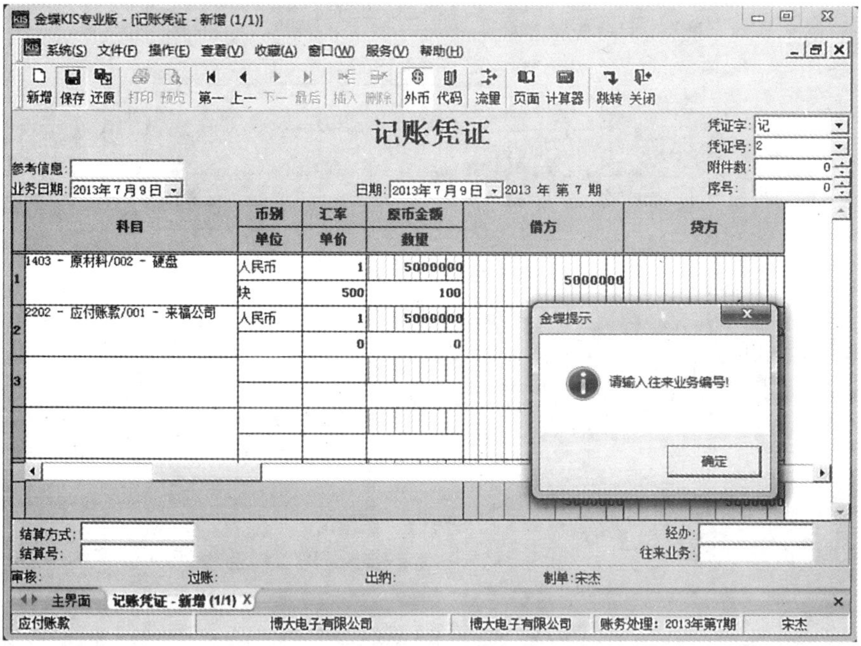

图 6-4　启用往来业务核算科目的凭证录入

3. 7 月 20 日，用现金支付 DVD 车间和功放车间工人工伤费用 1 000 元和 2 000 元，并将此凭证保存为模式凭证。

根据案例录入凭证完成后，保存该凭证后，单击菜单“文件”→“保存模式凭证”将其保存为模式凭证，如图 6-5、图 6-6 所示。

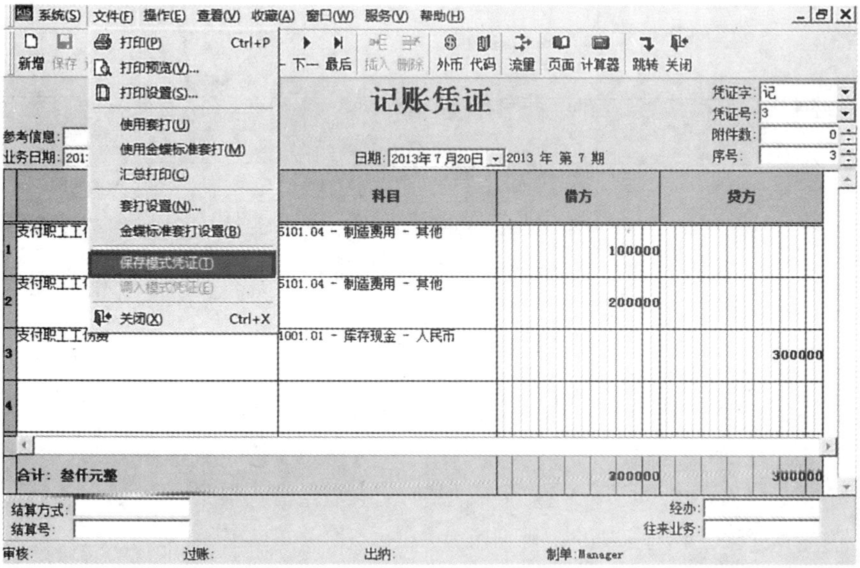

图 6-5　凭证录入及保存模式凭证

4. 7 月 25 日，公司举行文艺活动，财务部报销 1 000 元，营销部报销 5 000 元，生产车间报销 10 000 元，现金支付，如图 6-7 所示。

图 6－6　模式凭证保存成功

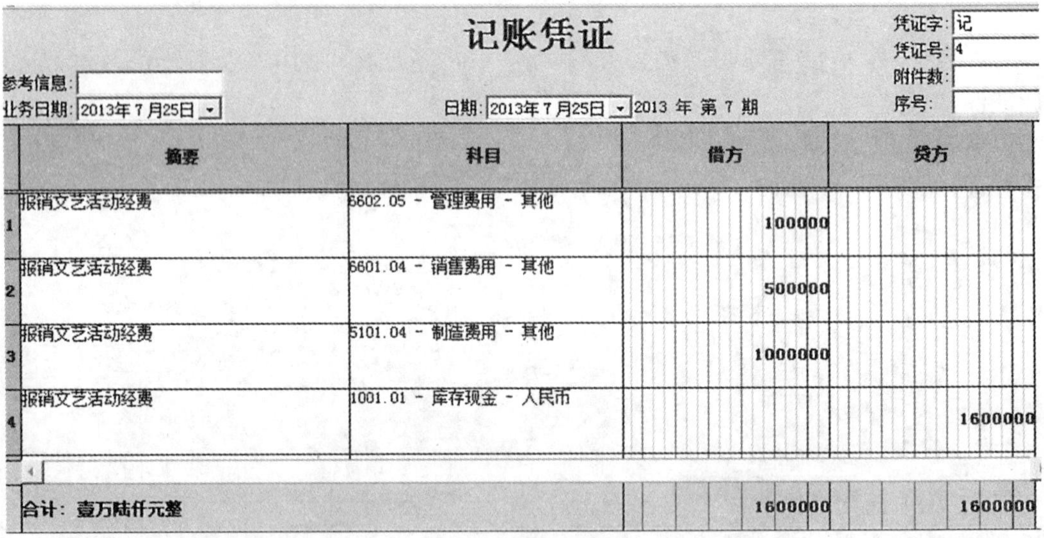

图 6－7　本位币凭证录入

5. 期末，设置自动转账方案，将制造费用余额全部转入生产成本。

自动转账模板保存后，返回到“自动转账凭证”窗口，选中自动转账方案，单击【生成凭证】按钮，系统将根据设置的自动转账方案生成相应的转账凭证，如图 6－9 所示。

6. 期末，宋杰查询所有生成的记账凭证，并由财务负责人李倩对凭证进行审核和整理凭证断号。

在金蝶 KIS 财务软件系统主界面，选择“账务处理”主功能，再点击“凭证管理”子功能，系统此时会弹出会计分录序时簿过滤界面，如图 6－10 所示。

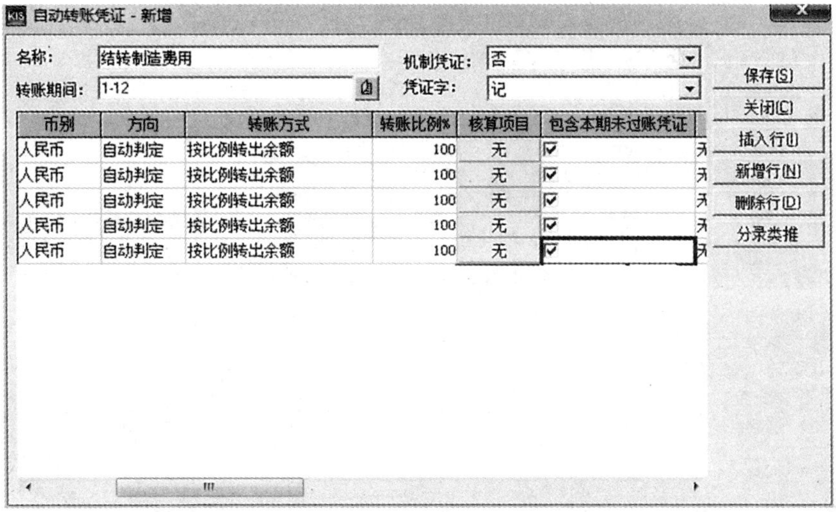

图6-8　设置自动转账方案凭证模板

图6-9　根据模板生成凭证

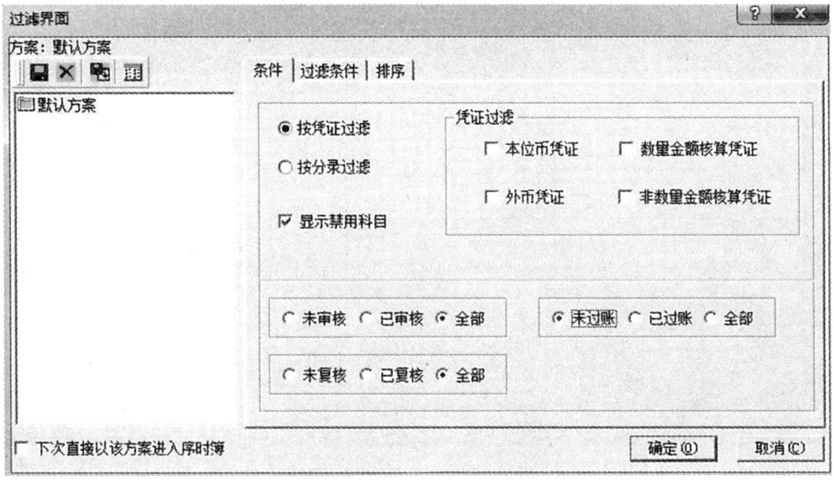

图6-10　会计分录序时簿过滤

在会计分录序时簿过滤界面，选择需要查询的会计分录。本案例不用修改任何参数，直接单击【确定】开始查询。查询后的界面如图 6-11 所示。

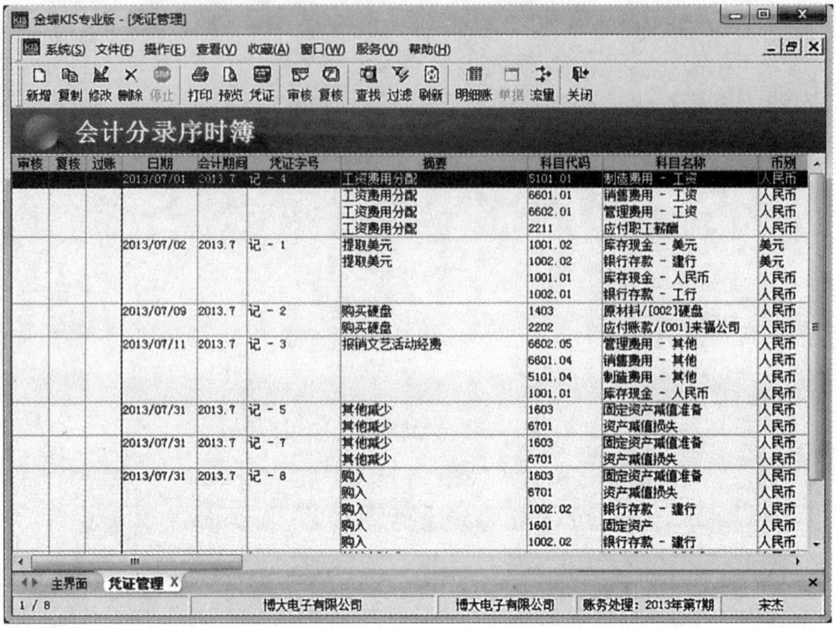

图 6-11　会计分录序时簿

如果凭证没有审核、过账，在会计分录序时簿界面，选择需要修改的凭证，在"操作"菜单中选择"修改"或单击工具栏中的【修改】按钮，调出记账凭证修改界面，修改完成后，单击【保存】按钮，如图 6-12 所示。

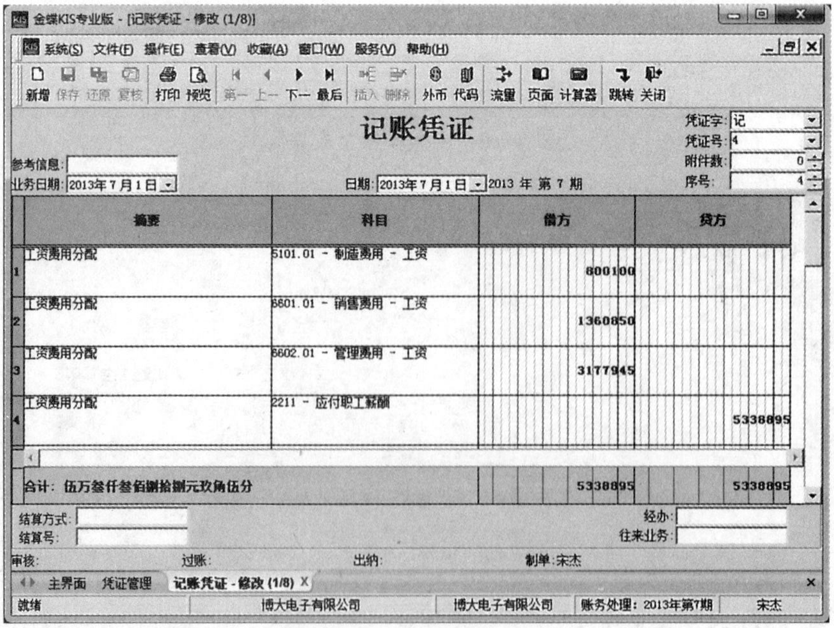

图 6-12　凭证修改界面

如果在会计处理过程中有凭证删除，可能会造成凭证号不连续的状况。金蝶 KIS 财务软件系统提供了凭证整理功能，可以整理凭证断号。在会计分录序时簿界面，点击菜单栏中的“操作”—“凭证整理”命令，进入凭证整理界面，如图 6－13 所示。

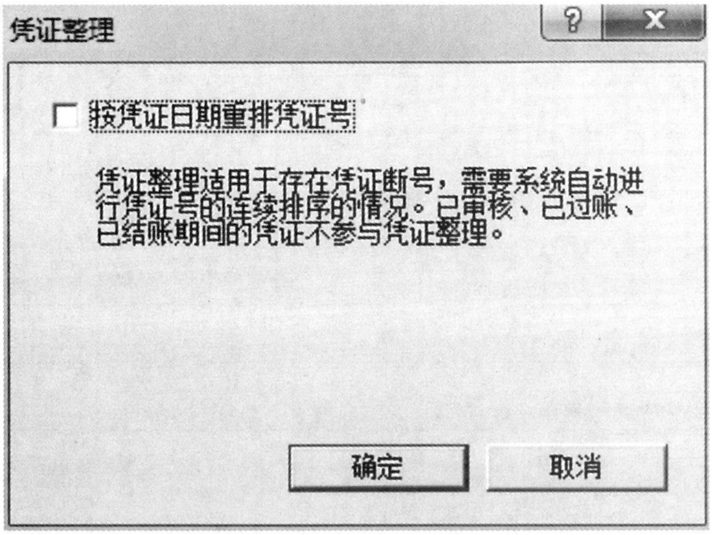

图 6－13　凭证整理界面

提示：

该操作是不可撤销的，用户将凭证号重新整理后，原来已经打印的凭证需要重新打印。所以，进行此操作时要特别小心。

如选择“按凭证日期重排凭证号”的选项，可按凭证日期重排凭证号，否则按原来的凭证顺序整理。

注意：

凭证整理只对可修改状态凭证、已复核凭证、已作废凭证起作用，对已审核凭证、已过账凭证、已过结账期间的凭证不起作用。

单张凭证审核

在会计分录序时簿界面，选择需要审核的凭证，然后在“文件”菜单中选择“审核”命令或单击工具栏中的【审核】按钮，系统即进入记账凭证窗口，此窗口中的项目不能修改，只能查看。查看完毕后可以对此张凭证审核并签章，单击【审核】按钮或按 F3 键进行审核，如果审核通过，系统会在审核人处进行签章。如果记账凭证已经过审核，单击【反审核】按钮后会消除原审核签章，如图 6－14 所示。

成批审核

在会计分录序时簿界面，选择“操作”菜单中的“成批审核”命令，打开“成批审核凭证”窗口，如图 6－15 所示。选择“审核未审核的凭证”，则将会计序时簿中所有凭证成批审核（如果需要成批反审核，则选择“对已审核的凭证取消审核”）。审核与制单不能为同一操作员，否则系统拒绝审核，如图 6－16 所示。

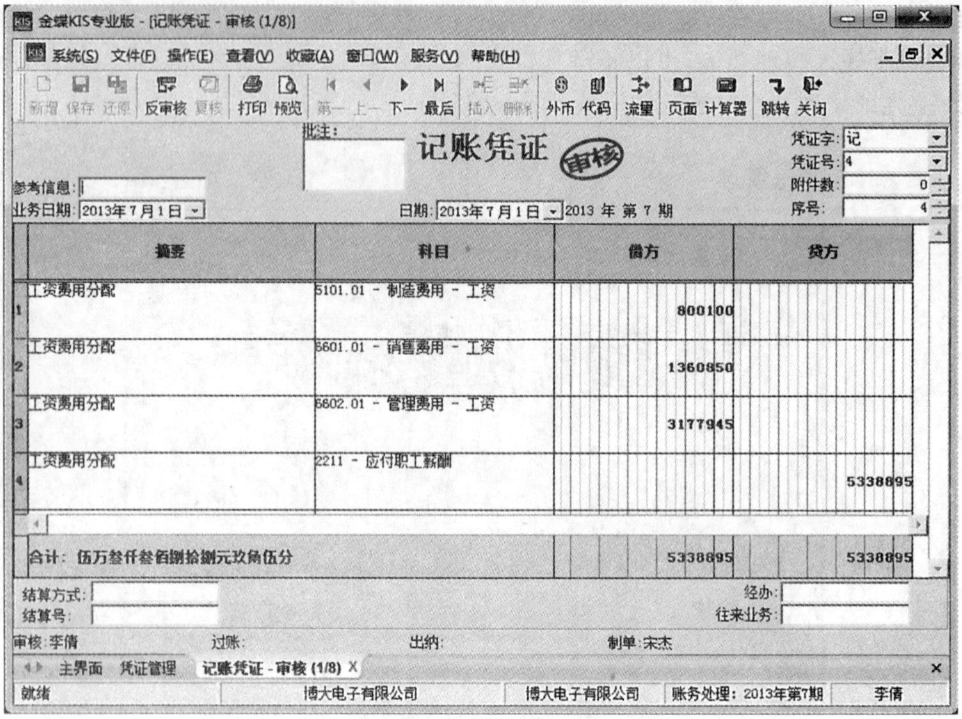

图 6－14　凭证审核界面

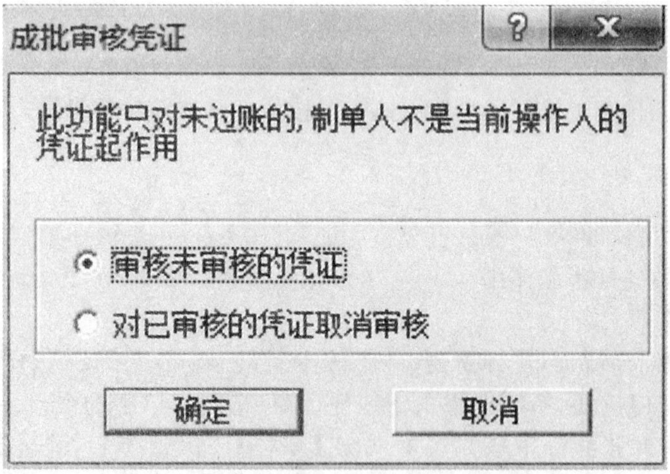

图 6－15　成批审核项目选择界面

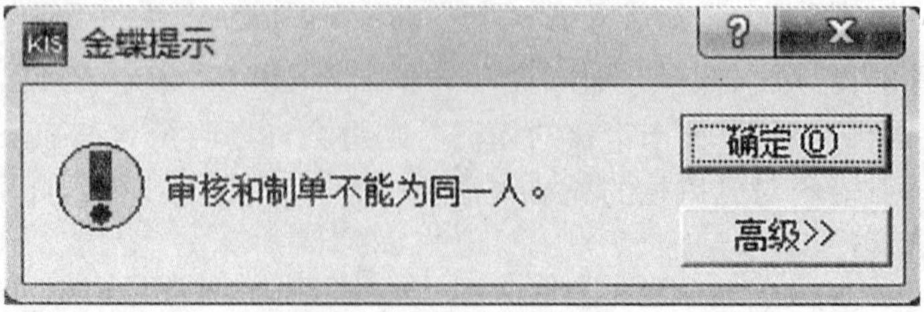

图 6－16　审核报错画面

提示：

在凭证审核界面中的凭证项目不能修改，只能查看。如果发现凭证有错，在凭证上提供了一个“批注”录入框，审核人可以在“批注”录入框中注明凭证出错的地方，以便凭证制单人修改。录入批注后，表明凭证有错，不允许审核，除非清空批注或凭证完成修改并保存。凭证修改后，批注内容自动清空。

会计分录序时簿的“过滤条件”界面中提供了“批注”的过滤条件，可以快速查找到有批注的凭证，以做进一步的修改。

7. 期末，财务负责人对凭证进行过账、往来核销、期末调汇、结转损益的处理操作，本月月底美元汇率为6.49。

过账

在“账务处理”主功能界面，点击“凭证过账”子功能，打开“凭证过账”窗口，如图6-17所示。不修改系统的默认参数，单击“开始过账”。完成过账操作后，系统将显示凭证过账完成汇总情况，如图6-18所示。

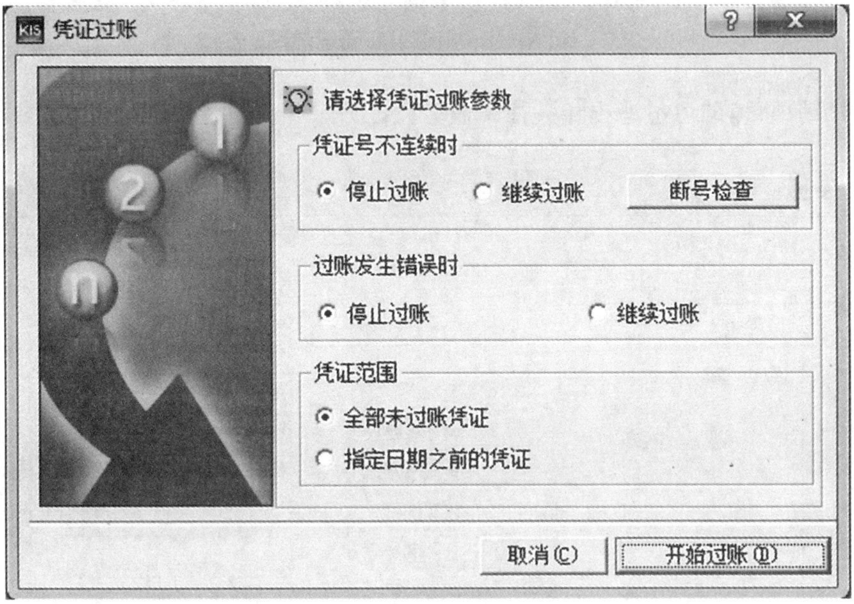

图6-17 凭证过账向导

注意：

已经过账的凭证将不允许反审核，不允许修改，除非进行反过账。反过账的操作可以使用右键快捷菜单或者菜单中的“操作”—“过账”或“全部反过账”命令；过账完成后，若发现凭证错误，建议采用“对冲”的方式进行冲销。

不能反过账以前期间的凭证。

往来核销

在金蝶KIS财务软件系统主界面，凭证过账后即可进行往来业务核销的操作。选择“账务处理”主功能，再点击“往来核销”子功能，弹出的过滤界面是过滤核销日志，单击【确定】或【取消】，进入往来核销日志界面。然后点击工具栏中的【核销】按钮，在“过滤条件”中选择应付

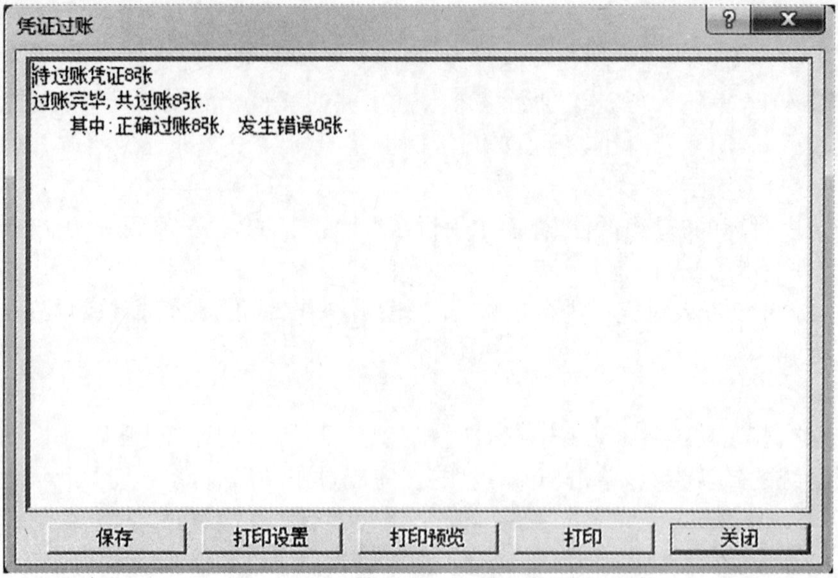

图 6-18 凭证过账情况汇总

账款科目、核销项目,即可过滤出相关往来业务凭证分录和收付款凭证分录,如图 6-19 所示。

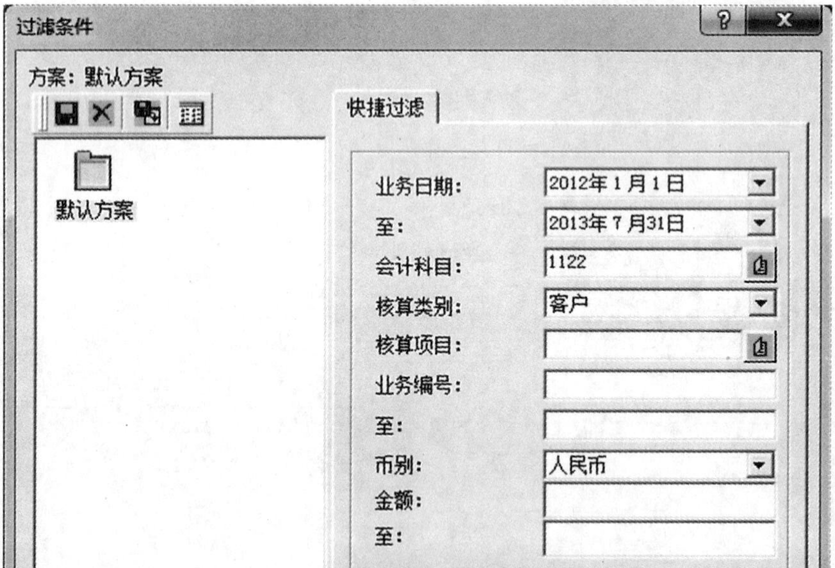

图 6-19 往来核销过滤条件设置

单击【确定】按钮后,在"往来业务核销"窗口过滤应付账款往来业务情况,窗口上部分显示的是发生额与科目余额方向相同的凭证记录,下部分显示的是发生额与科目余额方向相反的凭证记录。由于应付账款没有设置数量金额辅助核算，因此只需要进行金额核销。点击“核销方式”下拉列表，选择“金额”，并单击勾选需要核销的记录，然后单击【核销】按钮，如图6－20所示。也可以不勾选核销记录，单击【自动】按钮后，则系统自动根据同一客户业务编号相同的记录进行核销。如果无业务编号，视为业务编号相同。

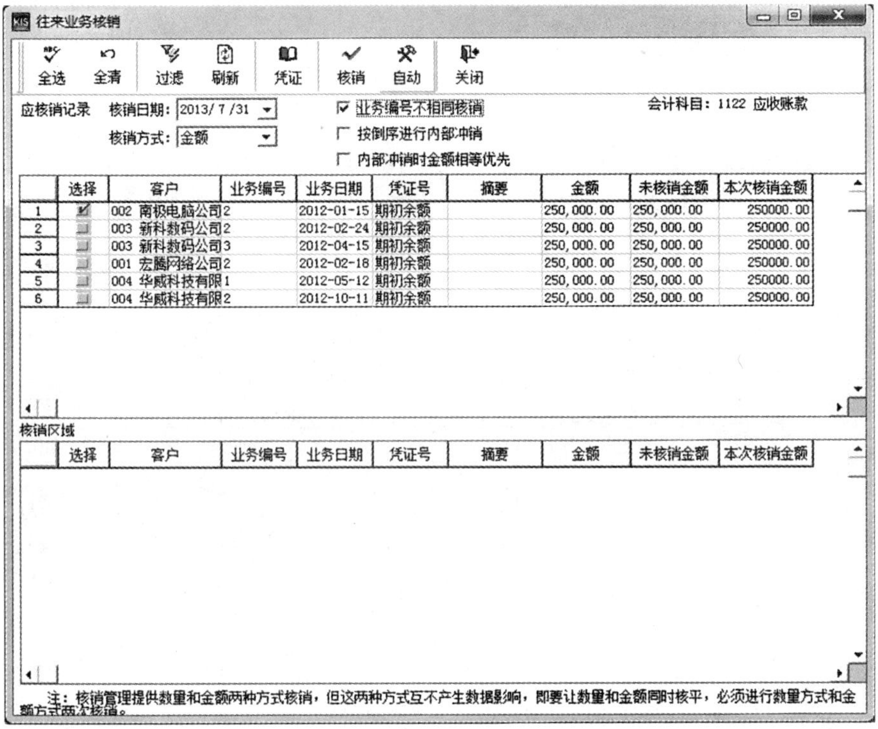

	选择	客户	业务编号	业务日期	凭证号	摘要	金额	未核销金额	本次核销金额
1	☑	002 南极电脑公司	2	2012-01-15	期初余额		250,000.00	250,000.00	250000.00
2	☐	003 新科数码公司	2	2012-02-24	期初余额		250,000.00	250,000.00	250000.00
3	☐	003 新科数码公司	3	2012-04-15	期初余额		250,000.00	250,000.00	250000.00
4	☐	001 宏腾网络公司	2	2012-02-18	期初余额		250,000.00	250,000.00	250000.00
5	☐	004 华威科技有限	1	2012-05-12	期初余额		250,000.00	250,000.00	250000.00
6	☐	004 华威科技有限	2	2012-10-11	期初余额		250,000.00	250,000.00	250000.00

图6－20　往来核销

提示：

“往来业务核销”界面由上下两部分组成，上半部分是需要进行核销的记录，下半部分是收款或是付款业务，选择待核销列表中对应凭证，单击【核销】，核销完成。

记录一经核销，如果金额都核销了，则该笔记录不再显示，表示这笔记录已被核销完成；如果是部分核销，则应显示未核销金额。

系统提供了两种核销方式，即按金额和按数量进行核销。如果核销科目设置了数量金额核算，要让数量和金额同时核平，必须进行数量方式和金额方式的同步核销。

在进行往来业务核销的同时，也可以对已经核销的记录进行撤销处理，即进行反核销。

通过过滤界面查询出已经核销的单据，即核销日志。双击需要反核销的记录，将需要反核销的记录选上，单击【反核销】即可。如果进行了相应的反核销，系统则将已核销的标记去掉，可以重新进行核销。

若需要核销启用前的往来业务，只需将过滤的业务日期选择在系统启用前即可。

在过滤条件界面选择“业务编号＋业务日期”参数时，在往来业务核销界面是按照核算项目、业务编号、业务日期、凭证号的顺序来进行排序的，也按此顺序来核销。相同的业务编号在进行核销时，按业务日期、凭证字号的先后顺序（如果有期初余额，先核销期初余额）进行核销。

往来核销各项参数的说明：

业务编号不相同核销：勾选此选项后，当金额相同、业务编号不同时，同样可以进行核销。该选项只是一个辅助功能，是为了弥补用户一时大意未输入业务编号或输入错误业务编号而提供的一种补救功能。因此建议用户不到万不得已最好不要使用该功能。

按倒序进行内部冲销：内部金额进行冲销时，如果不选择此选项，则负数金额的冲销是从第一条正数金额(业务日期最早)开始冲销；如果选择了此选项，则负数金额的冲销从该笔金额上面的倒数第一条正数金额开始冲销。如果负数金额在第一条，那么选择此选项后将从最后一条正数金额开始冲销。

内部冲销时金额相等优先：即如果在一个核销的内部区域内，有金额相等、方向相反的冲销记录应优先核销。否则按照系统原来的处理程序，冲销金额(负数)从该区域内的一笔正数金额开始按照排列的顺序依次核销，直到核销完为止。

核销完成后，在“往来核销”窗口，点击工具栏的【过滤】按钮，然后设置相应的过滤条件，进入核销日志中查看已核销的记录。如果核销有误，需要反核销处理，则在此界面双击需反核销的记录，使其对应选择列呈勾选状态，然后点击工具栏的【反核销】按钮即可。

注意：在核销记录查询的过滤界面，注意核销日期与业务日期的选择。

期末调汇

期末调汇的操作前提是：只有在“会计科目”中勾选了“期末调汇”选项的科目才会进行期末调汇处理；所有涉及外币业务的凭证和要调汇的会计科目全部录入完毕并审核过账。

在金蝶 KIS 财务软件系统主界面，选择“账务处理”主功能，再点击“期末调汇”子功能，打开“期末调汇”窗口，系统将需要进行期末调汇处理的外币全部列出，在“调整汇率”栏目中录入期末汇率。根据案例资料，本月月底美元汇率为 6.49，如图 6－21 所示。

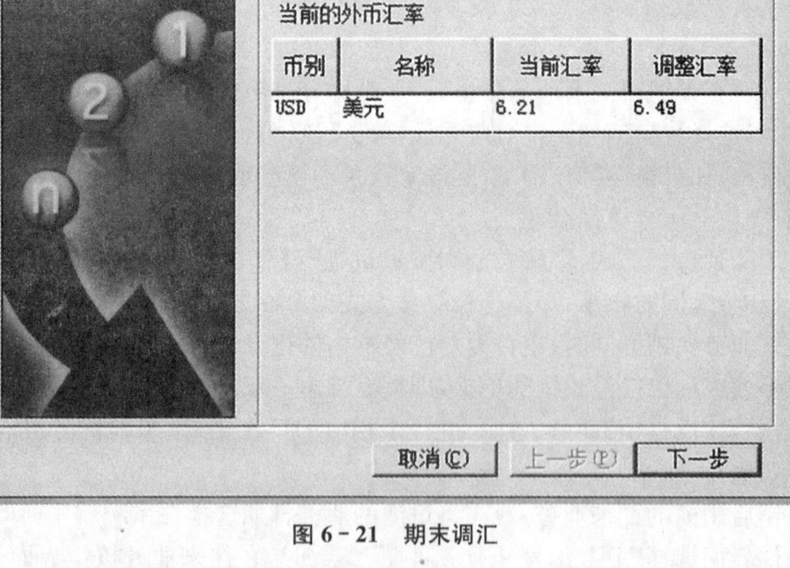

图 6－21　期末调汇

单击【下一步】，设置“汇兑损益科目”和相关选项后，单击【完成】按钮，系统自动完成结转损益的过程，生成一张转账凭证，如图 6－22 所示。

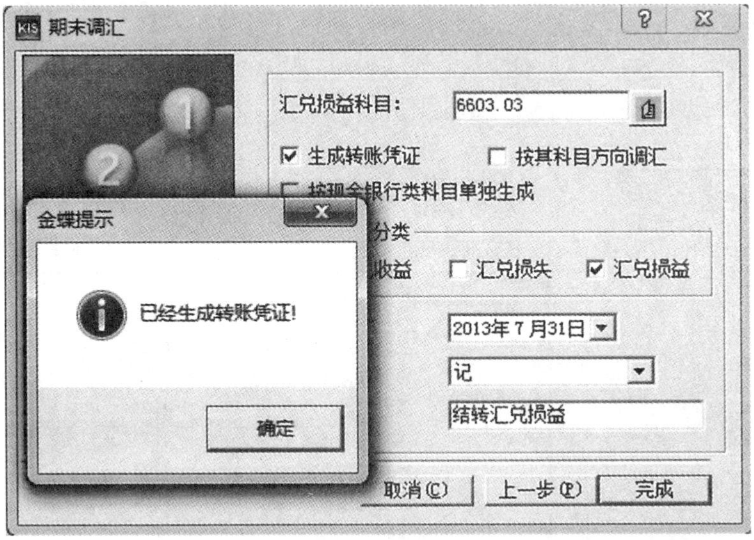

图 6 - 22　调汇设置

如果本期虽然有外币业务，但是调汇时却提示“本期没有业务发生，不需要调汇”，请检查核算外币的科目是否勾选“期末调汇”选项。

结转损益

期末时，应将各损益类科目的余额转入本年利润科目，以反映企业在一个会计期间内实现的利润或亏损的总额。金蝶 KIS 财务软件提供了结转损益功能，使用此功能将所有损益类科目的本期余额全部自动转入本年利润科目，自动生成结转损益记账凭证。

在金蝶 KIS 财务软件系统主界面，选择“账务处理”主功能，再点击“结转损益”子功能。如果在“系统参数”的“财务参数”中未设置“本年利润”与“利润分配”科目，则此时系统弹出如图 6 - 23 所示的提示。

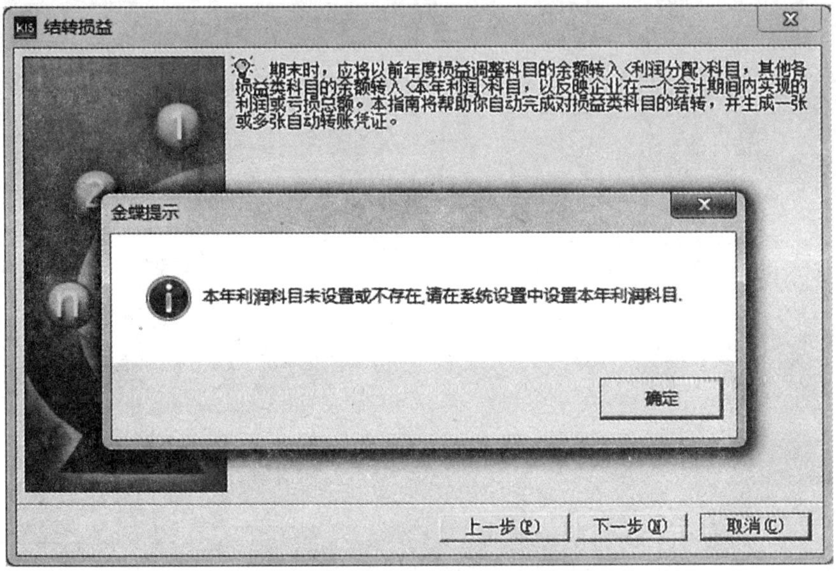

图 6 - 23　本年利润科目未设置提示

设置本年利润及利润分配科目后，打开“结转损益”窗口，单击【下一步】系统弹出所有损益类科目及各自对应的系统参数预设的本年利润科目，如图 6 - 24 所示。

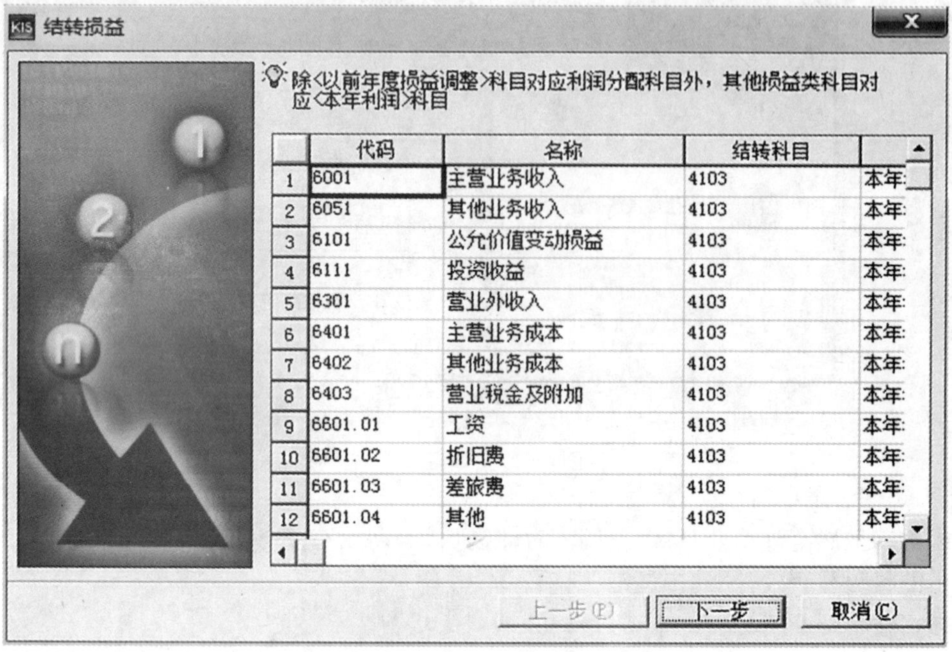

图 6 - 24　结转损益

单击【下一步】进入结转损益设置界面，单击【完成】按钮，系统自动完成结转损益的过程，并提示生成转账凭证的信息，如图 6 - 25 所示。

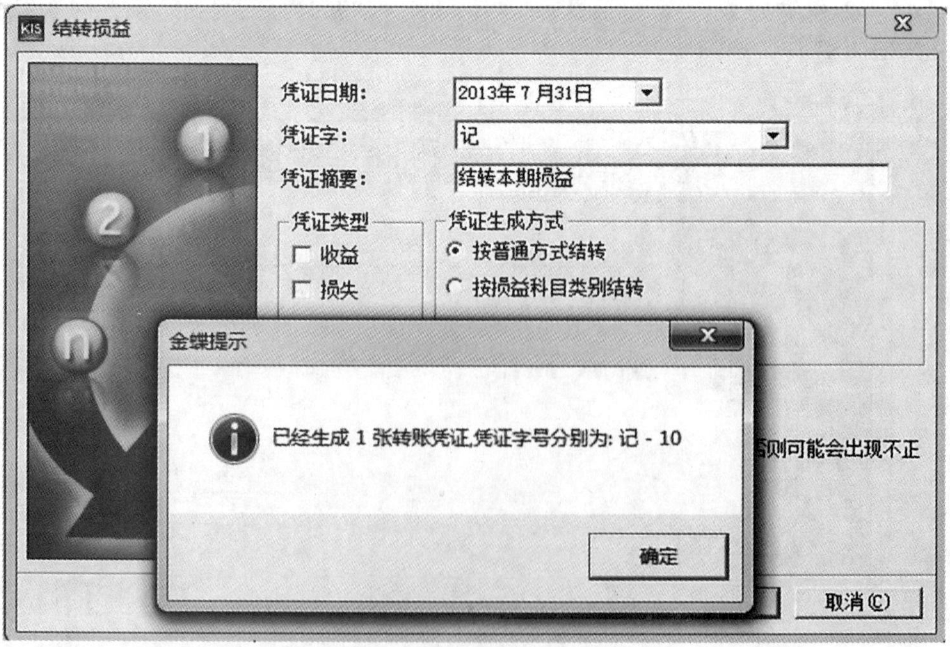

图 6 - 25　生成结转损益凭证

注意：在结转损益前，一定要将所有的凭证全部录入并审核过账，否则结账损益数据不正确。在期末结账前还需要将结转损益生成的凭证进行审核、过账操作。

8. 期末财务负责人进行结账。

在本期所有的会计业务全部处理完毕之后，就可以进行期末结账了。系统的数据处理都是针对本期的，要进行下一期间的处理，必须将本期的账务全部进行结账处理，系统才能进入下一期间。在金蝶KIS财务软件系统主界面，选择“账务处理”主功能，点击“期末结账”子功能，在结账向导中选择“结账”，单击【开始】按钮，在弹出的“金蝶提示”窗口中单击【确定】完成结账操作，如图6－26所示。结账后，系统当前期间将变成下一期。

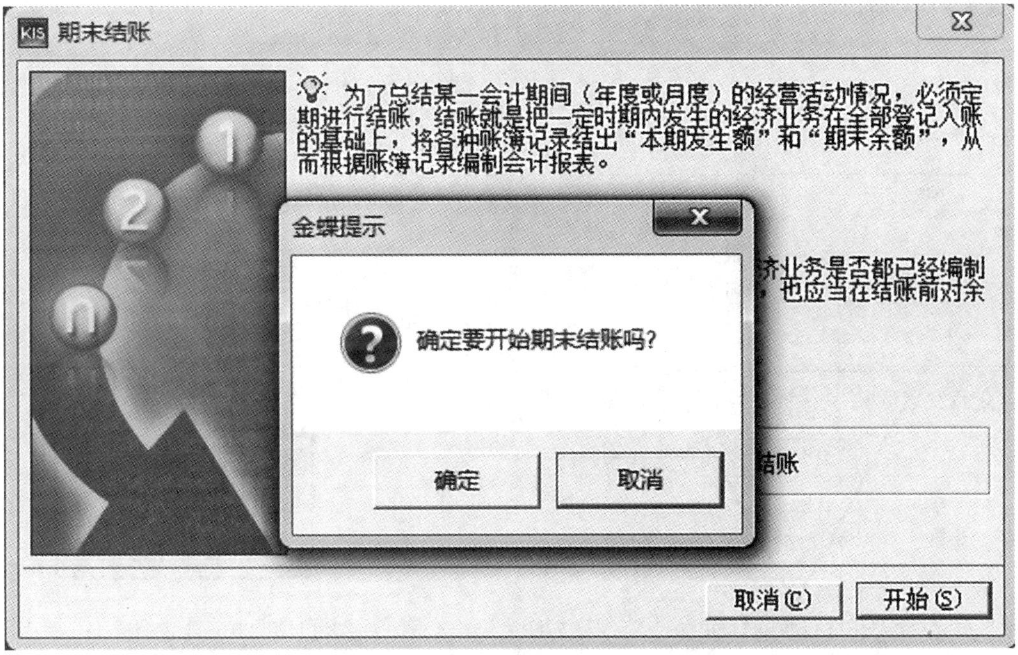

图6－26 期末结账

若需要进行反结账操作，同样只需要在账务处理主功能界面，点击“期末结账”子功能，选择“反结账”即可。

注意：在所有系统的凭证全部生成并且过账，且报表与分析系统中各报表正确输出后，再进行财务系统期末结账的操作。

二、账务处理·工作任务·学生独立做

（一）业务操作

（1）1月2日，南京轻机厂开具的商业承兑汇票20 000元到期，委托银行收款，已收到工行收款通知。

借：银行存款——工商银行　　20 000

　贷：应付票据　　20 000

托收凭证（收款通知）

5

委托日期：2015年1月2日　　　　付款期限　　年　　月　　日

<table>
<tr><td>业务类型</td><td colspan="8">委托收款（√邮划、□电划）　托收承付（□邮划、□电划）</td></tr>
<tr><td rowspan="3">付款人</td><td>全称</td><td colspan="3">南京轻机厂</td><td rowspan="3">收款人</td><td>全称</td><td colspan="3">武汉华强科贸有限责任公司</td></tr>
<tr><td>账号</td><td colspan="3">99876689</td><td>账号</td><td colspan="3">32156546</td></tr>
<tr><td>地址</td><td>江苏省南京市</td><td>开户行</td><td>工行玄武支行</td><td>地址</td><td>创业街</td><td>开户行</td><td>工行洪山支行</td></tr>
<tr><td>金额</td><td colspan="4">人民币
（大写）贰万元整</td><td colspan="5">亿 千 百 十 万 千 百 十 元 角 分
¥ 2 0 0 0 0 0 0</td></tr>
<tr><td>款项内容</td><td colspan="2">电费</td><td>托收凭据名称</td><td colspan="2">电费发票</td><td>附寄单证张数</td><td colspan="3">1</td></tr>
<tr><td colspan="3">商品发运情况</td><td>已发运</td><td colspan="2">合同名称号码</td><td colspan="4">（鄂合）20122323</td></tr>
<tr><td colspan="4">备注
中国工商银行洪山支行
2015.01.02
转讫
复核　　记账</td><td colspan="6">付款人注意：（略）
中国工商银行洪山支行
2015.01.02
结算专用章</td></tr>
</table>

付款人开户行收到日期2015年1月2日　　　　支付日期2015年1月2日

（2）1月2日，收到工商银行通知，将利息收入5 000元入账。

借：银行存款——工行存款　　5 000

　贷：财务费用——利息收入　　5 000

中国工商银行　　业务回单(收款凭证)

入账日期:2015年1月2日　　回单编号:12356000001

付款人户名:

付款人账号:

付款人开户行:

收款人户名:武汉华强科贸有限责任公司

收款人账号:32156546

收款人开户行:中国工商银行洪山支行

币种:人民币(本位币)　　金额(小写):¥5 000.00

金额(大写):伍仟元整

凭证种类:0　　凭证号码:

业务(产品)种类:利息入账　　摘要:利息　　渠道:批量业务

交易机构号:0430100166　　记账柜员:1　　交易代码:60012　　用途:

起息日期:2014-09-21　　止息日期:2015-01-02　　息余积数:　　利率:0.36%　　利息:5 000.00

调整利息:0　　冲正利息:0　　账号:32018018

打印次数:1　　机打回单注意重复　　打印日期:2014年12月27日　　打印柜员:1　　验证码:798664567888777

(中国工商银行 洪山支行 2015.01.02 转讫)

(3) 1月4日,在工行提取现金备用,现金支票号10634297。

借:库存现金　　100 000

　贷:银行存款——工行存款　　100 000

中国工商银行

现金支票存根

23046211

10634297

附加信息

出票日期:2015年01月04日

(武汉华强科贸……财务专用章)

收款人:武汉华强科贸有限责任公司

金　额:¥100 000.00

用　途:备用金

单位主管:吴婷　　会计:黎浪潼

复　核:谢泉　　记账:罗晶莹

(4) 1月5日,发放上月工资。

借:应付职工薪酬——工资　　183 900

　贷:库存现金　　183 900

中国工商银行 资金汇划补充凭证 No. 000078629292

网银打印代理网点号:0155 收报日期:20150105	资金汇划流水号:007362635
业务类型:网上银行付款指令	业务编号:HQP20129433 20120105000789
付款人账号:32156546	收款人账号:
付款人名称:武汉华强科贸有限责任公司	收款人名称:
付款人所在地:武汉市洪山区创业街1号	收款人所在地:
付款人开户行:中国工商银行洪山支行	收款人开户行:
大写金额:人民币壹拾捌万叁仟玖佰元整	
小写金额:RMB183 900.00	
业务处理状态:联机已记账	付款方式:普通
用途:工资 提交人:CLCL. c4567	授权人:
备注:	
柜员号:430010456	

中国工商银行
洪山支行
2015.01.06
转讫

第二联:作为客户通知单 会计 复核 记账

工资结算汇总表

2015 年 01 月

车间、部门	基本工资	综合奖金	津贴	缺勤工资	应付工资
生产工人	126 000	10 200	3 500	300	140 000
基本生产车间管理人员	3 000	800	100	0	3 900
企业管理部门人员	35 000	3 800	1 000	200	40 000
合　计	164 000	14 800	4 600	500	183 900

制表:王方

职工薪酬分配表

2015 年 01 月 30 日

产品、部门	定额工时	工　资		合　计
		分配率	分配额	
智能娃娃	16 000	5	80 000	80 000
史迪仔	12 000	5	60 000	60 000
小　计	28 000	5	140 000	140 000
基本生产车间			3 900	3 900
企业管理部门			40 000	40 000
合　计				183 900

制表:王方

(5) 1 月 7 日,通过武汉华泰证券公司以 103 000 元的价格购入 2014 年 2 月 7 日发行的三年期国债,该债券到期还本付息,年利率 3.6%,票面价值 100 000 元,另支付相关税费 500 元,款项已经通过工商银行转账支付。企业不准备长期持有,直接指定为交易性金融资产。

借:交易性金融资产——成本　　100 000
　　　　　　　　——公允价值变动损益　　3 000
　贷:银行存款——工行存款　　103 000

中国工商银行
转账支票存根
23046871
10456747

附加信息

出票日期 2015 年 01 月 07 日

收款人:武汉华泰证券
金　额:¥103 000.00
用　途:购买债券

单位主管:吴婷　　会计:黎浪潼
复　核:谢泉　　记账:罗晶莹

股票、债券交割单

武汉华泰证券公司　　2015 年 1 月 7 日

客户号	客户姓名	发生日期	委托方式	委托数量	成交价格	手续	金额	证券简称
2827277898	武汉华强科贸有限责任公司	20150107	买入	1 000	103	500	103 500	三年期国债

(6) 1 月 17 日,销售部张俊报销去年预借的差旅费 2 000 元,补付现金 377 元。

借:销售费用——差旅费　　2 377
　贷:其他应收款——其他应收个人款(周力)　　2 000
　　库存现金　　377

差旅费报销单

2015 年 01 月 17 日填报　　第 1 页

姓　名:张俊						出差事由:销售				共 4 天				
起点时间及地址						车船费	通宵乘车	在途补助		住勤补助		住宿	其他	
月	日	起点	月	日	终点	金额	金额	天数	金额	天数	金额	金额	摘要	金额
1	1	武汉	1	1	广州	238.5				4	600	800		500
1	4	广州	1	4	武汉	238.5						现金付讫		
小　　计						477					600	800		500
合计币(大写):贰仟叁佰柒拾柒元整							预支 2 000.00 元 核销 2 377.00 元 补付 377.00 元							

附单据共　张

主管:黄兴　　会计:王方　　出纳:黄芳　　审核:程平　　出差人:张俊

收　款　收　据

2015 年 1 月 17 日

今收到：张俊

人民币(大写)：贰仟元整　　　　　　　　¥：2 000.00

现 金 付 讫

系付：还借支款

备注：报销差旅费 2 377 元，补付现金 377 元

收款单位：武汉华强科贸有限责任公司　　　　　　收款人：黄芳

第三联　记账联

(7) 1 月 22 日，采购部雷达报销差旅费 1 000 元。

借：销售费用——差旅费　　1 000

　贷：其他应收款——其他应收个人款(雷达)　　1 000

差　旅　费　报　销　单

2015 年 01 月 22 日填报　　　　　　第 1 页

姓　名：雷达						出差事由：采购				共 2 天				
起点时间及地址						车船费	通宵乘车	在途补助		住勤补助		住宿	其他	
月	日	起点	月	日	终点	金额	金额	天数	金额	天数	金额	金额	摘要	金额
1	1	武汉	1	1	广州	300				2	200	200		
1	2	广州	1	2	武汉	300								
小　计						600					200	200		
合计币(大写)：壹仟元整								预支＿＿元　核销 1 000.00 元　补付＿＿元						

附单据共　张

主管：黄兴　　会计：王方　　出纳：黄芳　　审核：程平　　出差人：雷达

(8) 1 月 26 日，支付电费 3 500 元。其中：行政部 2 000 元，财务部 1 500 元。

借：管理费用——其他费用(行政部)　　2 000

　　　　——其他费用(财务部)　　1 500

　贷：银行存款　　3 500

托收凭证(付款通知)

5

委托日期:2015 年 1 月 26 日　　　　付款期限　　年　　月　　日

<table>
<tr><td>业务类型</td><td colspan="14">委托收款(√邮划、□电划)　托收承付(□邮划、□电划)</td></tr>
<tr><td rowspan="3">付款人</td><td>全称</td><td colspan="3">武汉华强科贸有限责任公司</td><td rowspan="3">收款人</td><td>全称</td><td colspan="8">武汉供电公司</td></tr>
<tr><td>账号</td><td colspan="3">32156546</td><td>账号</td><td colspan="8">22015151</td></tr>
<tr><td>地址</td><td>创业街</td><td>开户行</td><td>工行洪山支行</td><td>地址</td><td colspan="2">湖北省武汉市</td><td colspan="2">开户行</td><td colspan="4">中国银行东湖高新支行</td></tr>
<tr><td rowspan="2">金额</td><td colspan="3" rowspan="2">人民币
(大写)叁仟伍佰元整</td><td>亿</td><td>千</td><td>百</td><td>十</td><td>万</td><td>千</td><td>百</td><td>十</td><td>元</td><td>角</td><td>分</td></tr>
<tr><td></td><td></td><td></td><td></td><td>¥</td><td>3</td><td>5</td><td>0</td><td>0</td><td>0</td><td>0</td></tr>
<tr><td>款项内容</td><td>电费</td><td>托收凭据名称</td><td colspan="2">电费发票</td><td colspan="3">附寄单证张数</td><td colspan="7">1</td></tr>
<tr><td colspan="3">商品发运情况　已发运</td><td colspan="3">合同名称号码</td><td colspan="9">(鄂合)20122323</td></tr>
<tr><td colspan="3">备注
中国工商银行洪山支行
2015.01.26
转讫
复核　记账</td><td colspan="12">付款人注意:(略)
中国工商银行洪山支行
2015.01.26
结算专用章</td></tr>
</table>

付款人开户行收到日期 2015 年 1 月 26 日　　　　支付日期 2015 年 1 月 26 日

武汉华强科贸有限责任公司水、电费用分配表

2015 年 01 月 26 日

使用部门	单价	用电量	金额(元)
行政部	1.00	2 000	2 000
财务部	1.00	1 500	1 500
合计		3 500	3 500

(9) 1 月 10 日,向有关供应商采购商品,发票同时到达。“往来业务”按照年月日和序号填写,如 2015011001。

① 借:在途物资　22 950.00

　　应交税费——应交增值税(进项税额)　3 901.50

　贷:应付账款——[01]天华集团公司　26 851.50

湖北省增值税专用发票

No00000000566

全国统一发票监制章 湖北 国家税务总局监制

发票联

校验码：14524　　开票日期：2015年1月10日

购货单位			
名称	武汉华强科贸有限责任公司	密码区	
纳税人识别号	570112324374443		
地址、电话	武汉市洪山区创业街1号 027-87762726		
开户行及账号	中国工商银行洪山支行 32156546		

货物或应税劳务名称	单位	数量	单价	金额 千	百	十	万	千	百	十	元	角	分	税率	金额 百	十	万	千	百	十	元	角	分
A材料	件	10					2	2	9	5	0	0	0	17%				3	9	0	1	5	0
合计						¥	2	2	9	5	0	0	0	17%			¥	3	9	0	1	5	0

价税合计（大写）　零仟零佰零拾贰万陆仟捌佰伍拾壹元伍角零分　（小写）¥26 851.50

销货单位			
名称	天华集团公司	备注	天华集团有限责任公司 670110024375913 发票专用章
纳税人识别号	670110024375913		
地址、电话	武汉市江夏区140号		
开户行及账号	工行江夏支行 27415963		

收款人：　　　复核：　　　开票人：

第一联：发票联 购买方核算采购成本和增值税进项税额的记账凭证

② 借：在途物资　40 500.00

　　应交税费——应交增值税（进项税额）　6 885.00

　贷：应付账款——[02]宏喜商贸公司　47 385.00

湖北省增值税专用发票

No00000000066

全国统一发票监制章 湖北 国家税务总局监制

发票联

校验码：10574　　开票日期：2015年1月10日

购货单位			
名称	武汉华强科贸有限责任公司	密码区	
纳税人识别号	570112324374443		
地址、电话	武汉市洪山区创业街1号 027-87762726		
开户行及账号	中国工商银行洪山支行 32156546		

货物或应税劳务名称	单位	数量	单价	金额 千	百	十	万	千	百	十	元	角	分	税率	金额 百	十	万	千	百	十	元	角	分
B材料	件	10					4	0	5	0	0	0	0	17%				6	8	8	5	0	0
合计						¥	4	0	5	0	0	0	0	17%			¥	6	8	8	5	0	0

价税合计（大写）　零仟零佰零拾肆万柒仟叁佰捌拾伍元零角零分　（小写）¥47 385.00

销货单位			
名称	宏喜商贸公司	备注	宏喜商贸有限责任公司 670123431233 发票专用章
纳税人识别号	670123431233		
地址、电话	武汉市江岸区20号		
开户行及账号	工行江岸支行 23434976		

收款人：　　　复核：　　　开票人：

第一联：发票联 购买方核算采购成本和增值税进项税额的记账凭证

③ 借：在途物资　　163 168.00

　　应交税费——应交增值税（进项税额）　　27 738.56

　　贷：应付账款——[03]华泰批发部　　190 906.56

湖北省增值税专用发票

No00000000366

全国统一发票监制章　发票联　湖北　国家税务总局监制

校验码：10574　　开票日期：2015 年 1 月 10 日

购货单位			密码区
	名称	武汉华强科贸有限责任公司	
	纳税人识别号	570112324374443	
	地址、电话	武汉市洪山区创业街 1 号 027－87762726	
	开户行及账号	中国工商银行洪山支行 32156546	

货物或应税劳务名称	单位	数量	单价	金额 千	百	十	万	千	百	十	元	角	分	税率	金额 百	十	万	千	百	十	元	角	分
C 材料	件	10				1	6	3	1	6	8	0	0	17%			2	7	7	3	8	5	6
合计					¥	1	6	3	1	6	8	0	0	17%		¥	2	7	7	3	8	5	6

价税合计（大写）	零仟零佰壹拾玖万零仟玖佰零拾陆元伍角陆分　（小写）¥190 906.56

销货单位			备注
	名称	华泰批发部	华泰批发部 670167891233 发票专用章
	纳税人识别号	670167891233	
	地址、电话	武汉市蔡甸区 12 号	
	开户行及账号	工行蔡甸支行 87545778	

收款人：　　复核：　　开票人：

第一联：发票联　购买方核算采购成本和增值税进项税额的记账凭证

（10） 1 月 15 日，采购商品入库。

借：库存商品　　274 618.00

　　贷：在途物资　　274 618.00

收　料　单　　1

供货单位：天华集团公司

发票号码：No00007659

2015 年 1 月 15 日　　收货仓库：A 仓库

材料类别	名称及规格	计量单位	数量 应收	数量 实收	实际成本 单价	实际成本 金额	计划成本 单价	计划成本 金额	差异
A 材料	T1	件	10	10	2 295	22 950.00			
合计			10	10	2 295	22 950.00			

此联验收留存

验收：孟飞　　保管：王红　　记账：倪芳　　制单：王红

收 料 单 1

供货单位：宏喜商贸公司

发票号码：No00007660

2015 年 1 月 15 日　　　　收货仓库：A 仓库

材料类别	名称及规格	计量单位	数量		实际成本		计划成本		差异
			应收	实收	单价	金额	单价	金额	
B 材料	T2	件	10	10	4 050	40 500			
合计			10	10	4 050	40 500			

此联验收留存

验收：孟飞　　保管：王红　　记账：倪芳　　制单：王红

收 料 单 1

供货单位：华泰批发部

发票号码：No00007659

2015 年 1 月 15 日　　　　收货仓库：A 仓库

材料类别	名称及规格	计量单位	数量		实际成本		计划成本		差异
			应收	实收	单价	金额	单价	金额	
C 材料	T3	件	10	10	16 316.80	163 168.00			
合计			10	10	16 316.80	163 168.00			

此联验收留存

验收：孟飞　　保管：王红　　记账：倪芳　　制单：王红

(11) 1 月 20 日，销售商品，发票已开。"往来业务"按照年月日和序号填写。

① 借：应收账款——[01]美家商场　　204 165.00

　　贷：主营业务收入　　174 500.00

　　　　应交税费——应交增值税（销项税额）　　29 665.00

湖北省增值税专用发票

No00000007566

此联不作报销、扣税凭证使用

校验码：23224　　开票日期：2015 年 1 月 20 日

购货单位		密码区
名　称	武汉美家商场	
纳税人识别号	98789764786754	
地址、电话	武汉市洪山区路南街 10 号 027－87658657	
开户行及账号	中国工商银行洪山支行 67538907	

货物或应税劳务名称	单位	数量	单价	千	百	十	万	千	百	十	元	角	分	税率	百	十	万	千	百	十	元	角	分
甲产品	件	10				1	7	4	5	0	0	0	0	17%			2	9	6	6	5	0	0
合　计					¥	1	7	4	5	0	0	0	0	17%		¥	2	9	6	6	5	0	0

价税合计（大写）　零仟零佰贰拾零万肆仟壹佰陆拾伍元零角零分　（小写）¥204 165.00

销货单位		备注
名　称	武汉华强科贸有限责任公司	
纳税人识别号	570112324374443	
地址、电话	武汉市洪山区创业街 1 号 027－87762726	
开户行及账号	中国工商银行洪山支行 32156546	

武汉华强科贸有限责任公司 570112324374443 发票专用章

第一联：记账联　销货方记账凭证

收款人：　　复核：　　开票人：

产品销售发货单

购货单位：　　　　2015年1月20日　　　　运输方式：公路

产品名称	规格型号	计量单位	数量	金额	备注
甲产品		件	10	174 500	

第二联

销售部门负责人：王毅　　　发货人：吴晴　　　提货人：萧阳

② 借：应收账款——[04]鑫宇风华公司　　290 160.00

　贷：主营业务收入　　248 000.00

　　应交税费——应交增值税（销项税额）　　42 160.00

湖北省增值税专用发票

No00000007567

此联不作报销、扣税凭证使用

校验码：23225　　　开票日期：2015年1月20日

全国统一发票监制章 湖北 国家税务总局监制

购货单位			密码区	
	名　称	武汉鑫宇风华有限公司		
	纳税人识别号	533639359604934		
	地址、电话	武汉市洪山区关山大道109号 027-88976576		
	开户行及账号	中国工商银行洪山支行 73549583		

货物或应税劳务名称	单位	数量	单价	金额 千	百	十	万	千	百	十	元	角	分	税率	税额 百	十	万	千	百	十	元	角	分
乙产品	件	10				2	4	8	0	0	0	0	0	17%			4	2	1	6	0	0	0
合　计					¥	2	4	8	0	0	0	0	0	17%		¥	4	2	1	6	0	0	0

价税合计（大写）	零仟零佰贰拾玖万零仟壹佰陆拾零元零角零分　（小写）¥290 160.00

销货单位			备注
	名　称	武汉华强科贸有限责任公司	武汉华强科贸有限责任公司 570112324374443 发票专用章
	纳税人识别号	570112324374443	
	地址、电话	武汉市洪山区创业街1号 027-87762726	
	开户行及账号	中国工商银行洪山支行 32156546	

第一联：记账联　销货方记账凭证

收款人：　　　复核：　　　开票人：

产品销售发货单

购货单位：　　　　2015年1月20日　　　　运输方式：公路

产品名称	规格型号	计量单位	数量	金额	备注
乙产品		件	10	248 000	

第二联

销售部门负责人：王毅　　　发货人：吴晴　　　提货人：萧阳

（二）期末结账实验

1. 期末业务（手工录入）

（1）1月31日，结转销售成本。

借：主营业务成本　　343 213.58

　贷：库存商品　　343 213.58

（2）1月31日，按当月应缴增值税额计算应交的城市维护建设费（税率7%，33 299.94×7%）。

借：营业税金及附加　　2 331.00

　贷：应交税费——应交城市维护建设费　　2 331.00

2. 自动转账

按当月应发工资总额的14%，计提职工福利费（注：采用账务处理“自动转账”功能完成）。

借：销售费用——福利费（销售部）　　1 554.87

　　　　　——福利费（采购部）　　1 673.00

　管理费用——福利费（行政部）　　3 056.13

　　　　　——福利费（财务部）　　2 237.60

　贷：应付职工薪酬——职工福利　　8 521.60

表17　凭证参数表

科　目	方向	核算项目	公　　式
管理费用——福利费	借	部门——行政部	ACCT("6602.05|部门|01","JF","RMB",0,0,0,"")＊0.14
管理费用——福利费	借	部门——财务部	ACCT("6602.05|部门|02","JF","RMB",0,0,0,"")＊0.14
销售费用——福利费	借	部门——销售部	ACCT("6601.05|部门|03","JF","RMB",0,0,0,"")＊0.14
销售费用——福利费	借	部门——采购部	ACCT("6601.05|部门|04","JF","RMB",0,0,0,"")＊0.14
应付职工薪酬——职工福利	贷		(ACCT("6601.05","JF","RMB",0,0,0,"")＋ACCT("6602.05","JF","RMB",0,0,0,""))＊0.14

3. 期末调汇

1月31日，期末汇率调整，期末汇率为1美元＝6.45元人民币（使用账务处理的“期末调汇”功能生成）。

借：财务费用——汇兑损益　　500

　贷：银行存款——中行存款　　500

4. 结转损益

1月31日，结转损益（由账务处理的“结转损益”功能自动生成）。

6.2 账务处理·理论知识

账务处理是财务会计系统中最核心的系统，以凭证处理为中心，进行账簿报表的管理，可与各个业务系统无缝连接，实现数据共享，企业所有的核算最终在总账中体现。

在已建立会计制度，原始凭证真实、合法、完整的前提下，用户完成账套的初始化并成功启用账套后，财务人员需要以凭证的方式记录公司发生的实际经济业务。同时，按照实际的工作要求，对凭证进行审核、过账，发现错误进行修改、删除。月末的时候还要进行损益结转、期末调汇等工作。另外，往来业务管理也是企业管理的重要环节。在本月所有的经济业务都已经入账后，为了结束这一会计期间(如月度和年度)的经营活动操作，必须定期进行结账。在所有会计事项(包括账务处理、固定资产、工资管理、应收应付)均已生成凭证且过账的情况下，我们就可以进行月底结账了。

6.3 账务处理·操作指南

账务处理以凭证处理为中心，并进行账簿报表的管理，企业最终的核算都会在财务处理中体现。在财务处理模块中，可以对会计科目同时设置四个核算项目进行多重辅助核算。

通过期初基础资料的设置，完成企业的凭证日常业务处理、期末业务处理等整个财务处理流程。在凭证处理业务中，可以实现凭证的生成、审核、过账和修改等整个凭证管理的操作，往来业务管理中可以实现往来业务的对账、核销管理。同时提供了自动转账的设置，在设置好自动转账模板后，期末可由系统自动生成转账凭证，无需手工录入。期末调汇用于对外币核算的账户在期末自动计算汇兑损益，生成汇兑损益转账凭证及期末汇率调整表。期末损益自动结转，并生成损益凭证。

在完成本期所有会计业务之后，通过期末结账将账套数据结转到下一期。

项目 7

报表管理

7.1 报表管理·工作任务

在金蝶财务软件报表管理模块,对师生教学做和学生独立做提供的两家企业进行常用报表的编制、查询及管理。

一、报表管理·工作任务·师生教学做

1. 7月31日,编制资产负债表、利润表、现金流量表,注意完整的表头表尾。

2. 通过自定义报表中批量填充功能按照客户编制应收款明细表。

3. 通过自定义报表中表页管理编制1～12期利润表。

4. 财务人员将资产负债表与科目余额表中的数据进行比对,检查是否正确。

操作步骤:

1. 编制资产负债表、利润表、现金流量表。

(1) 资产负债表。

① 报表计算。

在“报表与分析”界面,选择“我的报表”→“资产负债表”,进入“资产负债表”窗口,点击“菜单”下的“数据”→“自动计算”,系统会自动按照设置的取数公式完成报表的计算,如图7-1所示。

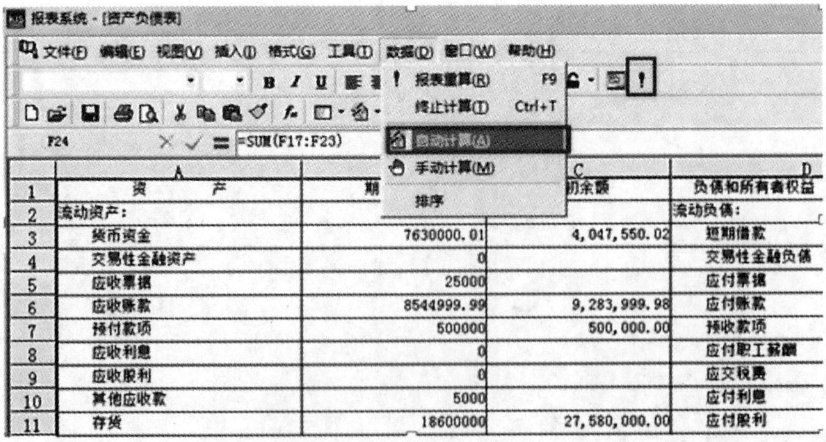

图7-1 资产负债表

注:按工具栏中的快捷按钮也能达到相同效果。

② 报表权限控制。

提示:除系统管理员用户外,其他用户若需查看相关报表,需要在对应的报表中进行单独

授权。

具体操作为：以系统管理员用户登录软件并打开对应报表，点击菜单“工具”→“报表权限控制”，在“授权”窗口，点击选择需要授权的用户，在“访问类型”下拉列表中选择对应的类型“完全控制”，再单击【添加】按钮即可，如图7-2、图7-3所示。

图7-2　报表权限控制

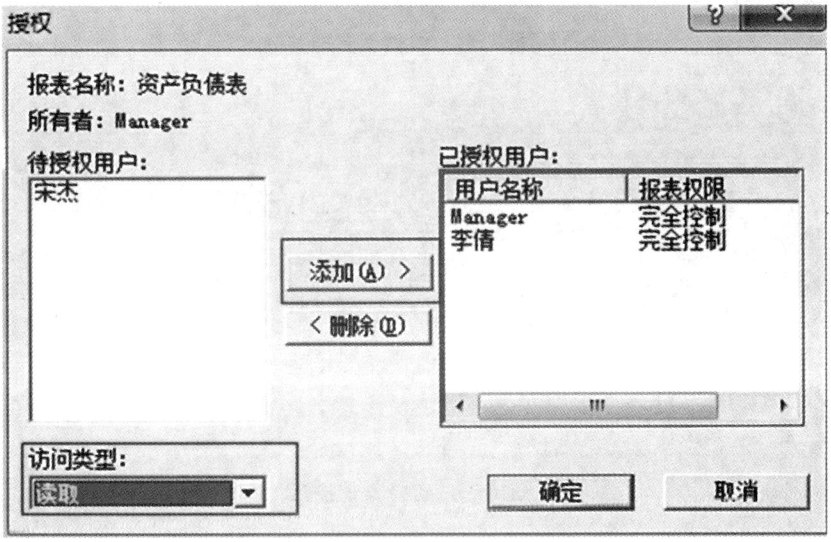

图7-3　报表授权

③ 报表属性设置。

在报表的页眉页脚设置中，系统同样提供了丰富的取数函数。如需在表头设置报表的编制日期为报表查询期间的日期，则可通过如下公式实现：&[RPTDATE("YYYY-MM-DD")]。

其操作步骤为：打开“资产负债表”，点击菜单“格式”→“表属性”，单击“页眉页脚”页签，选择对应的页眉后单击“编辑页眉页脚”，在“自定义页眉页脚”窗口，单击【其他】按钮，选择对应的函数 RPTDATE，双击该函数或单击下方的【确定】按钮，返回“自定义页眉页脚”窗口，单击【确定】保存设置即可，如图 7-4、图 7-5、图 7-6、图 7-7 所示。

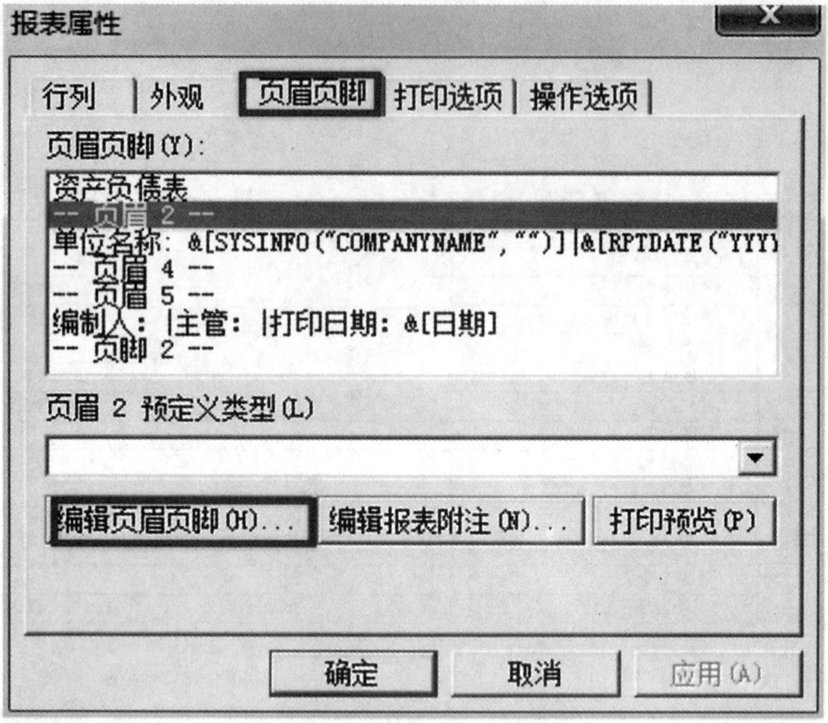

图 7-4　编辑页眉页脚

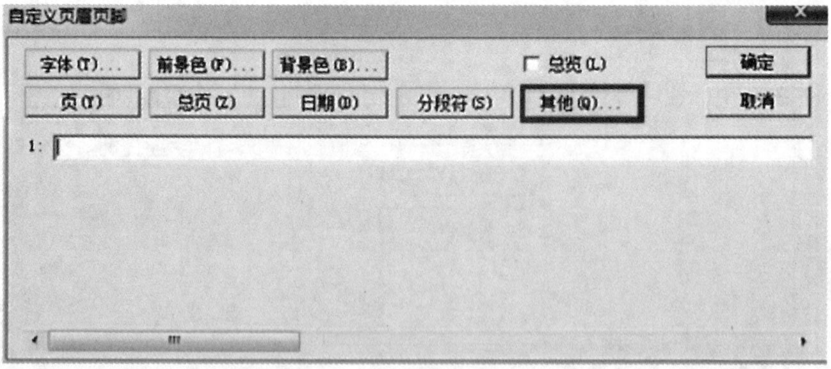

图 7-5　选择其他按钮

其他功能不再一一进行说明，其表格的设置与 Excel 表相似，用户可自行进行操作。

④ 报表项目公式设置。

接下来，对资产负债表、利润表中的项目公式进行详细的介绍。资产负债表、利润表均是通过 ACCT 函数(总账科目取数)进行取数的。以货币资金期末余额为例，我们来讲解它的公式是如何设置的。

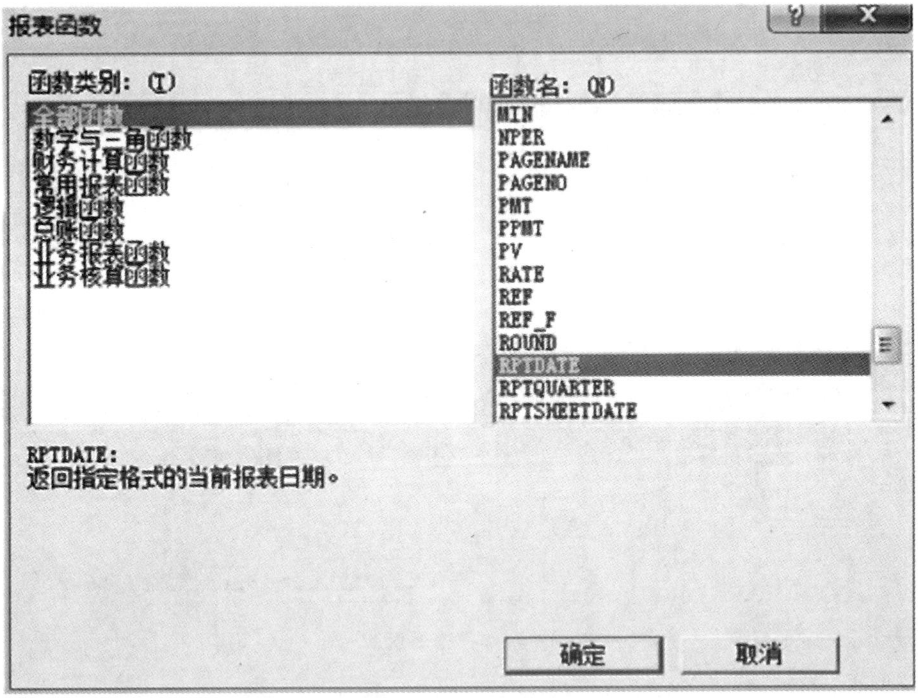

图 7－6　选择报表函数

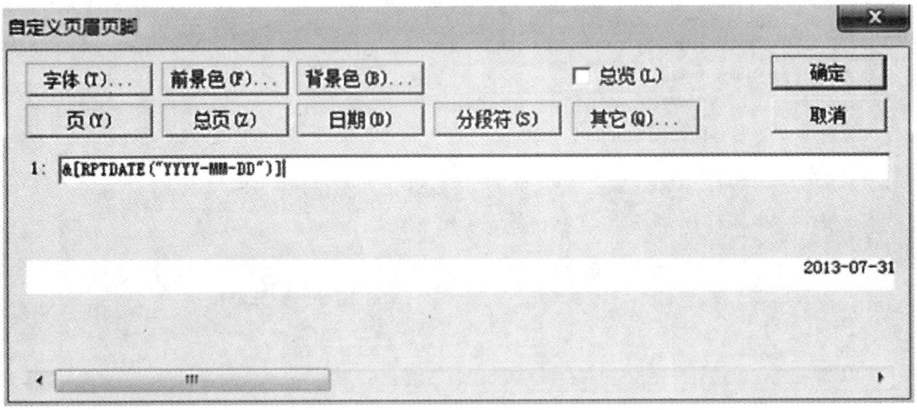

图 7－7　自定义页眉页脚

选中货币资金期末余额单元格，然后点击工具栏的 $f(x)$ 按钮，打开“报表函数”窗口。选择函数类别为“全部函数”，选择函数名为“ACCT”，此时可以看到窗口下方显示 ACCT 函数的说明，如图 7－8 所示。

单击【确定】按钮，调出 ACCT 公式设置界面，如图 7－9 所示。

在科目栏按 F7 键，进入到科目设置界面，选择科目代码及核算项目类别、代码，如图 7－10 所示。此处的科目代码、核算项目代码范围要求是连续的，如果不连续，则要分开设置 ACCT 公式。

设置完成后，单击【确定】按钮，科目代码会自动填入到科目栏中。取数类型通过按 F7 键调出所有类型后双击进行选择。

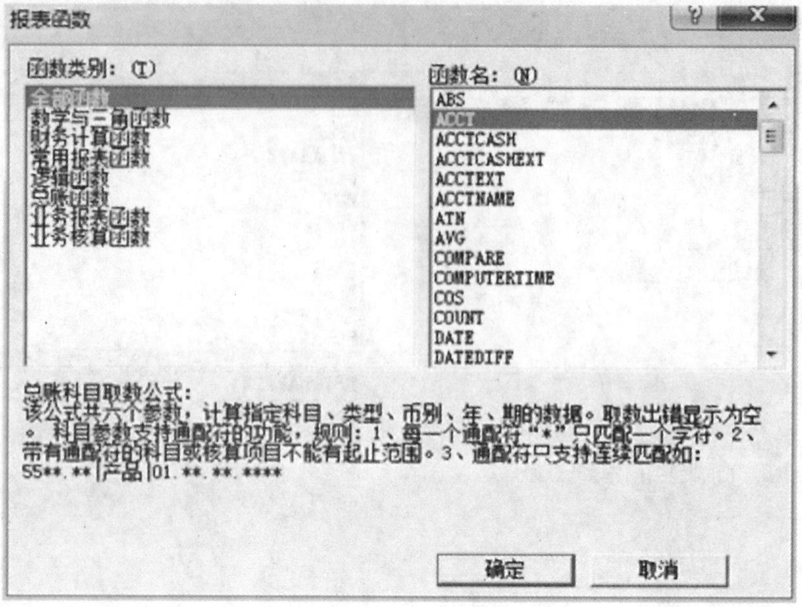

图 7－8　报表函数

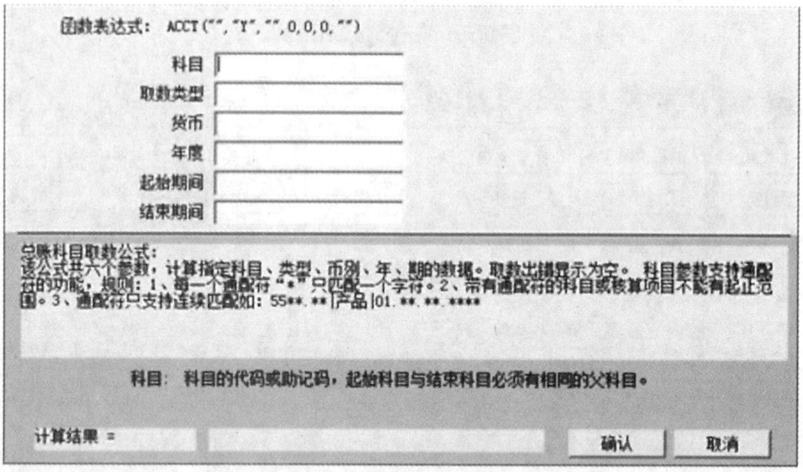

图 7－9　ACCT 公式设置

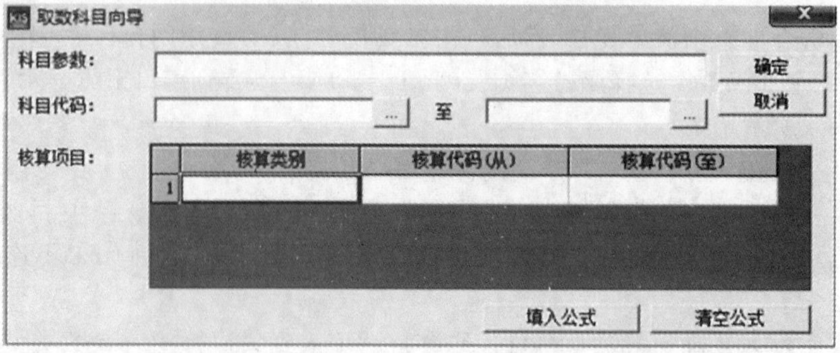

图 7－10　科目设置

货币、年度、起始期间、结束期间可以不用设置，系统自动默认为“综合本位币”、“本年”、“本期”、“本期”。如果填写，则直接填写数字，如年度“2013”，起始期间“7”；也可填入“-1”，代表上一年度或上一期。如果此处未填写，或填入“-1”，则报表取数时会受公式取数参数中缺省币别、缺省年度、开始期间、结束期间所影响。后面将对公式取数参数进行相关说明。

公式中各参数设置完成后，单击【确认】按钮，公式将填入货币资金期末余额单元格中。由于货币资金是由现金、银行存款以及其他货币资金组成的，因此，公式需设置为三者的期末余额相加。其他货币资金与银行存款的科目代码不连续，因此，需单独设置 ACCT 公式。在上述操作已填入的 ACCT("1001:1002","Y","",0,0,0,"")公式后输入“+”号，然后再重复 ACCT 函数的设置，科目代码修改为“1012”即可。

在资产负债表中，期末余额使用的取数类型为“Y”，年初余额使用的取数类型为“C”。由于年初余额表示本年第一期的期初余额，因此年初余额公式中起始期间与结束期间需要填入“1”。

根据新会计准则，资产负债表中应收账款、预收账款、应付账款、预付账款的公式设置有一定特殊性，应收账款的期末余额为应收账款借方期末余额与预收账款借方期末余额相加，因此公式为：

应收账款期末余额=ACCT("1122","JY","",0,0,0,"")+ACCT("2203","JY","",0,0,0,"")

公式中“JY”代表借方期末余额。

同理，预收账款期末余额为应收账款贷方期末余额与预收账款贷方期末余额相加，因此公式为：

预收账款期末余额=ACCT("2203","DY","",0,0,0,"")+ACCT("1122","DY","",0,0,0,"")

公式中“DY”代表贷方期末余额。

应付账款与预付账款同样的原理，公式如下：

应付账款期末余额=ACCT("2202","DY","",0,0,0,"")+ACCT("1123","DY","",0,0,0,"")

预付账款期末余额=ACCT("1123","JY","",0,0,0,"")+ACCT("2202","JY","",0,0,0,"")

未分配利润的取数公式为利润分配与本年利润期末余额相加，如果采用的是表结法，由于只在年末一次性结转损益，本年利润无余额，因此，需要将本年利润的 ACCT 公式换为 REF_F 的公式，设置为取同期利润表中净利润单元格的数据。

完成公式的编制后，单击【保存】按钮将数据保存。报表公式设置过程中如果编辑时间较长，建议随时保存报表，以免出现异常情况，导致重复工作。

⑤ 公式取数参数设置。

前面提到的公式取数参数，主要是对整张表页的公共参数进行设置，主要包括取数期间、取数的范围、币别、报表计算的方式及其取数小数的舍取位数等。一般情况下，主要用于查询以前期间或以前年度报表的参数设置。点击菜单栏中的“工具”→“公式取数参数”命令，打开“设置公式取数参数”窗口。

公式取数参数各参数的说明如表7-1所示。

表 7-1 公式取数参数说明

参 数	说 明
缺省年度、开始期间和结束期间	缺省年度与缺省期间是用于设置基于会计期间的公式(如账上取数 ACCT)的缺省年度和缺省期间值。在这些公式设置时,如果未设置会计年度和会计期间值,则取数时系统自动采用此处设置的年度和期间进行取数。例如:当前期间为 2011 年 6 月,如果账套以前期间就开始启用,要查询 2011 年 5 月的资产负债表,则将公式取数参数中开始期间与结束期间都填入"5",单击【确定】按钮,再进行报表重算。此时,报表显示的是 2011 年第 5 期的数据,右下角同样会显示 2011 年第 5 期,前提是报表各项目 ACCT 取数公式中未设置具体的年度、期间。
缺省币别	默认为综合本位币,与缺省年度作用类似,主要用于公式中未设置具体币别时,系统自动采用此处设置的币别进行取数。
开始日期和结束日期	报表〈开始日期〉和〈结束日期〉是基于按日期取数的函数 ACCTEXT 而言的,对其他的函数无效。如果设置 ACCTEXT 函数时未设置开始日期和结束日期,则以此处设置为准进行取数。 在输入框中输入当前的期间号,单击【确定】后,报表期间就设置成功了。这时,报表系统的状态栏的期间处会显示用户的期间号(未设置报表期间时,状态栏中显示中文〈当前期间〉)。
ACCT 函数包括未过账凭证	如果选中了这个选项,则 ACCT 函数在进行取数计算时,会包括账套当前期间的未过账凭证(不包括当前账套期间以后期间中的未过账凭证),否则,系统的 ACCT 函数只是对已过账的凭证进行取数。
报表打开时自动重算	如果选中了这个选项,在每次打开报表时都会自动对报表进行计算。如果不选择该选项,则打开报表时将显示最后一次计算后的结果。 建议用户一般不要选择这个选项,否则每次打开报表时都会执行一遍报表计算,影响报表的打开时间。当然,如果报表的数据是动态变化的,每次都需要看到最新的计算结果,此时就应选择该选项。
数值转换	在数值转换功能中,可以对报表的数据进行乘或除的转换。用户可将其用于对特殊报表的转换。例如,把表内数据转换成以万元为单位的万元表。
运算符	可以选择乘或除以一个系数。如果是乘,则将报表数据乘以设置的转换系数;如果是除,则用报表数据除以指定的转换系数。
转换系数	具体录入一个数值,报表中的数据将乘以或除以这个数值。
控制小数位数	对乘或除以转换系数以后的数据结果进行小数位数的设置,可以具体录入小数位数。如录入为 2,则表示所有计算后的数据保留两位小数;录入为 3,则表示所有计算后的数据保留 3 位小数。

提示:

报表无撤销功能,因此,实际操作时要谨慎。

报表计算完成后,检查资产类合计数是否等于负债及所有者权益合计数。如果不等,可与科目余额表进行对比,检查哪个科目数据错误,再查找相关原因。

(2) 利润表。

利润表的相关操作与资产负债表类似。

需要注意的是 ACCT 公式中的取数类型，利润表中一般用到两种取数类型：SY 代表利润表本期实际发生额；SL 代表利润表本年实际发生额。当用到这两种取数类型时，涉及结转损益的操作，不能直接手工录入凭证，而必须通过系统自带的结转损益功能进行处理，否则利润表中无法正常取数。

(3) 现金流量表。

现金流量表的编制方法有两种：一是在凭证录入时指定，二是 T 形账户法。

现金流量表分为主表和附表两部分：

① 主表。

现金流量表主表部分是以“现金流入－现金流出＝现金流量净额”为基础的，主表分为四部分，分别为经营活动、投资活动、筹资活动及汇率变动所产生的现金流量，分别报告企业的现金流入和流出量。

② 附表。

附表也称为补充资料，现金流量表附表分为三部分，分别为将净利润调节为经营活动现金流量、不涉及现金收支的重大投资和筹资活动、现金及现金等价物净变动情况。

系统已预设现金流量项目，在金蝶 KIS 财务软件系统主界面，选择“基础设置”主功能，再点击“核算项目”子功能，在“核算项目资料”列表中可以选择现金流量项目进行查看、新增、修改等操作。

a. 凭证录入时指定。

凭证录入时可以同时指定现金流量表项目，且系统提供相关参数控制。选择“基础设置”→“系统参数”→“财务参数”，系统提供了如下两个参数：“录入凭证时必须指定现金流量项目”和“录入凭证时必须指定现金流量附表项目”。由企业根据需要决定是否勾选这两个选项，且可以随时修改，如图 7－11 所示。

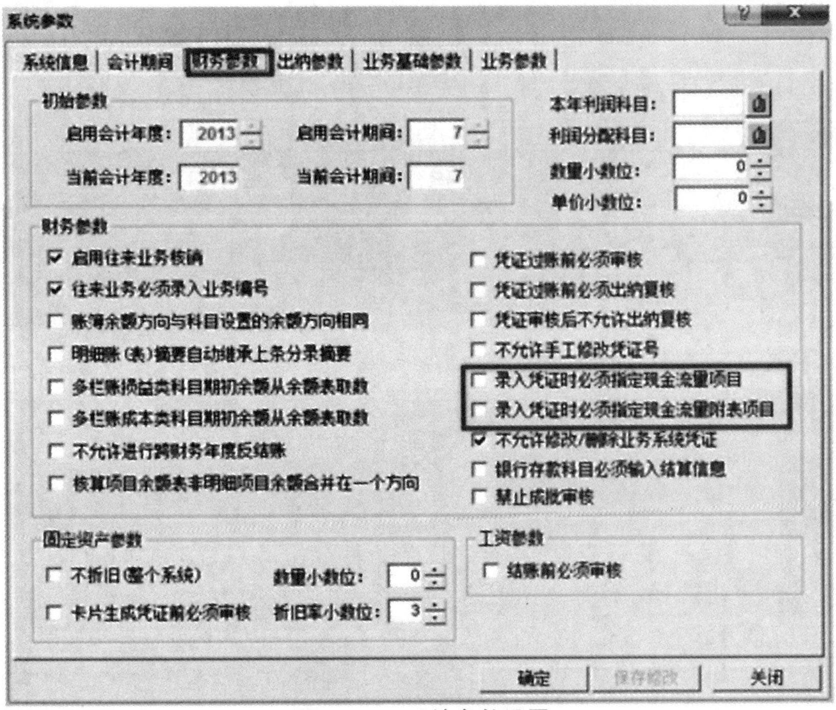

图 7－11 系统参数设置

若勾选则在录入凭证时如果凭证涉及现金流量项目及附表项目，则必须先指定对应的现金流量项目才能进行凭证保存，如图 7－12 所示。

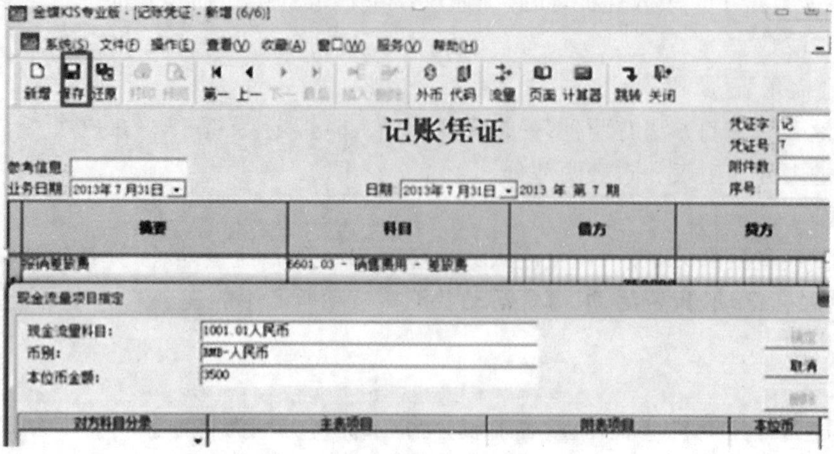

图 7－12 凭证保存前需指定现金流量项目

在未勾选上述参数时，企业若需通过凭证指定现金流量，可在凭证录入时指定；或在凭证保存后，点击“凭证管理”，进入“会计分录序时簿”窗口，选择需要指定现金流量项目的凭证，双击打开凭证，在凭证界面单击【流量】按钮，或直接在会计分录序时簿的工具栏中单击【流量】按钮调出“现金流量项目指定”窗口指定对应的现金流量项目，如图 7－13、图 7－14 所示。

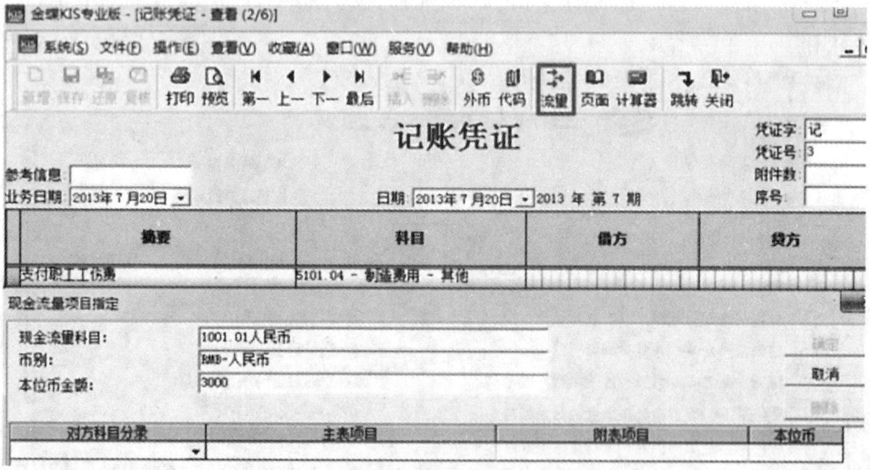

图 7－13 在凭证中指定现金流量

b. T 形账户法。

点击“报表与分析”→“T 形账户”，进入“过滤条件”界面，可以按期间查询，也可以按日期查询。T 形账数据可以选择将未过账凭证包括在内，可以按所有现金类科目也可按某一会计科目进行拆分，汇总方式有“按现金类汇总”和“按一级科目汇总”两种方式，如图 7－15 所示。

进入“T 形账户”操作窗口后，选择某一行，单击右键，选择展开方式，如“按下级科目展开”，如图 7－16 所示。

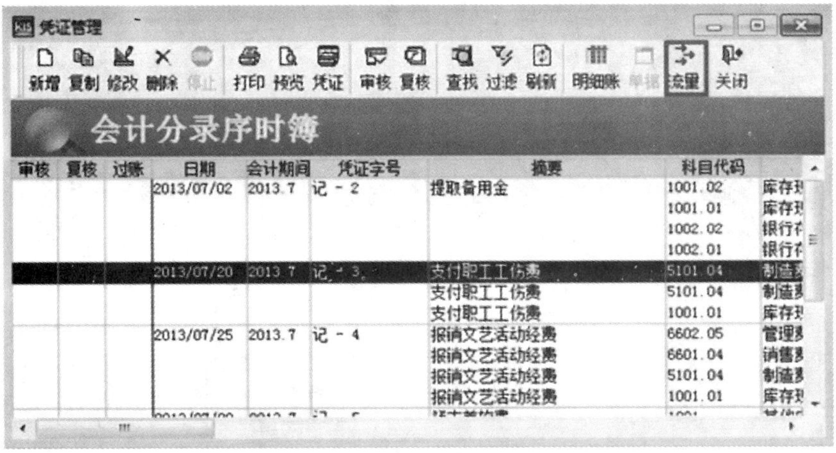

图 7 - 14　在会计分录序时簿指定现金流量

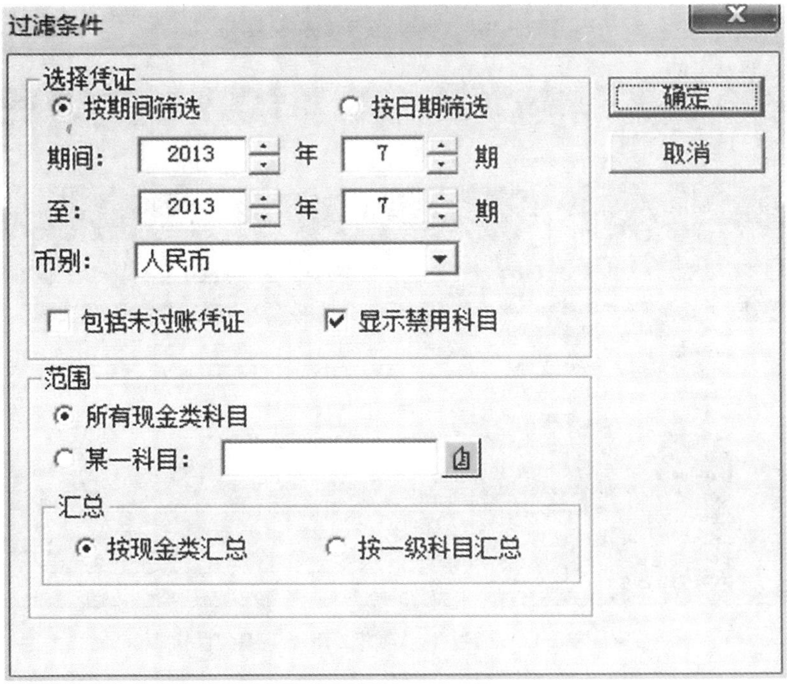

图 7 - 15　过滤条件设置

现金类科目借贷方相等，是由于数据取自凭证中借、贷双方都为现金流量项目的发生额。如果用户查看不相等，检查是否有外币业务发生，而过滤条件未选择综合本位币。非现金类借贷方之间的差额，为查询期间范围内的现金及现金等价物的发生额，也相当于现金及现金等价物的净增加额。因此，检查非现金类借贷方金额是否正确，看是否满足以下勾稽关系：

T 形账户中非现金类借贷方差额＝现金流量表补充资料中现金及现金等价物净增加额

在“报表与分析”主功能界面，点击“现金流量表”子功能，设置过滤条件后，进入现金流量表界面。检查无误后，在 T 形账户界面，根据科目的下级明细，选择现金流量项目来对现金流量表进行指定，如图 7 - 17 所示。

图 7-16　T 形账按下级科目展开

图 7-17　通过 T 形账指定现金流量项目

根据上述操作方法，指定完成所有现金项目后，需要点击“报表与分析”→“附表二”，进入“过滤条件”界面，设置对应过滤条件后单击【确定】，进入“现金流量表附表二”操作窗口。单击右键，选择展开方式，如“按下级科目展开”，如图 7-18、图 7-19 所示。

在指定附表项目前，可通过现金流量表的勾稽关系，先检查 T 形账户中现金项目指定是否有误。根据以下勾稽关系进行检查：

附表二中所有科目＋现金流量表补充资料中的净利润

＝现金流量表主表中经营活动产生的现金流量净额

在“报表与分析”主功能界面，点击“现金流量表”子功能，设置过滤条件后，进入现金流量表界面，检查满足勾稽关系后，在现金流量表附表二界面，根据科目的下级明细，选择附表项目来对现金流量表附表项目进行指定，如图 7-20 所示。

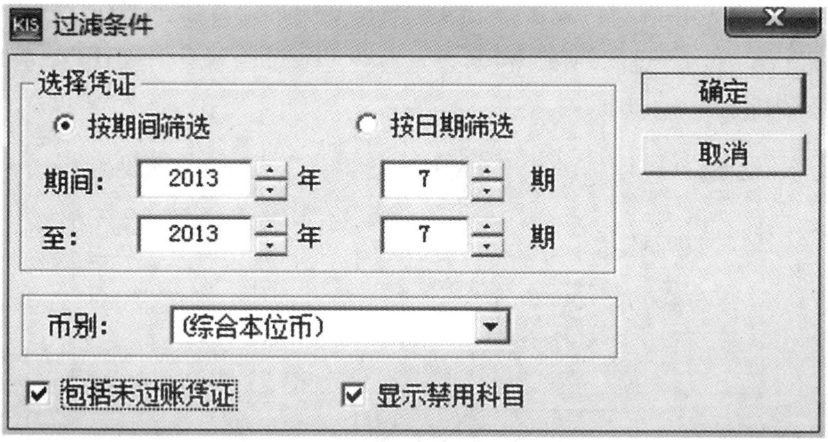

图 7－18 附表二过滤条件设置

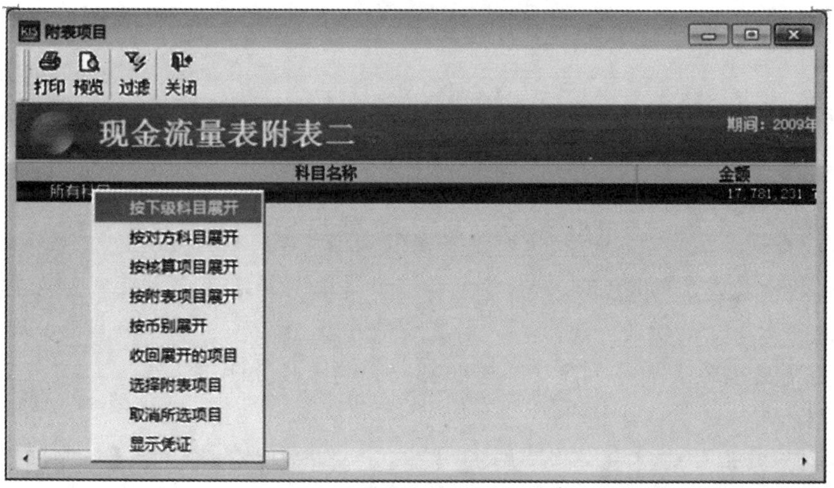

图 7－19 附表二展开

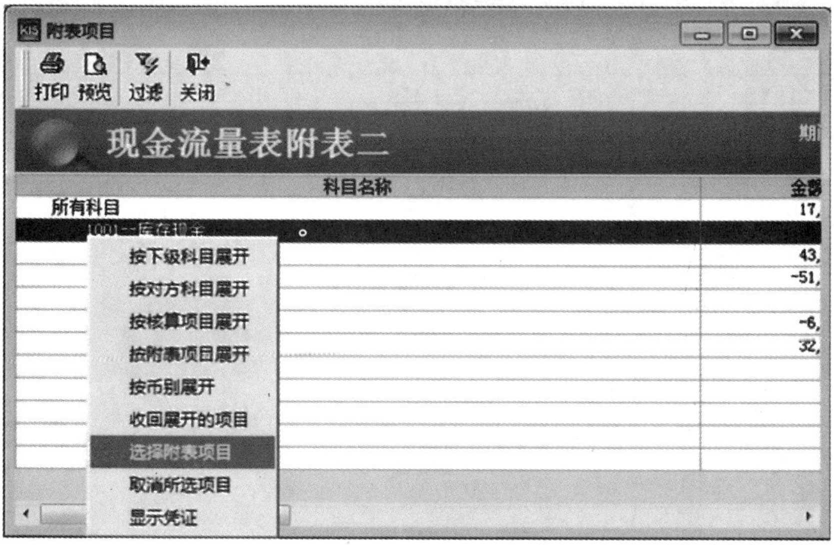

图 7－20 选择附表项目

在T形账和附表二所有项目都指定了对应的现金流量项目后，可以通过点击"报表与分析"→"现金流量表"，进入"过滤条件"界面，设置对应过滤条件后点击【确定】，进入"现金流量表"查询窗口，如图7-21所示。

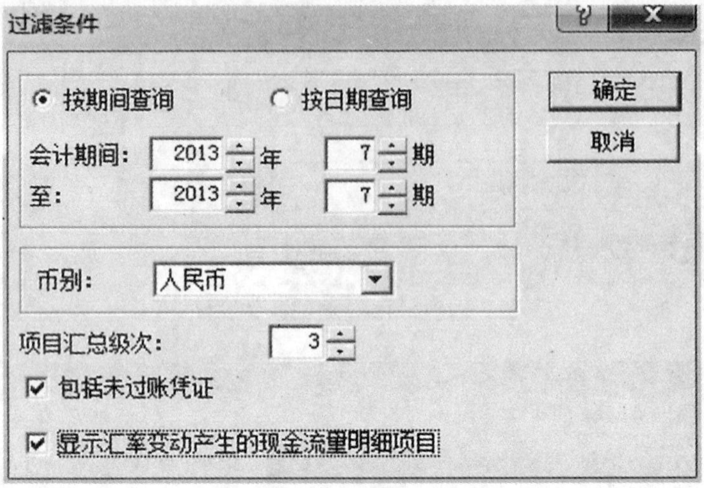

图7-21　现金流量表过滤

结合图，检查现金流量表是否满足表内平衡的勾稽关系：

主表中经营活动产生的现金流量净额=补充资料中经营活动产生的现金流量净额

主表中现金及现金等价物净增加额=补充资料中现金及现金等价物净增加额

2. 通过自定义报表中批量填充功能按照部门编制应收款明细表。

(1) 新建报表。

点击"报表与分析"→"自定义报表"，打开"自定义报表"窗口，单击【新建】，进入"新建报表"窗口。在此界面可以进行报表新建、更名、删除、引出、引入等操作，如图7-22所示。单击【新建】按钮，进入报表编辑界面，如图7-23所示。

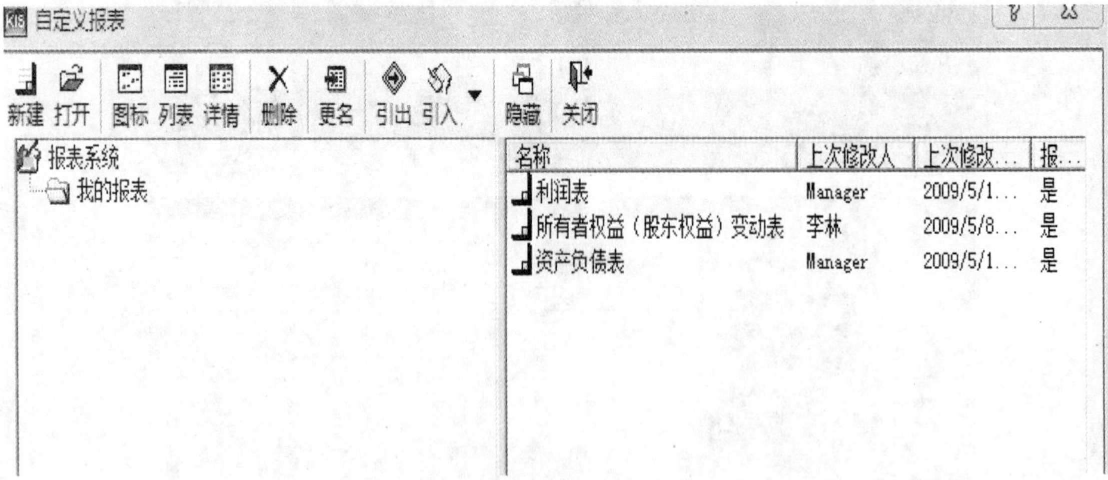

图7-22　自定义报表

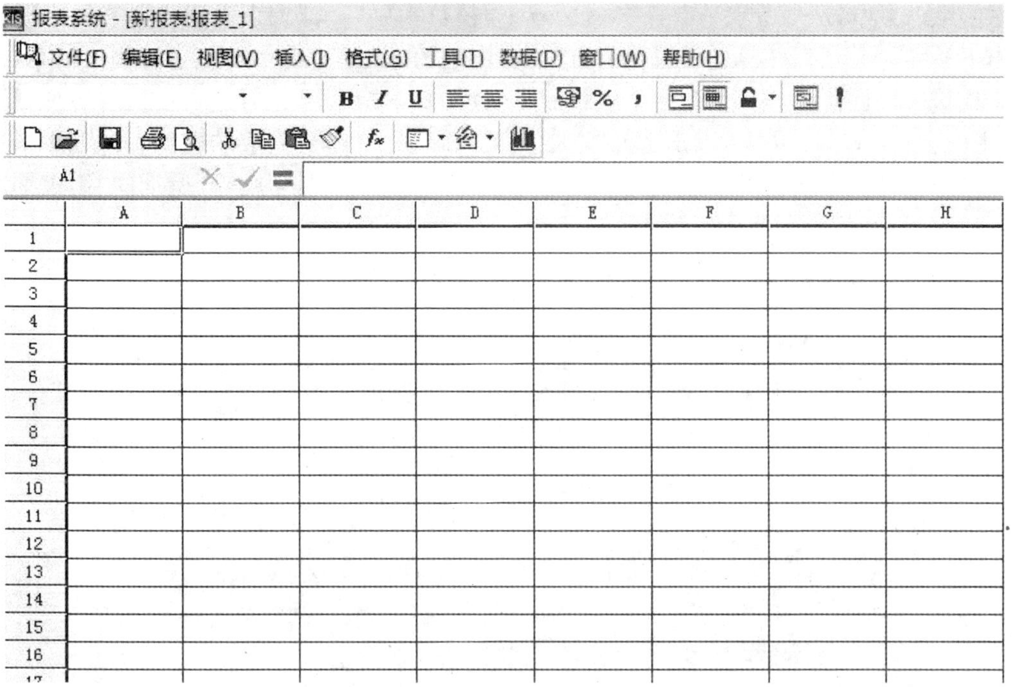

图 7-23　新建报表

报表界面与 Excel 表格类似，可直接编辑。

(2) 批量填充。

点击菜单“工具”→“批量填充”命令，打开“批量填充”窗口，如图 7-24 所示。

图 7-24　批量填充

系统默认“取数公式”为“ACCT”，然后点击“核算类别”下拉列表，选择“客户”，系统自动过滤出下挂“客户”项目核算的所有科目，按住键盘上的 Shift 键或 Ctrl 键选择多个科目，然后在核算项目中用同样的方法选择多个项目。单击【增加】按钮，可将所选科目及对应项目自动填入“生成项目”文本框中，再点击选择“取数类型”多选框中需要生成的类型，如“期末余额”、“借方发生额”、“贷方发生额”等，系统默认货币为“综合本位币”，年度、开始期间、结束期间分别为“本年”、“本期”、“本期”，如图 7－25 所示。

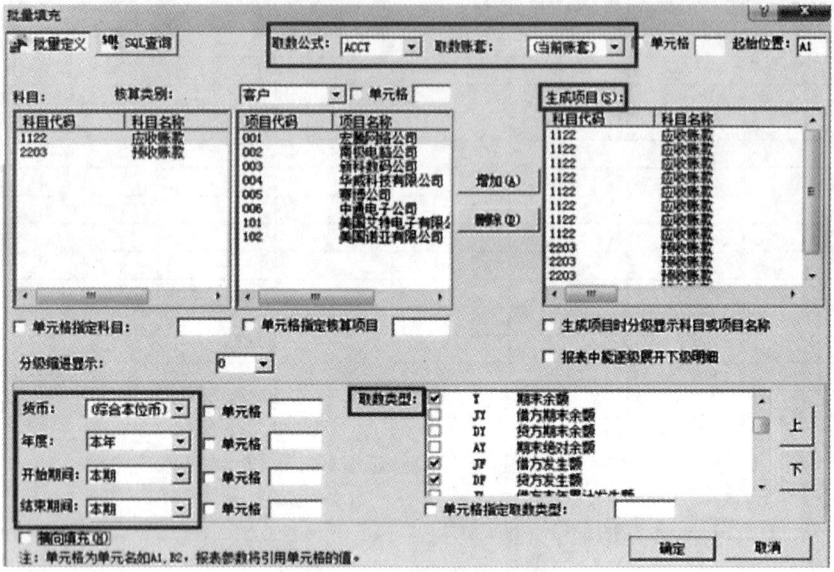

图 7－25　批量填充设置

批量填充内容设置完成后，单击【确定】按钮，即可自动生成报表，结果如图 7－26 所示。单击【报表重算】按钮，即可根据填充的公式自动计算。

图 7－26　批量填充生成报表

3. 通过自定义报表中表页管理编制1～12期的利润表。

在"表页管理"界面的"表页标识"中维护每张表页的名称，完成后单击【确定】按钮退出，如图7－27所示。

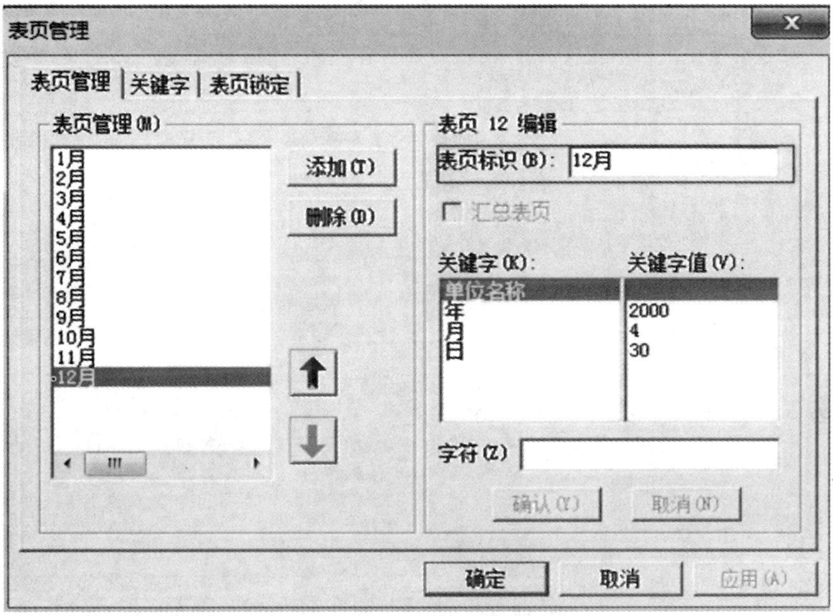

图7－27 定义表格名称

点击菜单"工具"→"公式取数参数"，并根据表页中所对应的会计期间对"开始期间"、"结束期间"进行维护，如图7－28所示。

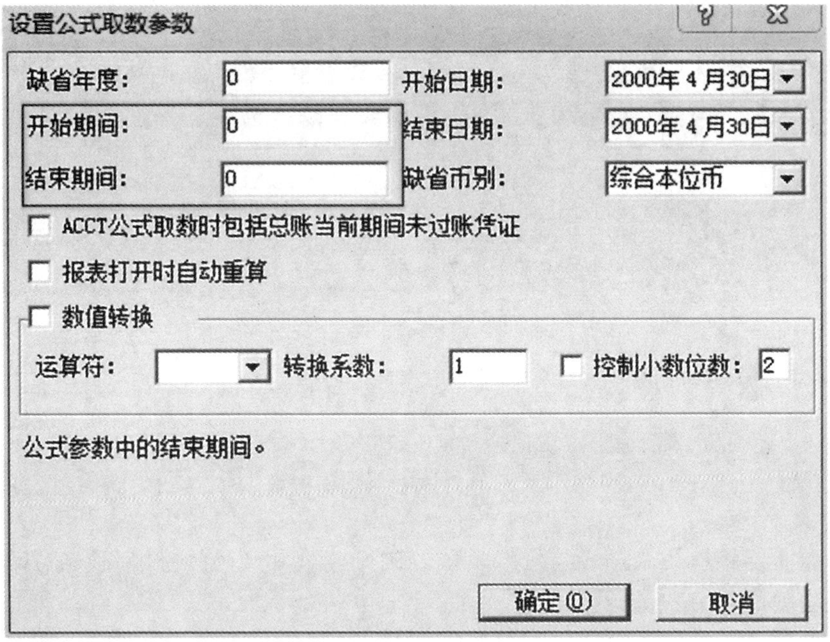

图7－28 设置公式取数参数

4. 财务人员将资产负债表与科目余额表中的数据进行比对，检查是否正确。

点击“账务处理”→“科目余额表”，在“过滤条件”界面设置对应的过滤条件后单击【确定】，进入“科目余额表”查询窗口，如图 7－29、图 7－30 所示。

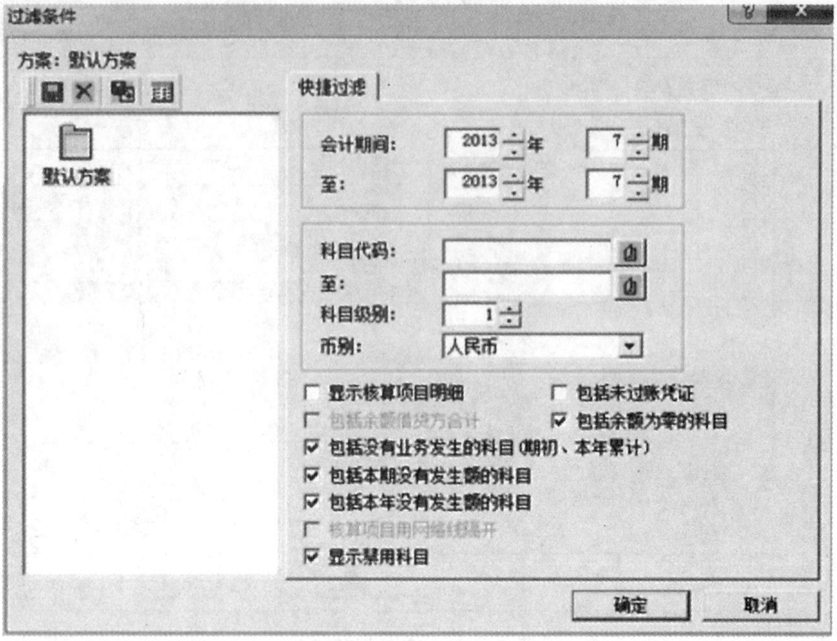

图 7－29　过滤条件设置

科目代码	科目名称	期初余额		本期发生		本
		借方	贷方	借方	贷方	借方
1001	库存现金	26,000.03				518,749.
1002	银行存款	3,454,000.00				58,130,000.
1012	其他货币资金					
1101	交易性金融资产					
1121	应收票据	25,000.00				25,000.
1122	应收账款	2,350,000.00				1,900,000.
1123	预付账款	500,000.00				
1131	应收股利					
1132	应收利息					
1221	其他应收款	5,000.00				5,000.
1231	坏账准备					
1321	代理业务资产					
1401	材料采购					
1402	在途物资					
1403	原材料	350,000.00				600,000.

图 7－30　查询科目余额表

如果企业需要将科目余额表与资产负债表进行核对，可以将科目余额表打印出来，再与资产负债表的相关取数公式进行核对。

当所有的系统业务均处理完成并打印后，则可以对各个系统进行结账操作，此时，就可以正常开始下一期日常业务的处理了。

二、报表管理·工作任务·学生独立做

1. 自定义报表编制

自定义报表具体格式见表18。

表18　费用统计表

单位名称:武汉华强科贸有限责任公司　　　　日期:　　　　单位:元

行次	项　目	本期金额
1	差旅费	
2	工资	
3	福利费	
4	折旧费	
5	业务招待费	
6	办公费	
7	其他	
	合　计	

编制说明:按照“销售费用”和“管理费用”对应明细科目进行汇总计算。

2. 常规报表编制

7.2　报表管理·理论知识

企业详细地登记了每一项经济业务后,需要了解在特定期间的经营成果、财务状况如何。在软件中,企业可以通过查看利润表,了解各个期间的经营成果,是亏损还是盈利;通过查看资产负债表,了解特定日期的资产、负债等信息;通过查询现金流量表,了解经营期间内现金的流入与流出情况等。除了企业常用的利润表、资产负债表和现金流量表,企业可能还要设置一些其他的管理报表,如设置管理费用报表等。

报表与分析系统,主要功能是对目前企业对外报送的三大主表——资产负债表、利润表和现金流量表进行管理。企业也可以自定义用于企业内部管理的各类报表,金蝶KIS财务软件提供了灵活的报表自定义功能。报表与分析模块与其他模块不同,没有明确的使用流程,也没有具体模块的划分。在进行报表日常操作时,窗口类似于Excel表格,通过报表函数可以从其他系统中进行取数。系统有预设的报表,我们也可以根据实际需要去自定义报表,并对报表进行结构或趋势分析。

7.3　报表管理·操作指南

编表方法:每期编制方法都一样,只是基础数据不同。

最初:制定模板——定义报表格式及表内数据的生成公式。

将来:每期自动取数计算,快速生成报表。

(一) 初始化

新建报表

定义报表格式

定义报表取数公式

定义表内、表间勾稽关系(审核公式)

设置报表参数

(二) 报表定义特点(格式、取数和审核公式定义)

(1) 报表定义工作量大,准确性要求高,直接关系到自动编制表的准确性。

(2) 定义是一次性的,以后报表编制工作都由系统自动完成,大大减少了工作量。

(3) 合法性检查。定义时还可以根据表内、表间勾稽关系定义审核公式,以后生成报表时由软件根据审核公式进行合法性检查。

操作步骤:

(1) 打开:点击“报表与分析”→“自定义报表”,在“我的报表”中点击“资产负债表”。

(2) 参数:点击“工具”菜单→选择“公式取数参数”。

(3) 生成:点击“数据”菜单→选择“报表重算”。

附录1

相关知识拓展

第一部分　会计电算化概述

一、会计电算化

（一）会计电算化的概念

会计电算化的概念有广义和狭义之分。狭义的会计电算化是指以电子计算机（以下简称计算机）为主体的当代电子信息技巧在会计工作中的运用；广义的会计电算化是指与实现会计工作电算化有关的所有工作，包括会计电算化软件的开发和应用、会计电算化人才的培训、会计电算化的宏观计划、会计电算化的制度建设、会计电算化软件市场的培养与发展等。

（二）会计电算化的作用

（1）提升会计数据处置的时效性和正确性，提高会计核算的程度和质量，减轻会计职员的劳动强度。

（2）提高经营管理水平，使财务会计管理由事后管理向事中把持、事先猜测改变，为管理信息化打下基础。

（3）推进会计技巧、方式、理论创新和观念更新，促进会计工作进一步发展。

（三）会计电算化的管理体制

我国会计电算化的管理体制是：财政部管理全国的会计电算化工作，处所各级财政部门管理本地域的会计电算化工作，各单位在遵守国家统一的会计制度和财政部门会计电算化发展计划的条件下，结合本单位具体情况，具体组织实行本单位的会计电算化工作。

财政部管理会计电算化的基本义务是：制定会计电算化发展规划并组织实施；制定会计电算化法规制度，对会计核算软件及生成的会计材料符合国家统一的会计制度情形实施监督；推进各单位逐步实现会计电算化，提升会计工作水平；组织开展会计电算化人才培训。

二、会计核算软件

（一）会计核算软件的概念

会计核算软件是指专门用于会计核算工作的计算机应用软件，包括采用各种计算机语言编制的用于会计核算工作的计算机程序。凡是具备相对独立完成会计数据输入、处理和输出功能模块的软件，如账务处理软件、固定资产核算软件、工资核算软件等，均可视为会计核算软件。

企业应用的企业资源计划（Enterprise Resources Planning，简称 ERP）软件中用于处理会计核算数据部分的模块，也属于会计核算软件范围。

（二）会计核算软件的分类

会计核算软件分为通用会计核算软件和专用会计核算软件两种。通用会计核算软件一般是指由专业软件公司研制，公开在市场上销售，能适应不同行业、不同单位会计核算与管理基本需要的会计核算软件。目前，我国通用会计核算软件以商品化软件为主。专用会计核算软件一般是指由使用单位自行开发或委托其他单位开发、供本单位使用的会计核算软件。

（三）会计核算软件的功能模块

会计核算软件的功能模块是指会计核算软件中有相对独立的会计数据输入、处理和输出功能的各个组成部分。

会计核算软件一般分为账务处理、应收/应付款核算、工资核算、固定资产核算、存货核算、销售核算、成本核算、会计报表生成与汇总、财务分析等功能模块。其中，账务处理模块是会计核算软件的核心模块，该模块以记账凭证为接口与其他功能模块有机地衔接在一起，构成完整的会计核算系统。

第二部分　会计电算化的工作环境

一、计算机一般知识

（一）计算机及其种类

计算机是一种按程序自动进行信息处理的通用工具。

计算机可按多种标准分类。从用户应用角度，一般可将计算机分为微型计算机（也称个人计算机）、服务器、终端计算机等。

（二）计算机的性能指标

计算机的性能指标是权衡计算机系统功能强弱的主要指标，主要有：

(1) 运算速度。也称主频或时钟频率。它是指计算机在单位时间内处理计算机指令的数量，是表示计算机运算速度的主要性能指标。时钟频率越高，计算机的运算速度越快。时钟频率的单位是兆赫（MHz）。如通常说的“486 微机”、“586 微机”就是计算机速度的一种表示方式。

(2) 字长。字长是计算机信息处理中能同时处理的二进制数据的长度。字长标记计算机的精度和处理信息的能力。一般个人计算机字长以 32 位、64 位为主，服务器的字长一般都在 64 位、128 位以上。

(3) 存储容量。存储容量是指计算机存储器所能存储的二进制信息的总量，它反映了计算机处理信息时容纳数据量的能力。存储容量以字节为单位，每 1 024 个字节称为 1 KB，每 1 024 KB 字节称为 1MB，每 1 024 MB 字节称为 1 GB。

（三）计算机的应用领域

(1) 信息处理。信息处理是指计算机对信息进行记载、整理、统计、加工、应用、传播等一系列运动的总称。信息处理是目前计算机最重要的运用范畴，包含办公自动化、治理信息体系、专家系统等。会计电算化属于信息处置利用范畴。

(2) 科学计算。科学计算是指用计算机完成科学研讨和工程技巧等领域中涉及的庞杂的数据运算。科学计算是计算机最早应用的领域。

(3) 进程控制。进程控制是指计算机及时采集检测数据，按最佳值敏捷对掌握对象进行自动调节，从而实现有效的控制。

(4) 计算机辅助系统。计算机帮助系统是指利用计算机来辅助人类完成相关的工作。常用的计算机辅助系统有计算机辅助设计、计算机辅助制作、计算机辅助教学等。

(5) 计算机通信。计算机通信是计算机技术与通信技术相联合而产生的一个应用领域，计算机网络是计算机通信应用领域的典范代表。随着互联网和多媒体技术的快速普及，网上会议、远程医疗、网上银行、电子商务、网络会计等计算机通信活动进入人们的日常生活。

(6) 人工智能。人工智能是指利用计算机模仿人类的智能活动，如判断、懂得、学习、问题求解等。

二、计算机硬件

计算机系统由硬件系统和软件系统组成。计算机硬件系统是指组成一台计算机的各种物理装置，它们由各种具体的器件组成，是计算机进行工作的物质基础。

计算机硬件系统由输入设备、输出设备、运算器、存储器和控制器五部分组成。

(一) 输入设备

输入设备是指向计算机存储器输入各种信息（程序、文字、数据、图像等）的设备。常用的输入设备有键盘、鼠标、扫描仪、条形码输入器等。在会计电算化领域，会计人员一般用键盘来完成会计数据或相关信息的输入工作。

(二) 输出设备

输出设备是指用来输出计算机处置成果的设备。最常用的输出设备有显示器、打印机、绘图仪等。会计报表、账簿等一般可以用打印机按请求打印输出。

(三) 运算器

运算器是指在控制器掌握下完成加减乘除运算和逻辑判断的计算机部件。运算器是计算机的核心装置之一，在计算进程中，运算器不断从存储器中获取数据，经计算后将结果再返回存储器。

(四) 存储器

存储器是指计算机系统中具有记忆能力的部件，用来寄存程序和数据。存储器分为内存储器和外存储器。内存储器又称为主存储器，一般只寄存急需处理的数据和正在执行的程序；外存储器有软盘、硬盘、光盘、U 盘等。会计电算化单位的会计资料一般存储在外存储器中。

(五) 控制器

控制器是计算机的指挥中心，它负责从存储器中取出指令，并对指令进行分析判断后发出一系列控制信号，控制计算机各部件自动持续地工作。

三、计算机软件

计算机软件是指在计算机硬件上运行的各种程序及相应的各种文档材料。计算机软件可分为系统软件和应用软件两大类。

(一) 系统软件

系统软件是指用于对计算机资源进行管理、监控和保护，以及对各类应用软件进行说明和运行的软件。系统软件是计算机系统必备的软件。系统软件主要包含操作系统、语言处理程序、支持服务程序、数据库处理系统。例如，目前很多会计电算化软件采用的 Windows 操作系统即属于系统软件。

(二) 应用软件

应用软件是在硬件和系统软件的支撑下，为解决各类具体应用问题而编制的软件。计算机用户日常使用的大多数软件，如文字处理软件、表格处理软件、游戏软件等，都是应用软件。

会计核算软件也属于应用软件。

（三）计算机程序设计语言

计算机程序设计语言是人与计算机之间进行交流、沟通的语言。程序设计语言分为机器语言、汇编语言和高级语言三种。计算机软件一般通过计算机程序设计语言编制。会计核算软件也是用相应的计算机程序设计语言编写出来的。

四、计算机网络

（一）计算机网络概念

计算机网络是现代计算机技术与通信技术相结合的产物，它是以硬件资源、软件资源和信息资源共享和信息传递为目的，在统一的网络协定控制下，将地理位置疏散的很多独立的计算机系统衔接在一起所形成的网络。

计算机网络的主要功能有：资源共享、信息传送、散布处理。

（二）计算机网络分类

计算机网络通常可分为局域网和广域网。

局域网是一种在小区域内使用的由多台计算机组成的网络。

广域网也叫远程网，是由相距较远的计算机系统或局域网互联而成的计算机网络。

（三）因特网

1. 因特网

因特网也称 Internet，是当今世界上最大的国际性计算机互联网络，是广域网的一种。

2. 因特网的应用

因特网的主要运用范畴包括电子邮件、远程登录、文件传输、消息组、万维网、电子公告板等。从使用者角度，因特网的主要应用领域有阅读网络信息、运行网络应用软件、收发电子邮件等。

3. 网址

Internet 网址是因特网的主要标识，阅读网络信息、运行网络应用软件都必须输入 Internet 网址。Internet 网址主要有以下几种表现方式：

(1) IP 地址。Internet 衔接无数台网络服务器，为了明白区分每一台主机，就要为每一台入网主机分配一个 IP 地址。IP 地址用一个 32 位二进制数表现，为浏览便利将其分成四组十进制表示，组间用圆点分隔。例如：172.17.1.4 代表中华人民共和国财政部主机服务器的 IP 地址。

(2) 域名。由于 IP 地址不便记忆，所以一般采用与其相对应的域名来表示网址。域名一般用通俗易懂的缩写字表示，其格式如下：

www.<用户名>.<二级域名>.<一级域名>

例如，中华人民共和国财政部网页的域名为：www.mof.gov.cn，其中："cn"是一级域名，表示中国，每个国家都有唯一的一级域名："gov"是二级域名，表示政府部门的网站或网页："mof"是用户名，是中华人民共和国财政部的英文缩写："www"是 World Wide Web 的缩写，是 Internet 的一种表示办法，也称万维网。

(3) 网络文件地址。网络上的所有数据信息，包括文字信息和应用软件，都视为网络文件。为了便于查找，每个网络文件都有唯一的地址，网络文件地址格式表示如下：

<协定>://<服务器类型>.<域名>/<目录>/<文件名>

如：http://news.sina.com.cn/c/2004－12－04/13314432645s.shtml

（4）电子邮件地址。每个收发电子邮件的用户都必须有一个电子邮件地址。电子邮件地址主要用来标识电子邮件用户，以便于处理用户的电子邮件业务。电子邮件地址的一般格局如下：

＜用户名＞@＜电子邮件服务器域名＞如 zzz.@yahoo.com.cn 表示一个电子邮件地址。其中：zzz 是电子邮件用户名，yahoo.com.cn 是电子邮件服务器地址。

五、计算机安全

（一）计算机安全隐患及对策

影响计算机安全的主要因素有：

（1）系统故障风险，是指由于操作失误，硬件、软件、网络本身出现故障而导致系统数据丧失甚至瘫痪的风险。

（2）内部职员道德风险，主要是指企业内部人员对信息的非法访问、改动、泄密和损坏等方面的风险。

（3）系统关联方道德风险，是指企业关联方非法侵入企业内部网，以抄袭数据、损坏数据、搅乱某项特定交易或事业等所发生的风险。企业关联方包括银行、供应商、客户等与企业有关联的单位和个人。

（4）社会道德风险，是指来自社会上的不法分子通过互联网对企业内部网的非法入侵和破坏。

（5）计算机病毒，是一种人为蓄意编制的具有自我复制能力并可以制造计算机系统故障的计算机程序。计算机病毒具有隐藏性、传染性、潜伏性、破坏性的特色。

保障计算机安全的对策有：不断完善计算机安全立法，不断创新计算机安全技术，不断增强计算机系统内部控制与管理。

在会计电算化条件下，增强内部控制和管理是保障会计电算化系统安全的最有效道路。

（二）计算机病毒防备

防备计算机病毒的最有效办法是切断病毒的传播道路，主要应注意以下几点：

（1）不用非原始启动软盘或其他介质启动机器，对原始启动盘执行写保护；

（2）不随意应用外来软盘或其他介质，对外来软盘或其他介质必须先检查，后使用；

（3）做好系统软件、应用软件的备份，并定期进行数据文件备份，供系统恢复用；

（4）计算机体系要专机专用，避免应用其他软件，如游戏软件，减少病毒沾染机遇；

（5）接受网上传送的数据要先检查，后使用，接收邮件的计算机要与系统用计算机分开；

（6）定期对计算机进行病毒检查，对于联网的计算机应安装实时检测病毒软件，以防止病毒传入；

（7）如发现有计算机沾染病毒，应立即将该台计算机从网上撤下，以防止病毒蔓延。

（三）计算机黑客及其防备

计算机黑客是指通过计算机网络非法进入他人系统的计算机入侵者。防止黑客进入的主要办法有：

（1）通过制定相关法律加以束缚；

（2）在网络中采用防火墙、防黑客软件等防黑产品；

（3）建立防黑客扫描和检测系统，一旦检测到被黑客攻击，即刻做出应对。

第三部分 会计电算化基本要求

一、会计电算化法规制度

会计电算化相关法规制度有:《会计法》、《会计电算化管理办法》、《会计核算软件基本功能规范》、《会计电算化工作规范》、《会计基础工作规范》和《会计档案管理办法》。

二、会计核算软件的要求

(一)会计核算软件的根本要求

依据《会计法》和国家统一的会计制度规定,会计核算软件设计、应用、保护应当符合以下根本要求:

(1)会计核算软件设计应当符合我国法律、法规、规章的规定,保证会计数据合法、真实、正确、完整,有利于提高会计核算工作效力。

(2)会计核算软件应当依照国家统一的会计制度的规定划分会计期间,分期结算账目和编制会计报表。

(3)会计核算软件中的文字输入、屏幕提示和打印输出必须采用中文,可以同时提供少数民族文字或者外国文字对照。

(4)会计核算软件必须提供人员岗位及操作权限设置的功能。

(5)会计核算软件应当符合 GB/T 19581《信息技术——会计核算软件数据接口》国家标准的要求。

(6)会计核算软件在设计性能容许使用范围内,不得出现由于自身原因造成死机或者非正常退出等情形。

(7)会计核算软件应当具有在机内会计数据被破坏的情形下,应用现有数据恢复到最近状态的功能。

(8)单位修改、升级正在使用的会计核算软件,转变会计核算软件运行环境,应当取得相应的审批手续。

(9)会计核算软件开发销售单位必须为使用单位提供会计核算软件操作人员培训、会计核算软件维护、版本更新等方面的服务。

(二)会计数据输入功能的基本要求

(1)会计核算软件应当具备以下初始化功能:

① 输入会计核算所必需的期初数据及有关资料,包括总分类会计科目和明细分类会计科目名称、编号、年初数、累计发生额及有关数目指标等。

② 输入须在本期进行对账的未达账项。

③ 选择会计核算方法,包括记账方法、固定资产折旧方法、存货计价方法、成本核算方法等。会计核算软件对会计核算方法的更改过程,在计算机内应当有相应的记载。

④ 定义自动转账凭证,包括会计制度容许的自动冲回凭证等。

⑤ 输入操作人员岗位分工情况,包括操作人员姓名、操作权限、操作密码等。

⑥ 提供必要的办法对输入的初始数据进行准确性校验。

(2)应当具备输入记账凭证的功能。

(3)对记账凭证编号的持续性应当进行控制。

(4)下列数据输入应有必要的提醒功能:

① 正在输入的记账凭证编号是否与已输入的机内记账凭证编号反复。

② 以编号形式输入会计科目的，应当提醒该编号所对应的会计科目名称。

③ 正在输入的记账凭证中的会计科目借贷双方金额不平衡，或没有输入金额，应予以提示并谢绝执行。

④ 正在输入的记账凭证有借方会计科目而无贷方会计科目，或者有贷方会计科目而无借方会计科目的，应予以提示并谢绝履行。

⑤ 正在输入的收款凭证借方科目不是“现金”或“银行存款”科目、付款凭证贷方科目不是“现金”或“银行存款”科目，应予以提示并谢绝执行。

(5) 对已经输进但未登记会计账簿的机内记账凭证，应提供修正和审核的功效，审核通过后，不能再对机内凭证进行修改。

(6) 对同一张记账凭证，应当对审核功能与输入、修改功能的使用权限进行控制。

(7) 发现已经输入并审核通过或者登账的记账凭证有错误的，应当采用红字凭证冲销法或者补充登记凭证法进行更正，红字可用“一”号表示。

(8) 采取直接输入原始凭证由会计核算软件自动生成记账凭证的，在生成正式机内记账凭证前，应当进行审核确认。

(9) 由账务处理模块以外的其他业务子系统生成会计凭证数据的，应该经审核确认后生成记账凭证。

(三) 会计数据输出功能的基本要求

(1) 应当具有对机内会计数据进行查询的功能。

(2) 应当依照国家统一的会计制度规定的内容和格式打印输出机内原始凭证、记账凭证、日记账、明细账、总账、会计报表。

(3) 总分类账可以用总分类账户本期发生额、余额对照表替换。

(4) 在保证会计账簿清楚的条件下，计算机打印输出的会计账簿中的表格线条可以恰当减少。

(5) 对于业务量较少的账户，会计软件可以提供会计账簿的满页打印输出功能。

(四) 会计数据处理功能的基本要求

(1) 应该具有依据审核通过的机内记账凭证及所附原始凭证登记账簿的功能。

(2) 应当具有自动进行银行对账并自动生成银行存款余额调节表的功能。

(3) 应当具有机内会计数据按照规定的会计期间进行结账的功能。

(4) 结账前，应当自动检查本期输入的会计凭证是否全体登记入账，全体登记入账后才予结账。

(5) 结账后，不许再输入上一会计期间的会计凭证。

(6) 应当具有自动编制符合国家统一会计制度规定的会计报表的功能。对于根据机内会计账簿生成的会计报表数据，会计软件不能提供直接修改功能。

(7) 应该具有确保会计数据安全保密，防止对数据和软件的非法修改和删除功能。

三、会计电算化岗位及其权限设置的基本要求

会计电算化岗位是指直接处理、操作、维护计算机及会计核算软件的工作岗位，一般可分为以下基本岗位：

(1) 电算主管。负责协调计算机及会计软件系统的运行工作。

(2) 软件操作。负责输入记账凭证和原始凭证等会计数据,输出记账凭证、会计账簿、报表和进行部分会计数据处理工作。

(3) 审核记账。负责对输入计算机的会计数据(记账凭证和原始凭证等)进行审核,操作会计软件登记机内账簿,对打印输出的账簿、报表进行确认。

(4) 电算维护。负责保证计算机硬件、软件的正常运行,管理机内会计数据。

(5) 电算审查。负责监督计算机及会计软件系统的运行,防止应用计算机进行舞弊。此岗位可由会计稽核职员兼任。

(6) 数据分析。负责对计算机内的会计数据进行分析。此岗位可由主管会计兼任。

上述电算化会计岗位中,软件操作岗位与审核记账、电算维护、电算审查岗位为不相容岗位。

会计电算化岗位及其权限设置一般在系统初始化时完成,平时根据人员的变动可进行相应调剂。电算主管负责定义各操作人员的权限。具体操作人员只有修改自己口令的权限,无权更改自己和他人的操作权限。

四、计算机替换手工记账的基本要求

(1) 配有实用的会计软件,并且计算机与手工进行会计核算双轨运行 3 个月以上,计算机与手工核算的数据相一致,且软件运行安全可靠。

(2) 配有专用的或主要用于会计核算工作的计算机或计算机终端。

(3) 配有与会计电算化工作需要相适应的专职人员,其中上机操作人员应具备会计电算化低级以上专业知识和操作技巧,取得财政部门核发的有关培训合格证书。

(4) 建立健全内部管理制度,包括岗位分工制度、操作管理制度、机房管理制度、会计档案管理制度、会计数据与软件管理制度等。

五、会计电算化档案的基本要求

(1) 采用电子计算机进行会计核算的单位,应当保留打印出的纸质会计档案。具备采用磁带、磁盘、光盘、微缩胶片等存储介质保存会计档案条件的,由国务院业务主管部门统一规定,并报财政部、国家档案局备案。

(2) 会计电算化档案包括机内会计数据、软盘等备份的会计数据,以及打印输出的会计凭证、账簿、报表等数据。

(3) 系统开发资料和会计软件系统也应视同会计档案进行保管。

(4) 会计电算化档案管理要严格依照财政部有关规定,并由专人负责。

(5) 对会计电算化档案管理要做到防磁、防火、防潮和防尘工作,主要会计档案应筹备双份,寄存在两个不同的地点。

(6) 对采用存储介质保存的会计档案,要定期进行检查、定期进行复制,防止由于存储介质破坏而使会计档案丧失。对会计软件的全套文档资料以及会计软件程序,保管截止日期是该软件结束使用或有重大更改之后 5 年。

第四部分 会计核算软件的操作要求

一、电算化会计核算基础流程

电算化会计核算流程与手工会计核算流程基本相同,但核算流程中各环节的工作内容有很大差异。实际工作中,单位电算化会计核算流程因单位范围、类型和使用软件的不同而在具

体细节上有所不同，但基本流程是一致的。

（一）编制记账凭证

编制记账凭证可以采用以下几种方式：

（1）手工编制完成记账凭证后录入计算机。

（2）根据原始凭证直接在计算机上编制记账凭证。采用这种方法应当在记账前打印出会计凭证并由经办人签章。

（3）由账务处理模块以外的其他业务子系统生成会计凭证数据。采用这种方法应当在记账前打印出会计凭证并由经办人签章。

（二）凭证审核

负责审核的会计人员审核已输入计算机的记账凭证。

（三）记账

电算化会计核算流程中的记账有以下特色：

（1）记账是一个功能按键，由计算机自动完成相关账簿登记。

（2）同时登记总账、明细账和日记账。

（3）各种会计账簿的数据都起源于记账凭证数据，记账只是“数据搬家”，不产生新的会计核算数据。

（四）结账和编制会计报表

手工会计核算流程中，结账和编制会计报表是两个工作环节，工作量大且庞杂。电算化会计核算中，通过一次性预先定义账户结转关系和账户报表数据对应关系，结账和编制报表是作为一个步骤由计算机在较短时间内同时自动完成的。

二、账务处理模块基本操作要求

（一）系统初始化

系统初始化是指会计电算化系统在初次使用时，依据单位的实际情况进行参数设置的过程。在系统初始化环节要求完成以下基本设置操作：

（1）设置操作员及权限。根据会计电算化的要求设置操作人员，并规定其操作权限。

（2）设置会计科目。会计科目设置要求完成下列操作：

① 设置会计科目编码。科目编码必须唯一，科目编码必须按其级次的先后顺序建立，科目编码用数字、英文字母等表示，避免用如 &、@、空格等其他字符。

② 设置会计科目名称。科目名称用汉字、英文字母、数字等符号表示，不能为空。

③ 设置会计科目标余额方向。

④ 设置辅助核算科目。对需要进行部门核算、项目核算等专项核算的会计科目进行辅助核算设置。

⑤ 设置外币核算科目。

⑥ 设置数目核算科目。设定需要进行数量核算的科目，以及数目核算计量单位。

（3）设置各辅助核算项目。定义并对往来单位、部门、项目进行编码。

（4）设置外币币种及汇率。

（5）录入科目期初余额。将各个科目及辅助核算项目，在开始使用会计软件进行核算时的科目余额及发生额等相关数据输入软件系统，它是手工会计核算和计算机核算的连接点。

（6）科目余额试算平衡。科目期初余额录入完毕后，使用软件提供的功能进行试算平衡。

(7) 设置凭证类别。设置使用的凭证类别一般划分为收款凭证、付款凭证、转账凭证。

(二) 日常账务处理操作

根据提供的会计业务资料,利用会计核算软件完成凭证录入、审核、修改、查询、记账和结账工作。

(1) 录入记账凭证。录入凭证时,应首先选择凭证类型,输入制单日期,凭证按月、分凭证类型自动持续编号;然后依次输入附件张数、摘要、会计科目、辅助核算信息、金额等,其中,会计科目要求输入末级明细科目。录入完成后,要保留已录入凭证。

(2) 记账前凭证修改。对于记账前的机内错误会计凭证进行修正。

(3) 凭证审核。只有经过审核的记账凭证才允许记账。凭证输入、审核不能为同一个人。审核人不能直接修改会计凭证。

(4) 记账凭证查询打印。输入一定的条件,查询相关记账凭证并将其打印输出。

(5) 凭证汇总。将记账凭证按照一定的范畴、条件进行汇总。

(6) 记账。对审核后的记账凭证完成记账工作,凭证记账后就不能进行修正,假如发现凭证有错,只能用冲销凭证方式进行修改。

(7) 账簿查询。会计凭证记账后,输入一定的条件进行查询,查询的结果可以屏幕显示,也可以打印输出。要求查询的账簿包括明细账、总账、日记账等。

(三) 结账

在会计期末,对指定月份进行结账。假如该月有尚未记账的凭证,则不允许结账。上一个月未结账,下一个月不能记账。结账后,不能再输入当月的记账凭证。

(四) 编制会计报表

会计报表第一次使用时,也存在报表初始化的问题。所谓报表初始化,就是新建报表,定义报表格式,设置报表参数,定义报表取数公式和定义表内及表间的勾稽关系。

完成报表初始化后,报表的日常使用主要有报表编制、报表汇总、报表查询和报表打印。

三、其他会计核算软件功能模块的操作要求

(一) 应收/应付账款核算模块基本操作

1. 初始设置操作

应收/应付账款核算模块初始设置操作要求包括:往来单位编码和名称定义、收款/付款条件定义、期初数据录入。

2. 日常使用操作

应收/应付账款核算模块日常使用操作要求包括:收款/付款单据的输入、应收/应付账款核销、生成打印应收账款催款单/应付账款付款提醒、账龄分析、应收/应付账款查询打印。

(二) 工资核算模块基本操作

1. 初始设置操作

工资核算模块初始设置操作要求包括:部门定义、工资项目设置、工资计算公式定义、工资原始数据输入和工资转账关系定义。

2. 日常使用操作

工资核算模块日常使用操作要求包括:工资变动数据输入、工资计算、工资汇总、工资分配及转账和工资报表输出。

（三）固定资产核算模块基本操作

1. 初始设置操作

固定资产核算模块初始设置操作要求包括：固定资产编码设置、固定资产使用部门设置、固定资产折旧率和残值设置、固定资产折旧分配和转账关系定义。

2. 日常使用操作

固定资产核算模块日常应用操作要求包含：固定资产变动输入、计提折旧、固定资产折旧分配和转账、固定资产账户查询。

四、计算机基本操作要求

（一）启动和关闭计算机系统

启动计算机系统有冷启动和热启动两种方法。对于计算机网络系统，启动后应输入用户名和口令（密码）登录系统。

（二）运行和退出会计核算软件

运行会计核算软件可采用点击桌面会计核算软件图标，或通过"开始"—"程序"—"会计核算软件"进行。

通过不同窗口的切换可以实现会计核算软件与其他应用软件的切换。

（三）Windows 操作系统基本操作

（1）Windows 的启动与退出。

（2）Windows 的桌面环境：任务栏、"开始"按钮和我的电脑、网上邻居、回收站、我的文档等图标。

（3）Windows 窗口基本功能项。

（4）利用程序的启动及任务间的切换。

（5）文件操作。包括文件的复制、文件的移动、文件的删除、文件的重新命名。

（四）网络基本操作

（1）互联网上网基本操作。

（2）收发电子邮件。

（3）查询相关信息。

（五）文字表格编辑操作

（1）要求应用一种汉字输入方法每分钟输入 20 个以上汉字。

（2）文字编纂操作：

① 文字处理软件的启动和退出。

② 文字处理软件窗口的基础组成。

③ 文档的输入与编纂。包括：文档的建立与打开；文档的输入；文档的阅读；文档内容的选取、移动、复制和删除；文档内容的查找和调换；文档的保留。

④ 排版操作。包括：字形、字体和字号处理，文字对齐，段落缩进，行距处理。

（3）表格编纂操作：

① 新建表格。

② 在单元格中输入文字。

③ 修改表格，包括选定表格单元格、行、列，插入、删除表格单元格、行、列。

④ 表格数据计算。

会计电算化模拟试题及答案与解析

一、单项选择题(下列各小题备选答案中,只有一个符合题意的正确答案。本类题共 45 分,每小题 1 分。多选、错选、不选均不得分)

1.《会计法》规定:"使用电子计算机进行会计核算的,其软件及生成的(　　)、会计账簿、财务报告和其他会计资料必须符合国家统一的会计制度。"

A. 记账凭证　　B. 会计凭证　　C. 会计报表　　D. 会计档案

2. 由会计师事务所对企业进行计算机替代手工记账的审查应属于企业实施会计电算化过程中的(　　)阶段。

A. 前期准备　　B. 具体实施　　C. 日常管理　　D. 扩展实施

3. 实行会计电算化后的工作岗位可分为(　　)会计岗位和电算化会计岗位。

A. 基本　　B. 普通　　C. 一般　　D. 特殊

4. 会计核算软件应当具有在机内(　　)的情况下,利用现有数据恢复到最近状态的功能。

A. 会计数据被破坏　　B. 会计报表被破坏

C. 会计软件被破坏　　D. 会计制度被破坏

5. 某企业工资项目中的"姓名"项目,用于记录职工的姓名,这个工资项目的类型是(　　)。

A. 字符型　　B. 数字型　　C. 逻辑型　　D. 日期型

6. 根据国家统一的会计制度,会计核算软件应当能对(　　)进行正确性检验。

A. 操作人员的岗位分工　　B. 会计核算方法的选择

C. 在本期对账的未达账项　　D. 已输入的初始数据

7. 计算机替代手工记账应当满足三项基本要求,其中要求建立健全内部管理制度。但下列制度中不在要求范围之内的是(　　)。

A. 岗位责任制度　　B. 操作管理制度

C. 会计方法管理制度　　D. 会计档案管理制度

8. 会计核算单位以磁盘方式保存会计档案资料的,应(　　)对磁盘进行数据备份。

A. 每年　　B. 每两年　　C. 每月　　D. 每季度

9. 账务系统中,记账凭证的编号应(　　)。

A. 由计算机自动编号　　B. 编号必须连续

C. 如果分类,应分类编号　　D. 以上全部

10. 设置工资项目属于工资系统的(　　)。

A. 系统初始化　　B. 日常业务处理

C. 数据维护　　D. 期末业务处理

11. 存货核算系统是会计核算系统中的一个(　　)。

A. 大系统　B. 子系统　C. 总系统　D. 分析系统

12.(　　)模块是会计核算软件的核心模块，该模块以记账凭证为接口与其他功能模块有机地连接在一起，构成完整的会计核算系统。

A. 账务处理　B. 报表处理

C. 工资处理　D. 应收应付处理

13. 下列子系统中，不属于会计核算软件的是(　　)。

A. 工资核算系统　B. 生产计划管理系统

C. 应收账款核算系统　D. 应付账款核算系统

14. 会计电算化简单地说就是(　　)在会计工作中的应用。

A. 会计理论　B. 会计准则　C. 计算机技术　D. 会计法规

15.(　　)是指专门用于会计核算工作的计算机应用软件。

A. 应用软件　B. 会计核算软件　C. 会计管理软件　D. 管理软件

16.(　　)一般是指由使用单位自行开发或委托其他单位开发、供本单位使用的会计核算软件。

A. 商品化会计核算软件　B. 通用会计核算软件

C. 专用会计核算软件　D. 金蝶 2000 系列软件

17. 目前，我国通用会计核算软件以(　　)软件为主。

A. 账务处理　B. 商品化　C. 工资核算　D. 成本核算

18. 专用会计核算软件的使用一般不需进行(　　)。

A. 初始化设置　B. 输入凭证　C. 记账　D. 审核

19. 下列叙述中错误的是(　　)。

A. 内存容量是指微型计算机硬盘所能容纳信息的字节数

B. 微处理器的主要性能指标是字长和主频

C. 微型计算机应避免强磁场的干扰

D. 微型计算机机房湿度不宜过大

20. 下列存取速度最快的是(　　)。

A. 磁带　B. 内存储器　C. 硬盘　D. 软盘

21. 一般情况下断电后，通过 ROM 存储的信息(　　)。

A. 丢失　B. 被存储到硬盘　C. 不会丢失　D. 被重写

22. 有关计算机病毒的传播途径，不正确的说法是(　　)。

A. 共用软盘　B. 软盘复制

C. 借用他人的软盘　D. 和带毒盘放在一起

23. Excel 中，不属于公式内容的是(　　)。

A. 函数　B. 引用　C. 运算符　D. 变量

24. 通常情况下，Excel 的默认单元格格式为(　　)格式。

A. 常规　B. 日期　C. 数字　D. 文本

25. 在 Word 文档中，要想产生段落标记，应该键入(　　)。

A. Enter 键　B. Shift+Enter 键　C. 分页符　D. 分节符

26. 以下汉字输入法中，(　　)无重码。

A. 微软拼音输入法　　B. 区位码输入法
C. 五笔字型输入法　　D. 智能 ABC 输入法

27. 目前，对用户最为有利的会计核算软件的加密方法是(　　)。
A. 软加密　B. 硬卡加密　C. 激光加密　D. 口令加密

28. 会计核算软件是一种(　　)。
A. 计算机应用软件　　B. 记账规则
C. 计算机语言　　D. 计算机系统软件

29. 账务处理模块能够处理(　　)。
A. 记账凭证的录入　　B. 工资总账数据
C. 固定资产明细账的打印输出　　D. 打印输出工资明细数据

30. 会计核算软件的功能模块是(　　)。
A. 一种文件
B. 一种计算功能
C. 一种打印功能
D. 一个有会计数据输入、处理、输出功能的软件程序

31. 商品化会计软件的缺点是(　　)。
A. 成本高　　B. 见效慢
C. 维护没有保障　　D. 有些功能不能满足企业的需要

32. 在微机上用全拼方式输入"中国"二字时，应键入"zhongguo"8 个字符。那么，"中国"这两个汉字的内码所占用的字节数是(　　)。
A. 2　B. 4　C. 8　D. 16

33. Windows 中的"剪贴板"是(　　)。
A. 硬盘中的一块区域　　B. 软盘中的一块区域
C. 高速缓存中的一块区域　　D. 内存中的一块区域

34. 设 Windows98 桌面上已经有某应用程序的图标，要运行该程序，可以(　　)。
A. 用鼠标左键单击该图标　　B. 用鼠标右键单击该图标
C. 用鼠标左键双击该图标　　D. 用鼠标右键双击该图标

35. Excel 允许同时打开(　　)个工作簿，每一工作簿占用(　　)个窗口。
A. 多，一　B. 一，多　C. 一，一　D. 多，多

36. 若要在启动 Word 时，直接进入所要编辑的 Word 文档，不正确的方式是(　　)。
A. 双击 Windows 桌面上该文档的快捷方式图标
B. 选择开始菜单中的"所有程序"中的"Microsoft Word"
C. 双击"资源管理器"中显示出的该文档的名称
D. 选择开始菜单中的"我最近的文档"中该文档的名称

37. "日期 1900 年 1 月 20 日"在 Excel 系统内部存储的是(　　)。
A. 20　B. 1,20,00　C. 12 000　D. 00,1,20

38. 在 Windows 的"资源管理器"窗口左部，单击文件夹图标左侧的减号后，屏幕上显示结果的变化是(　　)。
A. 该文件夹的下级文件夹显示在窗口右部

B. 窗口左部显示的该文件夹的下级文件夹消失

C. 该文件夹内的下级文件显示在窗口左部

D. 窗口右部显示的该文件夹的下级文件夹消失

39. 系统管理中完成建账工作(设置操作员、建账、赋权)后，总账系统的基本操作流程主要有哪几个步骤？( )

①审核凭证 ②结账 ③记账 ④填制凭证 ⑤会计档案备份及打印各种账簿 ⑥自动转账

A. ④①⑥③②⑤　　B. ④①③⑥⑤②　　C. ④①⑥③⑤②　　D. ④①③⑥②⑤

40. 应收/应付账款核算模块的主要功能是( )。

A. 动态反映各往来客户的信息

B. 完成应收账款、应付账款等往来业务的登记、核销等工作

C. 进行账龄分析和坏账估计

D. 以上都正确

41. 计算机具有超强的记忆存储能力，可以存储大量的会计资料，并对它们进行处理，因此大大提高了会计工作的( )。

A. 能力　　B. 效率　　C. 成本　　D. 劳动强度

42. 在“我的电脑”窗口中，若已选定硬盘上的文件或文件夹，并按了 Delete 键和【确定】按钮，则该文件或文件夹将( )。

A. 被删除并放入回收站　　B. 不被删除也不放入回收站

C. 被删除但不放入回收站　　D. 不被删除但放入回收站

43. 通用会计核算软件的特点是( )。

A. 维护量小且维护有保障　　B. 通用性差

C. 专业性较强　　D. 软件开发水平较低

44. 会计核算软件中的文字输入、屏幕提示和打印输出必须采用( )。

A. 英文　　B. 中英文对照

C. 中文　　D. 少数民族文字对照

45. 会计核算软件设计应当符合我国( )的规定，保证会计数据合法、真实、准确、完整，有利于提高会计核算工作效率。

A. 法律、法规、规章　　B. 设计、应用、维护

C. 数据处理与应用　　D. 系统开发与应用

二、多项选择题(下列各小题备选答案中，有两个或两个以上符合题意的正确答案。本类题共 30 分，每小题 1 分。多选、少选、错选或不选均不得分)

46. 财政部根据《中华人民共和国会计法》制定的法规有( )。

A.《会计基础工作规范》　　B.《信息技术会计核算软件数据接口》

C.《会计档案管理办法》　　D.《会计电算化实施指南》

47. 固定资产系统预置的折旧方法有( )。

A. 平均年限法　　B. 工作量法

C. 年数总和法　　D. 双倍余额递减法

48. 科目编码就是按照编码方案对每一科目的编码进行定义，其作用是( )。

A. 便于反映会计科目间的上下级逻辑关系
B. 便于计算机识别和处理，将会计科目编码作为数据处理的关键字
C. 便于检索、分类及汇总等
D. 减少输入工作量，提高输入速度

49. 企业提取坏账准备时，应(　　)。
A. 借记“管理费用”　　B. 借记“坏账准备”
C. 贷记“管理费用”　　D. 贷记“坏账准备”

50. 实行会计电算化时，严格的硬件、软件操作管理制度的主要内容包括(　　)。
A. 制定岗位责任制度
B. 制定档案管理制度
C. 会计数据和会计核算软件安全保密的措施
D. 保证机房设备安全和电子计算机正常运转的措施

51. 会计电算化宏观管理的基本任务包括(　　)。
A. 制定会计电算化发展规划并组织实施
B. 加强会计核算软件管理，对会计核算软件及生成的会计资料是否符合国家统一的会计制度情况实施监督
C. 加强会计软件电算化管理制度的建设
D. 组织和管理电算化人才培训工作

52. 电算化系统中恢复功能是系统非常重要的基本功能，进行这一工作时应当(　　)。
A. 所有人员都有恢复权　　B. 检查备份日期
C. 恢复往年资料前备份当前资料　　D. 指定专人操作

53. 计算机替代手工记账的步骤是(　　)。
A. 整理手工会计业务数据
B. 建立会计账户体系并确定编码
C. 规范各类账证表格式和会计核算方法与过程
D. 会计软件初始化

54. 财政部规定必须编制的合并报表包括(　　)。
A. 合并现金流量表　　B. 合并利润分配表
C. 合并资产负债表　　D. 合并利润表

55. 商品化会计软件售后服务主要包括(　　)。
A. 软件的日常维护　　B. 人员培训
C. 软件版本升级　　D. 软件二次开发

56. 对会计科目的描述主要包括(　　)。
A. 科目代码　　B. 科目名称　　C. 科目类型　　D. 科目助记码

57. 报表软件中一般提供(　　)对报表的数据进行分析。
A. 审核公式　　B. 图形分析法　　C. 视图分析法　　D. 舍位平衡公式

58. Excel2003 的图表类型包括(　　)。
A. 条形　　B. 二维　　C. 三维　　D. 柱形

59. 在 Word 中，使用“格式”中的“段落”进行行距设置时，可进行的选择包括(　　)。

A. 单倍　　B. 1.5 倍　　C. 2 倍　　D. 最小值

60. 会计核算软件应具备初始化功能，应进行初始化的内容包括(　　)。

A. 会计核算必需的会计科目编码、名称、年初数、累计发生数及有关数量指标

B. 本期进行对账的未达账项

C. 固定资产折旧方法、存货计价方法等会计核算方法的选定

D. 操作人员姓名、权限、密码等岗位分工情况的设定

61. 下列人员中，(　　)属于会计电算化系统操作人员。

A. 软件编程人员　　B. 数据录入员

C. 数据审核员　　D. 记账、结账操作员

62. 应收账款系统的制单方式指计算机根据原始单据如何编制记账凭证，一般有(　　)。

A. 按客户制单方式　　B. 按商品制单方式

C. 按单据制单方式　　D. 按金额制单方式

63. 在账务处理系统进行科目设置时，设置的会计科目编码应(　　)。

A. 符合会计制度规定　　B. 编码必须唯一

C. 符合级次级长要求　　D. 编码只有两位

64. 账务系统中，记账凭证的编号应(　　)。

A. 由计算机自动编号　　B. 编号必须连续

C. 如果分类，应分类编号　　D. 可以不从 1 开始

65. 电算化会计信息系统的档案包括(　　)。

A. 由计算机打印出的凭证、账簿、报表等

B. 以软盘或其他存储介质存放的会计资料

C. 计算机系统软件的文件资料

D. 会计软件的开发及使用文件资料

66. 广义的会计电算化是指与实现会计工作电算化有关的所有工作，包括(　　)。

A. 会计电算化软件的开发和应用

B. 会计电算化人才的培训

C. 会计电算化的宏观规划、市场的培育与发展

D. 会计电算化的制度建设

67. 下列属于手工会计与电算化会计差异的有(　　)。

A. 运算工具不同　　B. 簿记规则不同

C. 账务处理程序不同　　D. 会计人员岗位分工不同

68. 可构成计算机主机的部件有(　　)。

A. 键盘　　B. CPU　　C. 显示器　　D. 内存

69. 下列操作中，能启动 Word 的是(　　)。

A. 在“我的电脑”或“资源管理器”窗口中双击一个扩展名为 .doc 的文件

B. 在开始菜单里单击“运行”命令项并在其对话框中指定一个扩展名为 .doc 的文件后单击【确定】

C. 在开始菜单里单击“程序”下拉菜单中的“Microsoft Word”命令

D. 在开始菜单里单击“文档”命令项并在其下属的文档清单中单击一个 .doc 文档名

70. 计算机外部存储器主要有（　　）。

A. 磁盘　　B. 光盘　　C. U盘　　D. 内存

71. 在Excel中，通过格式工具栏可以对工作表中的单元格进行（　　）。

A. 合并及居中　　B. 粘贴　　C. 复制　　D. 字体设置

72. 下列属于会计档案内容的有（　　）。

A. 产品生产计划　　B. 原始凭证

C. 明细账　　D. 银行存款余额调节表

73. 下列属于凭证控制的是（　　）。

A. 序时控制　　B. 资金数字控制

C. 凭证号手工/自动控制　　D. 允许修改、作废他人填制的凭证

74. 在会计电算化条件下，输入的会计数据主要有（　　）。

A. 记账凭证数据　　B. 初始数据　　C. 原始凭证数据　　D. 财务报表数据

75. 商品化会计软件的运行环境主要包括（　　）。

A. 硬件环境　　B. 软件环境　　C. 操作系统　　D. 经济环境

三、判断题（对的在括号内打"√"，错的打"×"。本类题共10分，每小题1分。不判断、判断结果错误的均不得分，也不倒扣分）

76. 在计算机中，账簿文件或者数据库只能设置一个。（　　）

77. 应收账款核销方式主要有按科目、按余额、按单据、按存货核销等方式。（　　）

78. 对同一张记账凭证，应当对审核功能与输入、修改功能的使用权限进行控制。（　　）

79. 具体操作人员能够修改自己的口令和操作权限，但无权更改他人的操作权限。（　　）

80. 会计核算软件中，对于拟采用的总分类会计科目的名称和编号方法，用户可以根据自己的需要进行设定。（　　）

81. 如果每天业务较少，库存现金日记账和银行存款日记账不能满页打印的，可按旬打印输出。（　　）

82. 软件是计算机系统的灵魂，计算机系统总体性能的高低，除了硬件系统性能之外，在很大程度上取决于软件系统的配置。（　　）

83. 显示器也常常用点距（即显示器上最小像素的直径）来表示分辨率，点距越大，分辨率越高，显示效果就越好。（　　）

84. 在会计核算软件中，保存凭证的时候，将会检查记账凭证是否符合"有借必有贷，借贷必相等"，如果不符合，则无法保存。（　　）

85. 建立会计电算化岗位责任制，主要是为了加强内部牵制。（　　）

答案与解析

一、单项选择题

1. B　《会计法》规定，使用电子计算机进行会计核算的，其软件及生成的会计凭证、会计账簿、财务会计报告和其他会计资料必须符合国家统一的会计制度规定。

2. A　由会计师事务所对企业进行计算机替代手工记账的审查应属于企业实施会计电

算化过程中的前期准备阶段。

3. A　实行会计电算化后的工作岗位可分为基本会计岗位和电算化会计岗位。

4. A　会计核算软件应当具有在机内会计数据被破坏的情况下，利用现有数据恢复到最近状态的功能。

5. A　某企业工资项目中的“姓名”项目，用于记录职工的姓名，这个工资项目的类型是字符型。

6. D　根据国家统一的会计制度，会计核算软件应当能对已输入的初始数据进行正确性检验。

7. C　会计电算化的内部管理制度主要包括岗位责任制、操作管理制度、计算机软件和硬件系统的维护管理制度、会计档案管理制度以及会计数据与软件管理制度等。

8. C　会计核算单位以磁盘方式保存会计档案资料的，应每月对磁盘进行数据备份。

9. D　账务系统中，记账凭证的编号应由计算机自动编号，编号必须连续，如果分类，应分类编号。

10. A　设置会计科目属于会计核算软件的系统初始化。所以，设置工资项目也属于工资系统的初始化。

11. B　会计核算软件通常分为账务处理、工资核算、销售核算、应收/应付账款核算等功能模块。而存货核算系统属于账务处理模块，故存货核算系统属于会计核算系统的一个子系统。

12. A　财务处理模块是会计核算软件的核心模块，该模块以记账凭证为接口与其他功能模块有机地连接在一起，构成完整的会计核算系统。

13. B　会计核算软件通常分为账务处理、报表处理、应收/应付账款核算、工资核算、固定资产核算等功能模块。

14. C　会计电算化简单地说就是计算机技术在会计工作中的应用。

15. B　会计核算软件是指专门用于会计核算工作的计算机应用软件。

16. C　专用会计核算软件一般是指由使用单位自行开发或委托其他单位开发、供本单位使用的会计核算软件。金蝶 2000 系列属于通用会计核算软件。

17. B　目前，我国通用会计核算软件以商品化软件为主。

18. A　专用会计核算软件的特点是把使用单位的会计核算规则编入会计核算软件，因此专用会计核算软件的使用一般不需进行初始化设置。

19. A　内存容量是指该内存条的存储容量，是内存条的关键性参数。内存容量以 MB 作为单位，可以简写为 M。

20. B　内存储器的存取速度最快。

21. C　断电后，通过 ROM 存储的信息不会丢失。

22. D　和带毒盘放在一起不属于计算机病毒的传播途径。

23. D　公式中可包含函数、引用、运算符和常量。

24. A　通常情况下，Excel 的默认单元格格式为常规格式。

25. A　在 Word 文档中，要想产生段落标记，应该键入 Enter 键。段落标记不仅标示一个段落的结束，而且还带有对段落所应用的格式编排。所以，在编辑文档时，每当编辑到一行的行尾时，不必键入 Enter 键换行，应让其自动换行。只有当一个段落真正结束时，才需要键入 Enter 键。

26. B　汉字输入法中，只有区位码输入法没有重码。

27. B　目前，对用户最为有利的会计核算软件的加密方法是硬卡加密。

28. A　会计核算软件是一种计算机应用软件。

29. A　账务处理是财务会计系统中最核心的系统，以凭证处理为中心，进行账簿报表的管理。B、D 项对于工资数据的处理应在工资核算模块进行；C 项对于固定资产明细账的处理应在固定资产模块中进行。

30. D　会计核算软件中具有相对独立的会计数据输入、处理和输出功能的各个组成部分被称为会计核算软件的功能模块。

31. D　商品化软件的优点是见效快、成本低、安全可靠、维护有保障，其缺点是不能全部满足企业的各种核算与管理要求，同时对会计人员要求较高。

32. B　每个汉字占两个字节。

33. D　Windows 中的“剪贴板”是内存中的一块区域。

34. C　设 Windows98 桌面上已经有某应用程序的图标，要运行该程序，可以用鼠标左键双击该图标。

35. A　Excel 允许同时打开多个工作簿，每一工作簿占用一个窗口。

36. B　选项 B 只是打开 Word 应用程序。

37. A　在 Excel 系统内部，日期是用 1900 年 1 月 1 日起至该日期的天数存储的，所以日期 1900 年 1 月 20 日在 Excel 系统内部的存储值为 20。

38. B　在 Windows 的“资源管理器”窗口左部，单击文件夹图标左侧的减号后，屏幕上显示结果的变化是窗口左部显示的该文件夹的下级文件夹消失。

39. D　系统管理中完成建账工作(设置操作员、建账、赋权)后，总账系统的基本操作流程主要步骤有：填制凭证—审核凭证—记账—自动转账—结账—会计档案备份及打印各种账簿。

40. D　应收/应付账款核算模块的主要功能有：根据应收应付业务的有关凭证，完成应收账款、应付账款等往来业务的登记、核销等工作；动态反映各往来客户的信息；进行账龄分析和坏账估计；生成应收账款、应付账款明细表及账龄分析表等；自动编制有关凭证并传递到账务处理模块。

41. B　计算机存储、处理会计信息，提高了会计工作的效率和质量。

42. A　在“我的电脑”窗口中，若已选定硬盘上的文件或文件夹，并按了 Delete 键和【确定】按钮，则该文件或文件夹将被删除并放入回收站。

43. A　通用会计核算软件的特点有：①通用性强；②成本相对较低；③维护量小且维护有保障；④软件开发水平较高；⑤开发者决定系统的扩充与修改；⑥专业性差。

44. C　会计核算软件中的文字输入、屏幕提示和打印输出必须采用中文，可以同时提供少数民族文字或者外国文字对照。

45. A　会计核算软件设计应当符合我国法律、法规、规章的规定，保证会计数据合法、真实、准确、完整，有利于提高会计核算工作效率。

二、多项选择题

46. AC　《信息技术会计核算软件数据接口》不属于财政部制定的法规，属于数据标准。

47. ABCD　固定资产系统一般预置常用的五种折旧方法供选择，即不提折旧、平均年限法、工作量法、年数总和法、双倍余额递减法。

48. ABCD　科目编码就是按科目编码方案对每一科目的编码进行定义。其作用是：便于反映会计科目间的上下级逻辑关系；便于计算机识别和处理，将会计科目编码作为数据处理的关键字；便于检索、分类及汇总等；减少输入工作量，提高输入速度；促进会计核算的规范化和标准化。

49. AD　企业提取坏账准备时，应借记“管理费用”，贷记“坏账准备”。

50. ABCD　实行会计电算化时，严格的硬件、软件操作管理制度的主要内容包括：制定岗位责任制度、保证机房设备安全和电子计算机正常运行的措施、会计数据和会计核算软件安全保密的措施、制定档案管理制度等。

51. ABCD　会计电算化宏观管理的基本任务是：①制定会计电算化发展规划并组织实施；②加强会计核算软件管理，对会计核算软件及生成的会计资料是否符合国家统一的会计制度情况实施监督；③加强会计软件电算化管理制度的建设；④加强会计电算化的组织、领导，引导基层逐步实现会计电算化，提高会计工作水平；⑤组织和管理电算化人才培训工作。

52. BCD　由于电算化系统中恢复功能是系统非常重要的基本功能，所以不是任何人都可以进行的，一般由账套主管进行。A项不符合题意。执行电算化系统中恢复功能时应当检查备份日期，恢复往年资料前备份当前资料，指定专人操作。

53. ABCD　计算机替代手工记账的过程是会计工作从手工核算向电算化核算的过渡阶段，是会计电算化工作中非常重要的阶段。在具体实施之前，单位要作出总体实施方案，包括整理手工会计业务数据，确定会计核算方法和数据处理过程，建立会计科目编码体系，设置各种会计凭证、账簿、报表的格式和项目，会计软件的初始化，以及在试运行阶段人工与计算机数据进行对比分析等工作。

54. ABCD　财政部规定必须编制合并资产负债表、合并利润表、合并利润分配表、合并现金流量表四种合并报表。

55. ABCD　选用商品化会计软件不仅要考虑其易用性、稳定性和安全性，还要考虑会计软件的售后服务。商品化会计软件的售后服务具体包括：日常维护、人员培训、软件版本升级与二次开发。

56. ABCD　对会计科目的描述主要包括以下内容：①科目代码；②科目名称；③科目类型；④助记码；⑤账类；⑥计量单位；⑦外币名称；⑧账页格式。

57. BC　报表分析就是使用各种方法对报表数据进行分析。在报表软件中一般有两种分析方法：图形分析法和视图分析法。

58. AD　柱形图和条形图是 Excel 2003 中常用的图表类型。

59. ABCD　在 Word 中，对段落进行行距设置，可进行的选择包括单倍、1.5 倍、2 倍、最小值、固定值、多倍。

60. ABCD　会计核算软件应具备初始化功能，其中应进行初始化的内容包括：①操作人员姓名、权限、密码等岗位分工情况的设定；②固定资产折旧方法、存货计价方法等会计核算方法的选定；③会计核算必需的会计科目编码、名称、年初数、累计发生数及有关数量指标；④本期进行对账的未达账项等。

61. BCD　软件编程人员不属于会计电算化系统操作人员。

62. AC　应收账款系统的制单方式指计算机根据原始单据如何编制记账凭证，一般有按客户制单方式和按单据制单方式。

63. ABC　本题考核科目编码的设置。在账务处理系统进行科目设置时，设置的会计科目编码应该符合会计制度规定、符合级次级长要求，编码必须唯一，但是编码不止两位，可能有很多位。

64. ABC　账务系统中，记账凭证的编号一般情况下由系统分类按月自动编制，即每类凭证每月都从0001号开始，对于网络用户，如果是几个人同时制单的，在凭证的右上角，系统提示了一个参考凭证号，真正的凭证编号只有在凭证已填制并经保存完毕后才给出，如果只有一个人制单或使用单用户版制单时凭证右上角的凭证号即是正在填制的凭证的编号。

65. ABCD　实行会计电算化后的档案包括存储在计算机中的会计数据和计算机打印出来的书面形式的会计数据。会计数据是指：①会计凭证、会计账簿、会计报表，记载会计业务的原始凭证等数据；②会计电算化软件开发过程或会计电算化系统实施过程中的各种开发实施资料，如开发的需求分析书、系统设计书、实施过程中的参数设置情况等；③其他会计资料。

66. ABCD　广义的会计电算化，是指与实现会计工作电算化有关的所有工作，包括会计电算化软件的开发和应用，会计电算化人才的培训，会计电算化的宏观规划，会计电算化的制度建设，会计电算化软件市场的培育与发展等。

67. ABCD　该题针对“会计电算化概述”知识点进行考核，题干四项都是两者的差异。

68. BD　CPU和内存构成计算机的主机。

69. ABCD　能启动Word的是：在“我的电脑”或“资源管理器”窗口中双击一个扩展名为.doc的文件；在开始菜单里单击“运行”命令项并在其对话框中指定一个扩展名为.doc的文件后单击【确定】；在开始菜单里单击“程序”下拉菜单中的“Microsoft Word”命令；在开始菜单里单击“文档”命令项并在其下属的文档清单中单击一个.doc文档名。

70. ABC　外存储器又称辅助存储器，简称外存。外存储器通常用来存放当前不参加运行的程序和数据。外存存放的程序和数据，必须调入内存才能运行和处理。外存的容量较大，价格便宜，使用方便，可长期可靠地保存程序和数据。目前，微机上常用的外存有软盘、硬盘、光盘、U盘等。

71. AD　粘贴和复制是常用工具栏中的命令。

72. BCD　B项属于会计档案的会计凭证类；C项属于会计账簿类；D项属于其他类。生产计划不属于会计档案。

73. ABD　凭证控制主要包括序时控制、资金数字控制、允许修改或作废他人填制的凭证。凭证编号一般由会计核算软件系统自动生成，不能进行手工/自动控制。

74. ABC　输入数据主要包括：初始数据、记账凭证数据、原始凭证数据。

75. ABC　选择商品化会计软件时，必须明确该软件的运行环境，了解其性能指标，主要包括：硬件环境；软件环境；计算机硬件、网络体系结构以及操作系统和数据库等。

三、判断题

76. ×　在计算机中，账簿文件或者数据库可以设置一个或者多个。

77. ×　应收账款核销方式主要有按余额、按单据、按存货核销等方式。

78. √

79. ×　电算主管负责定义各操作人员的权限。具体操作人员只有修改自己口令的权限，无权更改自己和他人的操作权限。

80. ×　会计核算软件中，对于拟采用的总分类会计科目的名称和编号方法，一级科目必须按照财政部门的要求命名和编码，其他级别的科目名称和编号，用户可以根据自己的需要进行设定。

81. √

82. √

83. ×　显示器也常常用点距（即显示器上最小像素的直径）来表示分辨率，点距越小，分辨率越高，显示效果就越好。

84. √

85. √